독서를 영업합니다

일러두기

1. 장별 속표지에 들어가는 도서명에는 출간 연도를 병기하되, 번역서의 경우 현지 출시 연도를 추가로 병기했습니다. 또한 『관촌수필』과 『젊은 느티나무』는 초판 출간년을 기재했습니다.

2. 모든 외래어는 국립국어원이 정한 외래어표기법에 준해 표기했으나, 국내 번역서에서의 표기가 외래어표기법에 벗어난 경우 책의 표기를 따르기도 했습니다.

3. 서명은 겹낫표(『』), 단편소설과 시 제목은 홑낫표(「」), 잡지명과 앨범명은 겹화살괄호(《》), 노래 제목과 방송 프로그램명, 그림 제목은 홑화살괄호(〈〉)로 묶어 구분했습니다.

들어가는 말

나는 취업 후 대부분의 시간을 온라인서점 MD로 일하며 보냈다. 같은 일을 한 지 10년이 넘어가면서부터 정체되고 관성에 빠지지 않도록 노력했다. 그래서 새로운 시도를 꾸준히 찾는 중에 책 출간을 제안받았다. 재미있는 것은 물론이고 나를 성장하게 할 도전이라고 생각했다. 책을 다루는 사람으로서 직접 책을 써보는 건 책에 관해 공부할 수 있는 최고의 기회라고 여겼다.

기대하고 예상한 것보다 훨씬 많이 배웠다. 항상 주변에 쌓아놓고 일하기에 정작 존재감이 작았던 책이 새롭게 다가왔다. 책 한 권이 세상에 나오기 위해서는 여러 사람의 노력이 필요할 것이라고 과거에도 머리로는 생각했지만 실제 원고 작업을 하면서 절실히 체감했다. 책의 내용과 외형뿐만 아니라 그 속에 깃든 수많은 손길을 생각하게 됐다.

따라서 저자 등 개인의 만족이 아닌 공공성의 확보를 지향하며 책을 만들어야 하고, 이를 위해서는 무엇보다 독자를 바라봐야 한다는 당연한 사실 또한 다시금 깨달았다. 이 책을 통해 문제를 해결하고 도움받기를 바라는 대상 독자는 다음과 같다.

'이것만 읽고 다다다다다음 책은 너다'라고 생각하는 장바구니가 꽉 차 있는 열성 독자. 읽고 싶기는 한데 무엇을 읽을지 모르는 독서 세계의 탐색자. 서점·출판·콘텐츠·커머스 업계 종사자. 스마트폰을 통해 항상 무언가와 연결되어 있는 온라인적 일상을 책을 통해 새로고침 하여 오프라인적 활기를 더하고 싶은 사람. 독서 모임에 참여한 적이 있거나, 북토크와 도서전 같은 책 행사 참석을 좋아하거나, 온라인서점에서 보내는 광고 메시지를 받아본 적이 있거나, 가장 아끼는 책 굿즈 하나를 꼽을 수 있거나, 단순히 서점에서 무슨 일이 일어나는지 궁금한 누구나.

'서점', '독서', '영업', '읽다', '판다'. 제목과 부제에 내 일과 관련 있는 단어를 골고루 넣었다. 특히 '영업'은 단순히 상품을 판매하는 일을 넘어 책을 알리기 위해 행하는 모든 노력을 총괄하는 말이므로 좋아한다. 나한테 영업당해서 어떤 책을 봤다는 말을 들으면 흐뭇하다.

다양한 영업 기억을 이야기로 풀고 연관 있는 책 추천을 덧붙였다. 내가 가장 오래 담당한 분야인 소설책 중에서만 골랐다. 이 역시 즐거운 영업의 경험이었다. 꼭 읽기를 바란다며 당위를 강조하기보다는 작품의 매력을 있는 그대로 보여주기 위해 애썼다. 독서를 권할 때 늘 지키려고 하는 기본 원칙이다.

본문에 적은 것처럼 내가 내린 좋은 책의 정의는 '세상의 아름다움을 담은 책'이다. 이러한 좋은 책도, 이런 좋은 책을 읽을 때 독자가 얻는 좋은 점도 정말 많다. 그래서 독서의 위기와 독자의 실종을 염려하는 목소리가 갈수록 커진다고 해도 부정과 비관보다는 긍정과 낙관 쪽에서 책의 미래를 상상하게 된다.

차례

들어가는 말   04

독서하는 이들의 일곱 가지 효용   09

인생 책을 만날 수도 있는 업체 미팅 시간   22

책의 '제 몫' 확실히 찾아주는 좋은 서평   33

AI 시대에도 'MD 추천'이라는 말을 쓰고 싶다면   46

전국 도서 MD 랭킹 1위를 꿈꾸는 MD의 핵심 업무   59

한국 독자가 특히 아끼는 외국 작가 BIG 7   71

덕분에 읽고 싶은 책이 늘어나는 한국의 스타 작가 그룹   84

또 한 번의 독서, 북토크 참여   97

냉정한 책 정리 장인도 '이 책'은 버리지 못한다   109

업무 계획 고민 확 줄여주는 세상 공부 루틴   122

보는 것이 불확실했던 팬데믹 시대의 밝은 밤   136

좋은 책의 재발견을 도와주는 리커버 마케팅   148

할까 말까 고민될 땐 일단 안 하는 MD의 사건·사고 예방 수칙   160

알고 보면 재미있고 2억 원도 아껴주는 독서의 쓸모	173
좋은 베스트, 나쁜 베스트, 이상한 베스트	185
책을 역주행으로 이끄는 의외로 간단한 시도들	197
아이디어만으로 '단독왕' 되기를 꿈꾸는 MD의 바람	210
80세까지 재미있게 일하고 싶은 MD	223
사이좋게 지내야 할 종이책의 유능한 친구 전자책	235
도서정가제 시대와 '할인의 추억'	248
책 파는 방식도 책의 내용을 닮기를 바라는 책방 직원의 고민	260
한국인이 가장 사랑하는 한국의 3대(4대) 문학상	272
소설 MD가 가을마다 도박 사이트에 들어가는 이유	285
노벨문학상 작가의 책을 원서로 읽는 기분	298
10년 후에도 사용될 굿즈를 제작하는 마음	310
독서율이 떨어질수록 더 가까이해야 하는 스마트폰	322
MD 되는 법도 MD 잘하는 법도 정석은 '이것'	334

독서하는 이들의
일곱 가지 효용

『아웃』, 기리노 나쓰오, 황금가지, 2007(1997)

"이 재킷을 사지 마세요"(Don't buy this jacket). 2011년, 쇼핑 천국 미국에서 가장 폭발적인 소비가 일어나는 블랙프라이데이 시즌을 앞두고 아웃도어 브랜드 파타고니아가 《뉴욕 타임스》에 내보낸 광고다. 자본주의 체제에서 모든 기업은 지속 성장을 추구한다. 그런데 이런 광고를 했다니 파타고니아는 눈물의 폐업을 앞두고 있던 걸까?

물론 아니다. 상징적 선언이다. '정말 꼭' 필요하지 않다면 '새 제품'을 구매하지 말라는 뜻이다. 광고에 실린 파타고니아 재킷 하나를 만들기 위해서는 그만큼의 자원이 사용되고 오염 물질이 배출된다. 과도한 소비주의는 환경을 파괴한다. 따라서 새 옷을 사지 말고 헌 옷을 고쳐서 오래 입으라고 호소한 파타고니아의 광고는 커다란 반향을 일으켰다. 실제 파타고니아는 수선 서비스를 활발히 전개해왔다. 홈페이지 기업 소개란에 사회와 환경에 책임을 다한다고 천명한 회사답다.

나는 파타고니아와 관련한 다양한 책을 유통하는 서점에서 일한다. 파타고니아만큼 기업의 사회적 의무를 중시하는 회사의 일원이기도 하다. 파타고니아의 철학에 동감하면서도 "이 책을 사지 마세요"라고 광고한 적은 없다. 책은 과잉 소비해도 되는 유일한 상품(인 동시에 슬프게도 '과도한 소비주의'와 가장 거리가 먼 상품)이기 때문이다. "제발 이 책을 사주세요"라고 말하기도 바쁘다. 그렇다고 늘 항상 언제나 책을 읽으라고 말하는 것도 아니다. 예를 들면 너무도 자연이 아름다운 날, 이런 때는 독서를 멈춰도 된다고 생각한다.

"세계에 아름다움이 있기에 영화에도 아름다움이 있다. 어떻게 예술, 인간의 작품이 자연의 성스러운 작품과 동등할 수 있을까? 기껏해야 그것은 창조자의 손이 만들어낸 우주의 현시일 뿐이다"(『에릭 로메르』, 문화학교서울, 2001).

그야말로 에릭 로메르다운 이 말처럼 좋은 예술은 세계의 아름다움을 담고 있는 예술이다. 좋은 책의 기준도 같다. 하지만 아무리 모사가 뛰어나도 자연 그 자체의 아름다움과 비교할 수 없다. 지금 하늘이 파랗고, 나무가 푸르고, 뺨을 스치는 바람이 선선하다면 직접 체감해야 옳다.

좋은 사람과 함께할 때도 책을 놓아야 한다. 현실에서 진짜 우정을 나누는 것이 아름다운 우정을 그린 소설을 읽는 것보다 훨씬 낫다. 요즘 친해진 '친구 이상 연인 미만'인 누군가가 〈블랙 팬서〉를 보러 가자고 했는데 그보다는 책 읽는 게 좋아서 "미안. 난 마블 영화를 하나도 안 봐서…"라고 대답하는 건 절대 일어나서는 안 될 일이다. 혼자 책을 100권 읽는 것은 업적이나, 한 권의 책을 놓고 이야기 나눌 동료가 생기는 건 축복이다.

이처럼 '책을 안 읽어도 되는 시간'은 분명 존재한다. 이 시간이 무한히 연장되어도 나름 좋을 테다. 그렇지만 자연도 사회도 항상 아름답지는 않다. 또한 사전적 의미의 미(美), 희망, 용기, 동지애 같은 긍정의 가치와 함께 반대의 고통, 슬픔, 절망을 계속 마주하게 하는 것 역시 세상이다. 실의에 잠길 때 우리는 대체 세상의 아름다움은 어디 갔는지 묻는다. 세계적인 영화감독 허우샤오셴은 이렇게 말했다.

"어린 시절, 나무 위에 올라가 과일을 따 먹으면서 마을을 바라보며 생각에 잠기는 시간이 좋았다. 그 순간 내 주위의 바람이 스쳐 지나가는 것을 느꼈고, 멀리서 자동차 소음이 들렸다. 아주 이상하고 예리한 이 순간의 고독과 그에 대한 심오한 감성의 반향들…. 내 생각엔 이런 순간들이 나를 영화감독으로 만든 것 같다. 영화만이 유일하게 주변의 공기를 느끼고, 세상에 존재한다는 체험으로 우리를 이끌기 때문이다." (《키노》, 2000년 5월).

지금까지 들은 예술의 존재 이유 중 가장 깊이 공감하는 말이다. 예술은 예전에 경험한 것을 다시 (어쩌면 경험하지 않은 것마저도 새로) 체험하도록 돕는다. 지금 나를 둘러싼 세상이 아무리 암울하다고 해도 원한다면 언제든 다양한 예술 작품에 깃든 아름다움을 만날 수 있다. 허우샤오셴에게 영화가 그랬듯 누군가에게는 음악, 미술, 사진 혹은 책이 추억을 재생해준다.

영업직군에 속한 MD인 나는 매일 책을 판매한다. 업을 지탱하는 근거로서 '책을 왜 팔아야 하는가?'와 '책을 왜 읽어야 하는가?'에 대해 자신만의 답이 있어야 한다. 내가 결론 내린 독서의 이유는 '세상에 아름다움이 있고 아름다움을 책이 담고 있어서'다. 다만 이 말은 조금 추상적이다. 독서 캠페인 표어에 넣으려면 더 짧고 직관적이고 임팩트 있게 압축할 필요가 있다. 특히 '효용'을 강조하면 설득력이 높아진다.

메신저부터 쇼핑까지 성공을 거둔 수많은 서비스의 공통점은 대중의 문제를 해결한다는 것이다. 책 역시 고객의 문제를 해결하면 읽힌다. 지금 당장은 아니어도 언젠가는 읽힐 가능성이 있다. 완독을 통해 독자가 얻는 다채로운 효용을 나는 크게 일곱 가지로 나눴다.

첫 번째 효용은 '재미'다. 소설, 만화, 동화 등 이야기를 읽을 때 주로 감동과 함께 얻게 되는 가치다.

두 번째 효용은 '지식'이다. 역사, 철학, 문학 독서는 지식·교양을 축적하고 인식의 폭을 넓히는 가장 나은 방법이다.

세 번째 효용은 '위로'다. 공감, 위안, 치유가 필요한 날, 완독이 아니라 한 문장을 읽는 것만으로도 큰 도움을 받기도 한다. 책을 수면제로 쓰면 푹 자면서 걱정을 잊게 되는 효과도 있다.

네 번째 효용은 '성장'이다. 발전하고 싶을 때, 돈 많이 벌고 싶을 때, 전문성과 역량을 강화하고 싶을 때 남녀노소 가장 먼저 책을 찾는다. 유아 책부터 문제집, 수험서, 교재, 재테크, 경제/경영과 자기계발까지 해당하는 분야도 여러 가지다.

다섯 번째 효용은 '실용'이다. 일상생활에서 그대로 따라 하면 고민이 사라지는 정보와 효과적인 조언을 얻을 수 있다. 요리, 건강, 취미 분야 책을 떠올리면 된다.

여섯 번째 효용은 '감성'이다. 다소 막연한 장점이다. 왜 좋은지 딱 잘라 설명하기 어렵지만 소장하거나 읽음으로써 심리적 만족감을 얻게 되는 책을 두루 일컫는다.

마지막 일곱 번째 효용도 감성 영역과 관련이 있는 '열광'이다. 출간 자체가 '구매를 거부할 수 없는 제안'에 해당한다. 충성 팬이 있는 연예인, 유명 인사가 쓴 (혹은 추천한) 책이나 인기 만화 시리즈의 신간은 등록 즉시 판매가 수직 상승한다.

온라인서점 MD 역시 맡은 분야에 따라 다른 효용을 고객에게 강조한다. 나는 '성장'이 키워드인 취업/수험서와 중고등 참고서를 거쳐 '재미', '지식', '감성'이 주 효용인 문학 단행본에서 경력을 쌓았다. 소금씩 시야를 넓혀 다른 분야까지 두루 살펴보며 '일곱 가지 독서 효용'을 분류했다. 이 가설이 맞는지 검증할 기회가 어느 날 찾아왔다.

    2023년 가을, 서점가가 들썩거릴 대형 이슈가 동시에 발생했다. 9월 6일, 무라카미 하루키가 6년 만에 발표한 장편 신작 『도시와 그 불확실한 벽』(문학동네)이 출간되었다. 일주일 후 『일론 머스크』(21세기북스)가 찾아왔다. 스티브 잡스, 레오나르도 다빈치 등 거인들의 일생을 추적해 세계적 전기 작가의 권위를 얻은 월터 아이작슨이 집필했고 일론 머스크가 자신의 공식 전기로 언급해 기대를 모은 책이었다. 끝으로 한국에서 8월에 개봉한 영화 〈오펜하이머〉가 아직 흥행 중이었다. 관람 전 필독서인 『아메리칸 프로메테우스』(사이언스북스)가 과학 분야 1위를 굳건히 지키고 있었다. 모처럼 소설, 비즈니스, 인문(과학) 분야의 초대형 셀러가 경합하는 훈훈한 그림이 그려졌다.

    세 책을 묶어 '가을 독서 BIG 3'라는 제목의 기획전을 열었다. 책 소개와 함께 간단한 독자 설문을 두 개 넣었다. 우선 '세 권 중 가장 읽고 싶은 책'을 골라달라고 했다. 이어서 '그 책을 고른 이유'가 무엇인지 물었다. 당시에는 일곱 가지가 아닌 여섯 가지 독서 효용을 선택지로 제시했다. 한 달 반 동안 약 4,600명이 참여한 설문 결과는 인상 깊었다.

    『도시와 그 불확실한 벽』이 읽고 싶다고 답한 독자 중 최다인 37.2퍼센트가 '좋아하는 감성이에요'를 이유로 들었다. 2위는 '작가(작품)의 팬이에요'(31.3퍼센트)였다. 『일론 머스크』를 선택한 이유 1위는 '나의 발전을 도와줘요'(36.1퍼센트), 2위는 '재미

있어 보여요'(22.9퍼센트)였다. 『아메리칸 프로메테우스』는 무려 42.7퍼센트의 응답자가 '지식을 넓힐 수 있어요'를 골랐다.

『도시와 그 불확실한 벽』만 예상과 달랐다. 아무래도 소설책이니까 '재미있어 보여요', 혹은 막강한 작가 파워를 고려해 '작가의 팬이에요'가 1위이리라 생각했다. 역시 하루키 문학 감상에 '감성'은 빼놓을 수 없는 요소였다. 물론 '재미있어 보여요'도 세 번째로 많은 23.6퍼센트의 표를 얻어 소설을 읽는 중요한 이유는 '재미'임을 시사했다. 『일론 머스크』의 집계 결과는 비즈니스 분야 책은 '성장'(발전)의 효용과 밀접한 연관이 있음을 증명했다. 『아메리칸 프로메테우스』의 사례에서 보듯 역시 인문 독자는 독서를 통해 '지식'의 효용을 추구했다.

즉, 책은 독자 각각의 일상과 인생 속 문제를 해결한다. 무조건 경외할 신성한 대상이 아니라 구체적인 도움을 주는 도구이다. 하루키, 머스크, 오펜하이머를 읽은 사람이 느꼈듯 독서하면 떡이 생긴다. 그런데도 안 읽는 첫 번째 이유, 책이 유용하다는 사실 자체를 대부분 모른다.

그래서 두 번째 실험을 단행하며 가설을 세웠다. '이 책이 내게 주는 떡(효용)을 제시하면 사람들은 읽는다'이다. 2024년 3월, '2023 국민독서실태조사 결과'가 발표되었다. 성인 독서율이 역대 최저인 43.0퍼센트로 떨어진 충격적 결과에 대응해 긴급 특별전을 진행했다. 연속 기획 '독서율을 높이자!'의 두 번째 차례에서 나는 오직 책의 효용만 내세웠다. 유명 저자이자 독서가 35인에게 '1년에 딱 한 권만 읽는다면 어떤 책을 읽으면 좋을지'와 '그 책이 독자에게 주는 효용이 무엇인지' 물었다. 이번에도 재미, 지식, 위로, 성장 등의 키워드 중 하나를 선택해달라고 했다.

'지식의 확장과 성찰'을 도와준다는 이유를 들어 『면도날』(민음사)의 판매 역주행을 이끈 문가영 배우의 추천을 비롯해 흥미로운 답변이 하나둘 들어왔다. 그러다 마치 얼어붙은 바다 위에 도끼를 휘두르는 듯한 정성일 영화평론가의 답장이 메일함에 도착했다. 두 질문에 대한 답변 중 '이 책이 주는 도움'에 대한 말을 먼저 옮긴다.

"도움이 안 되는 책을 고르시기를 권합니다. 도움이 되는 책은 실용서가 아니라면 참고서밖에 없을 것입니다. 저는 도움이 안 되는 책을 읽을 때 독서가 시작된다고 생각합니다."

정말 감명 깊은 말이다. 책 다룰 때 습관적으로 계산기를 두드리고 독서할 때조차 본전 생각만 하는 MD에게 경종을 울렸다. 그렇지만 행사 근간이 부정되어버리면 독서율은 어떻게 올리나. '실리만 앞세운 목적성 독서를 하지 말라는 말이지 읽다 보면 자연히 따라오는 효용 자체를 부정한 것은 아닐 거야.' 자체 해석한 뒤 고민을 멈췄다. (정성일 평론가의 코멘트는 이벤트 페이지에 넣지 않기로 하고) 원래 콘셉트로 기획전을 계속 준비했다.

그런데, 아쉬웠다. 나는 잡지 《키노》 전권을 소장하고 있는 정성일 평론가의 팬이다. 자주 접한 영화 예술서와 고전 문학이 아닌 정성일이 추천하는 동시대 문학은 무엇일까 궁금했다. 그래서 앙케트 참여를 의뢰한 것이기도 하다. 어떤 답이 올지 내심 기대했으나 돌아온 건 철퇴 같은 메일이었다. 궁금증이라도 풀고자 '정성일 인생 책', '정성일 추천 소설' 등의 키워드로 한참을 검색했다. 의외로 공식 기사가 없어 겨우 제목 두 개를 찾아냈다. 내용이 낯설지 않았다. 과거에 내가 받아냈던 추천이었다….

몇 년 전 여름, 미스터리 매거진 《미스테리아》와 함께 독서 고수 9인에게 '무더위 쫓는 미스터리 소설' 추천을 부탁했다. 정성일 평론가는 기리노 나쓰오의 『아웃』(황금가지)과 오노 후유미의 『시귀』(북홀릭)를 찍어주었다. 『아웃』은 나도 정말 좋아하는 책이고 온갖 일본 미스터리 집계의 상위권을 휩쓰는 소위 올타임 레전드 작품이어서 회신을 받고 눈을 번쩍 떴던 기억이 떠올랐다.

거품경제가 끝나고 허망함의 공기가 사회를 휘감던 1990년대 일본. 주인공 마사코는 평범한 일상에서 '아웃'된 삶을 살고 있다. 가족 관계는 끝장난 지 오래다. 마사코와 남편과 아들은 서로를 미워하지조차 않는다. 아예 대화할 마음을 접고 각자의 세계에 침잠한다. 사회에서도 마사코는 타인과 시스템에 자신을 맞출 생각이 소금도 없다. 과거 저축은행에서 일할 무렵, 승진과 처우에서 부당한 대우를 받으면 즉각 항의했다. 직장 내 괴롭힘이 돌아왔으나 아랑곳하지 않았다. 점심시간에는 구내식당에서 경제 신문을 읽으며 혼자 커피를 마셨다.

지금은 금융권이 아닌 도시락 공장에서 일한다. 정규직이 아닌 임시직이고, 주간이 아닌 야간 근무이다. 동료 중 한 명이 매일 폭력을 일삼는 남편을 우발적으로 살해하는 일이 벌어진다. 도움을 요청받은 마사코는 다른 동료와 함께 '공장에서 일하던 방식으로' 무심하고 능숙하게 시체를 치워버린다. 극도로 과격한 방식으로 더없이 깔끔하게 상황을 처리하는 솜씨에 헛웃음까지 난다. 그야말로 하드보일드적이다.

한편 반대편에는 토막 살인 사건 기사를 보고 흥분하는 남자가 있다. 평균적 범주 안에서는 열락을 못 느끼는 역시 '아웃'된 남자 사타케다. 그는 마사코가 자신과 같은 종류의 인간임을 직감하고, 마사코를 강렬히 열망한다. 실제로 둘은 닮았다. 속이 텅 비어 있고, 어떤 규범과 통념에도 따르지 않는다. 오직 생존과 이익을 위해서만 움직인다. 너무 원초적이어서 순수함까지 느껴지는 생명체이다.

다른 듯 보이지만 실제로는 닮은 두 이탈자가 격렬하게 이끌리고 충돌한다. 기이한 난투극의 모든 과정에서 온기와 긍정의 기운은 조금도 없다. 기리노 나쓰오는 그저 세상의 나락을 확인하라고 서늘하게 촉구한다. 그러나 새로운 출발은 밑바닥을 직시한 후에야 가능하다. 작가는 어쩌면 힘들더라도 용기를 가지라고 말한 걸지도 모른다.

냉철한 현실 인식에 더해 이 소설은 독자에게 어떤 효용을 줄까. 꽉 짜인 하드보일드 미스터리가 선사하는 묵직한 재미? 하층계급에 특히 잔혹하게 작동하는 사회 모순에 대한 고발? 모두 정답이고 오답이다. 정성일 평론가라면 『아웃』을 읽어야 할 이유를 단정해주지 말고 독자가 각자 찾도록 내버려두라고 할 듯하다. 더 이상의 자세한 설명은 "이 소설은 분량 때문이 아니라 그 강도 때문에 종종 심호흡이 필요하다"라고 말한 정성일 평론가의 추천사로 대신한다.

『아웃』을 읽은 사람이 느끼듯 독서하면 떡이 생긴다. 그런데도 안 읽는 두 번째 이유는 어떤 책이 내게 딱 맞는 효용을 주는지, 어떤 책이 떡을 주는지 대부분 모른다. 여기서 어떻게 독자와 책을 연결할까에 대한 서점과 출판사의 고뇌가 시작된다. 현대인이 지닌 온갖 문제를 분류한 뒤 최고의 맞춤 해결책을 목록화하여 제안할까? '독서율을 높이자!' 같은 테마 이벤트를 매달 할까? 명쾌한 해답을 역시 정성일 평론가가 전해주었다. '1년에 딱 한 권만 읽는다면 읽을 책'을 물은 내게 독자에게 진심으로 전달하고 싶은 메시지라며 보내온 말이다.

"일 년에 딱 한 권 읽으신다면 일 년에 딱 한 번 서점에 가서 하루를 보내면서 책을 골라주시기 바랍니다. 그리고 당신을 멈춰 세운 책을 고르시기 바랍니다. 바로 그 책이 당신이 어떤 사람인지를 설명할 것이라는 대답을 얻게 되는 자리가 될 것입니다. 그 대답을 얻는다면 딱 하루의 방문이 이듬해에는 이틀이 될 것입니다. 당신을 설명하는 데 365일이 필요했으면 참 좋겠습니다."

좋은 책을 찾는 혁명적으로 쉽고 단순하며 확실한 방법이다(이 코멘트는 그대로 '독서율을 높이자!' 기획전에 소개했다). 『지금도 책에서만 얻을 수 있는 것』(유유)에서 저자 김지원이 영감이 필요할 때 도서관을 찾는다고 한 말이 떠오른다. 그는 가치 있는 텍스트를 정제한 책을 주제별로 모은 곳인 서가가 발견의 기쁨을 선사한다고 밝혔다.

하늘, 햇살, 바람이 아름다운 날에는 책을 버리고 거리로 나가 자연을 음미하는 것이 좋다. 문득 세계의 아름다움을 책으로 만나고 싶다는 생각이 들 때 향해야 할 곳은 서점과 도서관이다. 나를 멈춰 세우는 책이 있는지 찾아보자. 눈을 붙잡는 책이 한 권도 없는 일은 상상할 수 없다. 독서의 이유는 서점에 가면 자동으로 찾게 된다.

인생 책을 만날 수도 있는

업체 미팅 시간

『시핑 뉴스』, 애니 프루, 문학동네, 2019(1993)

MD는 어디에나 있고 어디에도 없다. 온라인 쇼핑이 일상화되면서 우리는 책과 식품은 기본이고 가구, 가전 심지어 명품과 자동차까지 온라인으로 구매한다. 이 일련의 쇼핑 절차를 조율하는 MD는 따라서 모든 현대인에게 친숙한 존재다. 다만 고객과 얼굴을 마주하지 않으므로 MD의 존재를 아는 사람은 드물다. 나 역시 타 업계, 타 업체 MD를 만나면 우선 반가움과 함께 묘한 신비감을 느낀다. 이어서 서로 경험담을 나누다가 보면 자주 돌아오는 반응이 있다.

"온라인서점 MD는 거래처 미팅을 왜 그렇게 많이 해요?"

신규 계약이나 메인 프로모션 등과 같은 굵직한 안건 논의 말고도 신상품(신간) 소개가 주목적인 미팅의 비중이 높다는 뜻이다. 내게는 '업체 미팅', 출판사 영업자에게는 'MD 미팅'인 이 시간은 MD의 일상 업무에서 중요한 부분을 차지한다. 전체 미팅 중 약

85퍼센트에서 90퍼센트는 '신간'이 대상이다. 영화 개봉, 유명인 추천, 문학상 수상 등 새로운 계기가 생겨 다시 화제가 되었거나 판매 역주행을 기대하는 '구간'을 이야기할 때도 있다. 어떤 책이든 주로 '만나서' 이야기한다. 전화, 메일로 소통할 때도 있지만 대면 미팅 비중이 높다. 아예 공식 사이트에 연락처를 게시하지 않기도 하는 다른 커머스 업체의 MD 눈에는 낯설어 보일 만도 하다.

음식은 맛과 영양, 전자 기기는 사양 등 제품의 평가 지표가 단순한 편이다. 책은 지식 문화·콘텐츠 상품이다. 내용, 주제, 효용, 가치관 등 다양한 요소를 파악해야 하고 상세한 소개가 필요하기 때문에 유독 대면 미팅이 많은 것 같다. 워낙 책이 안 팔리기 때문에 한 권이라도 더 팔 방법을 쥐어짜내려면 MD와 영업자가 두뇌를 풀가동해야 하는 업계의 슬픈 특성이 반영된 것은 아닐까?

MD 미팅은 이렇게 진행된다. 온라인서점마다 회사 내부에 미팅 공간이 있다. 예약 시간이 되면 MD는 자리를 옮겨 출판사 영업자와 만난다. 우선 저자, 내용 등 책 소개를 받고, 책을 어떻게 판매할지 마케팅안을 논의한다. 책을 어느 영역에 노출할지, 어떤 프로모션을 진행할지 등 책을 알리는 모든 방법에 관해 대화한다. MD는 대부분 책을 좋아하고, 책 좋아하는 사람은 책 이야기를 좋아한다. 그러므로 신산 미팅 시간은 갓 나온 따끈한 책의 실물을 대한민국에서 가장 빠르게 확인하는 동시에 초미니 북토크까지 가질 수 있는 즐거운 시간이다.

다만 문제가 있다. 미팅이 너무 많다. 이는 MD와 영업자 모두에게 해당하는 문제다. 우선 MD인 나는 미팅을 네다섯 개 연속으로 하면 몸도 마음도 과열되고 주의력이 급격히 떨어진다. 특히 처리하다가 자리에 놓고 온 업무까지 있으면 머릿속이 더욱 하얘진다. 분명 말을 많이 하긴 했는데 내용은 기억이 안 나는 상태로 자리에 돌아오기도 한다. 그리고 사안에 따라 다르지만 보통 미팅 시간은 10분이다. 여러 미팅이 이어지면 시간이 초과하기도 한다. 영업자도 계획한 시간에 미팅을 마치고 다음 서점으로 이동해야 하는데 일정이 지체된다. 이런 상황에서 한 책 한 책 충분한 시간을 두고 이야기하기에는 물리적으로 한계가 있다. 멀리서 오셨는데 불과 3분 만에 미팅을 마치고 돌아가셔야 하는 분께는 죄송한 마음이 든다.

내가 가장 맹렬하게 업체 미팅을 진행한 시기는 2019년 6월이다. 당시 '시/에세이' 분야가 공석이 되어서 내가 일시로 '소설'과 함께 두 분야를 맡아야 했다. 미팅 건수도 두 배로 많아지겠구나, 마음의 준비를 했다. 실제로는 네 배는 늘어난 듯했다. 에세이는 미팅이 꽉 차서 흘러넘치는 분야였다! 게다가 다른 분야보다 신생 출판사가 많았다. 전문 연구의 결과물인 학술 지식을 담아야 하는 인문/교양, 작가의 창작이 요구되는 소설에 비해 에세이는 개인 이야기의 비중이 높다. 비교적 진입 장벽이 낮아 신생 출판사가 첫 책으로 도전하기 적합한 분야인 것 같다(폄하하는 것은 절대 아니다).

'신생 출판사가 많다'는 말은 신간 등록부터 마케팅까지 책 유통 전반을 설명해야 하는 미팅이 많다는 것을 뜻한다. 미팅 전 사전 예약이 필요하다는 사실조차 모르기 때문에 일단 내방 후 전화를 주시는 분도 많다. 그리고 신생 출판사는 아니지만 MD가 바뀐 줄 몰라서 혹은 연락이 안 닿아서 그냥 왔다는 영업자의 전화까지···. 기본 예약 미팅만도 많은데 추가 미팅까지 더해 쉴 새 없이 폭풍처럼 미팅과 업무가 몰아치는 날이 몇 주 이어졌다.

당시 가장 두려웠던 말이 '잠깐 책만 전달하고 가겠다'였다. 일단 나가서 책을 받아 들면 결국 몇 분은 서서 대화해야 한다. '요즘 일정을 초 단위로 관리하고 있어서' 도저히 나갈 수가 없다고 호소하고 통화를 마친 적이 몇 차례 있다. 이 말을 들은 대각선 자리의 동료가 안쓰럽다는 표정으로 나를 쳐다봤다. 이 와중에도 기존에 담당하던 소설과 특색이 다른 분야를 새로 공부할 수 있는 건 좋다고 생각했다니 이상한 사람인 것 같긴 하다.

어느 날 아침, 잠을 깨니 오른쪽 등 부위가 쑤셨다. 여름이었다. 이 계절의 단골, DSPJ(이름을 언급하기도 싫은 대상포진)에 당첨되어 휴가를 냈다. 안 아픈 반대 등 쪽으로 소파에 누워 리모컨으로 채널을 200번씩 돌려가며 텔레비전을 봤다. 재방송 중인 음악 방송에 시선이 멈췄다. 진행자는 한 아이돌 그룹 멤버였다. 처음 보는 얼굴에 칠판 깐 싸워 애교 퍼포먼스가 내 취향에 맞았다. 아픈 등을 다스리던 며칠 동안 세 가지 깨달음을 얻었다. 첫 번째. 진행자의 살짝 선을 넘는 애교, 주접, '발 연기'가 없는 음방(음악방송)은 음방이라 할 수 없다. 두 번째. 예고 없이 찾아오는 질환과 통증에서 우리를 지켜주는 든든한 인생 안전판, 보험을 들어놓길 정말 잘했다. 마지막 세 번째. '건강 관리 평소에 하자'는 아니었다….

　그 후에는 이런 초고밀도 연쇄 미팅을 경험하진 않았다. 우선 분야가 조정되었다. 몇 년 더 지난 후의 일이지만 시스템을 통한 사전 예약 절차가 자리 잡았다. 결정적으로 이듬해 코로나19가 찾아왔다. 대면 미팅이 중단됐고 모든 논의는 전화와 메일로 진행했다. 기존 업무 방식을 재점검해야 하는 시기였다. 팬데믹 종료 후 대면 미팅이 재개되었으나 팬데믹 이전 수준만큼 미팅 수가 회복되지는 않았다. 기존처럼 모든 신간을 직접 소개하는 출판사도 있었으나, 기대 판매량이 높은 전략 도서만 대면 미팅을 진행하는 출판사가 늘어났다.

　어떤 경우든 핵심은 같다. 미팅 진행 여부와 진행 수보다 미팅의 질이 중요하다. 길다면 길고 짧다면 짧은 10분을 최대한 효율적으로 사용해 계획을 세워야 한다. 성과를 내는 미팅을 위해 영업자가 유념해야 할 여러 가지 중 줄이고 줄여 단 한 줄로 요약하면 다음과 같다. "이 책을 팔기 위해 어떻게 해야 하나?"라고 MD에게 묻지 않는 것이다. 궁금한 것을 확인하러 귀한 시간과 교통비 들여 먼 길 온 것인데 물으면 안 된다니? 당연히 MD는 영업자의 질문을 환영한다. 문제는 '순서'다. "이 책을 팔기 위해 어떻게 해야 하나?" 전에 "'이런 것을' 해보려 하는데 어떻게 생각하나?"를 먼저 말하면 좋다.

몇 가지 예시를 들겠다. "이 책은 오늘의 책, 이달의 책, 올해의 책에 올리면 좋겠다"(도서 선정), "당장 메인 페이지 상단에 노출해야 한다"(노출 영역), "이 책을 구매하면 굿즈를 주는 이벤트를 하겠다"(이벤트 내용) 등. 이렇게 내부에서 구상해본 마케팅안을 제시한 다음에 '이 방법이 효과가 있을지' MD에게 의견을 물으면 논의에 속도가 빠르게 붙는다.

나도 모든 책의 베스트 마케팅 방안을 자판기처럼 내놓고 싶지만 불가능하다. 불과 몇 초 살펴보고 책을 파악할 수 없다. 곧 세상에 나올, 지금 MD 눈앞에 놓인 책. 이 책을 가장 자세히 아는 사람은 몇 달 혹은 몇 년에 걸쳐 출간을 준비한 편집자와 영업자다. 책의 장점과 특색을 분석하여 최적의 마케팅안을 '아주 기초인 내용이라도' 일단 기획해볼 것을 권장한다. 틀려도 좋고, 정답은 없다.

한 번은 영업자가 '대박 예감 기대작'을 소개하겠다며 찾아왔다. 작가의 명성, 확보된 팬의 규모, 예상 판매량, 출간 이벤트와 특전, 저자의 소셜 미디어 홍보 계획, 출판사가 집행할 광고 등 마케팅 내용 전반을 신속 브리핑해주었다. 나는 이야기를 따라가며 동의할 부분은 동의하고 수정할 부분은 수정하며 빠르게 미팅을 마쳤다. 이미 마케딩은 다 준비됐으니 나는 홍보만 하면 되겠구나 머릿속으로 회의록을 정리했다. 책의 판매는 기대만큼 높지는 않았다. 그러나 준비부터 실행까지 할 것 다 한 '졌지만 잘 싸운' 사례로서 지금도 인상 깊게 기억한다. 물론 이는 극단적으로 바람직한 사례다. 그리고 예전부터 다양한 마케팅 시행착오를 거친 출판사의 책이었다. 대부분 책은 서점과 출판사가 머리를 맞대고 묘안을 마련하는 것이 일반적이다. 어떤 경우든 '선계획 제시, 후 의견 요청'이 필수라는 사실 하나만 기억하면 되겠다.

MD가 A부터 Z까지 면밀하게 살펴보고 긴 시간 소통해야 하는 미팅도 물론 있다. 신규 출판사의 첫 책이다. 출판이 처음이라면 영업, 마케팅 감을 잡기 어려운 것이 당연하다. 내가 뭘 모르는지도 모르는 상태로 막막하기만 하다. 그러나 온라인서점 사이트, 대형 출판사 소셜 미디어, 인스타그램과 유튜브의 주요 책 소개 계정을 샅샅이 뒤지면 지금 유행하는 책 마케팅 방법이나 베스트셀러 경향을 파악할 수 있다. 이를 바탕으로 마케팅 초안이라도 짜보고 첫 미팅을 하면 같은 신규 출판사 중에서도 남다른 출발을 할 수 있을 것이다.

모든 일이 그렇듯 성과를 내는 최선의 비책은 끝없는 교육과 배움이다(출판사뿐만 아니라 서점 직원도 마찬가지다). 검색과 독학 외에도 출판계 네트워크에서 정보를 공유하거나 기관 교육을 수강하는 것도 바람직하다. 현장에서 일하는 MD에게 대면, 비대면으로 정보를 얻는 기회도 최대한 활용해야 한다. 적고 보니 대부분 암묵지다. 무료로는 물론이고 돈을 내고라도 궁금증을 해소할 수 있는 뾰족한 방법이 없다니. 출판인이 정보에 목마를 수밖에 없다. 체계적 교육 프로그램의 필요성을 느낀다. '미팅에서 자주 받는 질문 모음'이나 '출판 마케팅을 위한 서점 사용 가이드'라도 내가 정리해서 어디 올려야겠다.

　출판은 쉴 새 없이 신상품이 쏟아져 나오는 과잉 공급 산업이다. 미팅 시간에 온라인서점 미팅룸을 찾으면 열띤 영업의 열기를 체감할 수 있다. 한 공간에서 수십 건의 미팅이 이뤄진다. 이 중 성공한 미팅을 정의한다면 MD가 '이 책을 많이 팔고 싶다고 생각하게 만드는' 미팅이다. 이를 넘어선 최고의 미팅은 'MD가 이 책을 꼭 읽고 싶다고 생각하게 만드는' 미팅이다. '성공한 미팅'은 마케팅 지식과 기술만 있어도 되나, '최고의 미팅'은 책을 향한 영업자의 애호가 추가되어야만 만들 수 있다.

　정말 책을 좋아하고 많이 읽는 영업자가 추천하는 책은 신뢰하게 된다. 그런 분이 좋다, 재미있다, 꼭 읽어야 한다 말하는 책은 웬만하면 읽어본다. 그러다 인생 책을 만나기도 한다. 2019년에 개정 신간으로 읽은 『시핑 뉴스』(문학동네)가 대표적이다. 영화 〈브로크백 마운틴〉의 원작자로 잘 알려진 애니 프루가 1993년에 발표한 장편소설로 퓰리처상과 전미도서상을 함께 받은 걸작이다.

　자신을 멸시하던 아내는 사고로, 자식과 별 교류가 없던 양친은 스스로 선택하여 세상을 떠나고 코일 곁에는 딸 둘만 남는다. 무능력하고 볼품없는 30대 실직자는 절망만 남은 뉴욕을 떠나 선조가 살던 캐나다 뉴펀들랜드로 이주를 결심한다. 그곳은 살을 에는 눈보라가 휘몰아치고 거친 바다가 사람을 집어삼키기도 하는 캐나다 최동단의 변경이다. 평생 자기 간수라는 걸 해본 적 없는 남자 코일은 이토록 척박한 자연환경 속에서 제2의 출발에 성공할 수 있을까? 놀랍게도 오래 곪은 마음의 상처는 어느새 치유되고, 코일은 희망을 획득한다. 작가가 기적을 하사하는 것이 아니라, 극중 인물이 '스스로' 운명을 개척하도록 돕는다는 사실이 감격을 준다. 혼자 형광등도 갈아 끼우지 못할 것 같은 코일도 재능이 있었다! 지역 언론사에 취직해 쓴 그의 기사가 사람들의 마음을 사로잡는다. 코일의 삶이 밝아지는 순간이었다. 그는 고정 지면과 자신감을 얻고 점차 삶의 기틀을 다진다.

나는 『스토너』(알에이치코리아)를 읽기 전에 기대했던 울림을 『시핑 뉴스』를 통해 얻었다. 『스토너』가 평범한 사람이 반복되는 평범한 하루하루 속에서 좋아하는 일에 몰두하여 삶의 특별한 충만함을 맛보는 소설이리라 오해했다. 그런데 『스토너』의 주인공 윌리엄 스토너는 교수도 되고, 캠퍼스에서 동료 교수와 파워 게임도 벌이고, 불륜도 한다. 못 쓴 소설이라는 뜻은 절대 아니다(21세기에 가장 주목받은 20세기 소설 중 하나다). 내 엉뚱한 예상과 달리 『스토너』는 너무 격정적(?)이었다. 내가 바랐던 '너무 평범해서 위대한 사람'의 잔잔하고 뭉클한 드라마는 『시핑 뉴스』에 들어 있었다. 지금 아무것도 이룬 것이 없다고 자책하는 사람이라면 꼭 읽어보길 바란다.

나는 앞서 적은 대상포진 치료 기간에 『시핑 뉴스』를 읽었다. 당시 '위대하고 아름다운 소설'이라고 메모한 기록이 남아 있다. 『시핑 뉴스』는 평생 세 명 중 한 명은 경험하는 감전된 듯한 통증을 조금이나마 잊게 하는 진통제가 되었다. 그 초여름의 짧은 휴식 동안 얻은 깨달음 중 세 번째는 '건강 관리 평소에 하자'가 아닌 '사람은 아파봐야지만 건강에 신경 쓴다'는 것이었다. 우리는 일상에서 "건강 조심해"라는 인사말을 얼마나 많이 하는가. 대답은 언제나 "알겠어. 고마워"이지만 직장인은 어지간해서는 몸을 잘 돌보지 않는다. 처맞은 후에야 그럴싸한 건강 관리 계획을 세우기 시작한다.

'나'의 아픔도 몸에 직접 새겨지기 전까지는 체감할 수 없는데, 나에게 닥치지 않은 '남'의 불행을 먼저 헤아리기란 정말 어려운 일이다. 나도 예외가 아니라서 남에게 위로도 잘 못한다. 이런 뉴펀들랜드의 빙산 같은 사람을 위해서 소설이라는 예술이 존재하는지도 모르겠다. 남인 정도를 넘어 가상 인물이기까지 한 코일의 인생 역정을 따라가며 함께 울고 웃다가 타인의 처지를 이해해보는 경험을 했다. MD이기에 앞서 독자로서 『시핑 뉴스』를 읽으며 성장했다. 매일 반복되는 10분의 미팅 시간 동안 책을 잘 소개해달라는 이야기를 많이 듣는다. 내가 먼저 영업자에게 잘 소개받은 책은, 나도 독자에게 열심히 소개할 수밖에 없다. 지금 이 추천 글을 쓰고 있는 것처럼.

책의 '제 몫' 확실히 찾아주는
좋은 서평

『속죄』, 이언 매큐언, 문학동네, 2023(2001)

마주 본 자리에 앉은 인문 MD가 자리 위로 팔을 뻗어 새로 나온 책을 건네주었다. 내가 좋아할 것 같다며 선물한 책의 제목은 『서평가의 독서법』(돌베개)이었다. 신기하게도 전부터 읽고 싶었던 책이었다. 영국의 대형 서점 체인인 '워터스톤스'가 이 책을 '2020 올해의 책' 후보로 올린 것을 보고 저자 미치코 가쿠타니를 처음 알게 되었다. 흥미가 생겨 더 검색해보니 1983년부터 2017년까지 무려 30년 넘게 《뉴욕 타임스》 서평란을 담당한 전설의 비평가였다. 비평 부문에서 퓰리처상을 수상하기도 했다. 나는 같은 일을 오래 하는 사람에게 매료된다. 시간이 지나도 처음의 날카로움을 잃지 않는 사람이라면 더욱 크게.

원제 『Ex Libris』는 '~의 장서에서'라는 뜻이다. 30년 넘게 책만 파고든 대가의 장서 중에서도 100편을 엄선해 쓴 비평 모음집이자 의외로 저자의 '첫 번째' 본격 서평집이라는 정보가 독서욕을 자극했다. 원서를 사서 읽어볼까 하다가 어차피 방치할 것 같아서 언젠가 번역되기를 기다리기로 했다. 그 후 잊고 있던 책을 우연히 만나서 반가웠다. 퇴근길 지하철 안에서 바로 읽었다.

만족감, 실망감, 부끄러움을 느꼈다. 우선 만족감에 대해 말하자면 '영어권에서 가장 영향력 있는 서평가'의 글을 신화의 영역에 모셔두지 않고 실제 읽었다는 사실 자체가 감격이었다. 선정된 모든 책은 그리 길지 않은 분량 안에서 소개된다. 함축되고 정제된 문장은 30여 년 동안 형성된 독서 거장의 인장을 드러낸다. 그것은 책 읽는 행위의 기쁨을 가슴 벅차게 전하는 애정, 문학과 예술을 존재하게 하는 근원인 세계를 바라보는 냉철한 시선, 훔치고 싶어지는 해박한 교양이다.

여기에 굳이 실망감을 더한 이유는 독설을 담고 있지 않아서다. 작가와 작품을 가리지 않는 특유의 신랄한 비판과 확신에 찬 단언을 이 책에서 만나기를 은근히 기대했던 것 같다. 아예 '가쿠타니당하다'라는 말이 미국 언론·출판계에 있을 정도로 그는 전방위적으로 욕한다고 한다. 요즘 말로 '가쿠타니가 가쿠타니한' 글이 『서평가의 독서법』에는 없다.

당연하다. 원서의 부제는 '읽고 또 읽어야 할 100권 이상의 책'이다. 저자가 사랑하며 독자 또한 사랑하길 바라는 책을 선별했기에 추천하는 내용만 있다. 그래도 특기(?)를 발휘하여 다크 버전의 후속편도 쓰면 좋겠다고 생각했다. 이를테면 '명저라고 알려졌지만 솔직히 읽을 필요 없는 100권', '과대평가된 명작 100권', '나 미치코 가쿠타니가 절대 인정하지 않은 스타 작가 50' 같은 콘셉트로 말이다.

취향 참 독특하다. 번역서 부제에 '분열과 고립의 시대'라는 말이 들어간 것처럼 그렇지 않아도 혼란한 세상이다. 왜 훈훈한 평만 담은 '순한 맛' 서평집에 만족하지 않는 걸까? 가십성 숏폼 영상에 뇌가 길들어서 자극적 콘텐츠만 찾는 걸까? 부정적인 이야기를 즐기는 것이 인간의 본능이어서일까? 그럴지도 모른다. 개인적 이유를 추가하자면 지금까지 비판적인 서평을 접한 일이 많지 않아서다. 에두르지 않고 가감 없이 책을 논하는 서평은 어떤 감흥을 줄까 궁금하다.

영화나 음악은 상황이 달라 보인다. 겨우 20자 내외의 문장이나 별 다섯 개로 성공작과 실패작을 나누는 행위가 일상화되어 있다. 짧지 않은 글 역시 비판적 어조로 쓰인 '매운 맛' 비평을 쉽게 만난다. 영화감독과 평론가 사이 벌어진 신경전을 들어보면 살벌한 지경일 때도 있다. 가끔은 도를 넘어서 문제가 되기도 한다. "푸른 영화를 만들었는데 붉지 않다고 말하는 것은 곤란하다"라고 말한 구로사와 아키라의 푸념은 격조 있어 보일 정도다. 작곡가 시벨리우스도 "세상에는 평론가를 위해 세운 동상은 없다"라며 창작이 비평에 앞선다고 호소했다.

또한 영화 비평과 음악 비평은 책 비평에 비해 직설적인 표현을 사용한다. 이 작품이 걸작이라는 건지 졸작이라는 건지 감상자는 의문을 즉시 해소한다. "책도 악평을 많이 쓰자"라고 말하려는 것은 아니다. 나는 평화주의자다. "책에도 별점과 20자평을 도입하자"라는 말은 더더욱 아니다. 긴 글 읽기를 즐기는 사람이 늘어야 책도 팔리고 나도 월급 받는다. 그저 나는 하나의 작품을 옹호하는 평가와 비판하는 평가가 공존한다는 사실 그리고 후자의 경우 매서운 공격이 동반되기도 한다는 현실이 신선해 보였을 뿐이다(영화계 지인의 말로는 영화계 또한 날카로운 비판이 줄고 있다고 한다).

온갖 단서를 붙여 조심스럽게 말해본다. '열독가가 아니며 전문 서평 잡지를 적극적으로 찾아보지 않는 평균적 독자'는 호평 일색의 서평 혹은 특별한 관점 없이 내용을 요약 정리만 한 서평을 주로 접한다. 문학 책이든 인문 책이든 비즈니스 책이든 다르지 않다. 독자 다수가 책 평가의 척도로 참고하는 텍스트는 온라인서점의 상품 소개와 일간지 서평 기사가 전부다. 전자는 출판사에서 제공하는 것이므로 장점과 차별점만으로 채워져 있다. 후자는 수많은 신간 중 단 몇 권만 소개하는 것이기에 좋은 책만 호평하기에도 지면이 부족하다. 비판적인 내용은 '아쉽다' 혹은 '의문이다'라고 말하는 수준에 그친다.

좋은 책이 많아서 좋은 평도 많은 것이라면 행복한 일이다. 문제는 모든 책이 다 좋으면 결국 어떤 책도 좋다고 말할 수 없다는 데 있다. 그렇다고 공인된 졸작을 혹평하는 건 의미 없다. 엄격한 잣대를 적용해야 하는 책은 '큰 기대를 모은 책, 대중과 사회가 주목하는 책, 많이 팔린 책'이다. 투명하고 성역 없는 비평은 지금 큰 영향력을 미치고 있는 책이 실제 만듦새도 뛰어난지, 내포한 철학과 의미와 효용은 무엇인지, 한계와 모순은 없는지 입체적으로 파악하도록 도와준다. 읽는 눈을 교묘하게 흐리는 양의 탈을 쓴 늑대 같은 책에 경고를 날린다. 과대평가된 책과 과소평가된 책 모두 응당 그 책이 있어야 할 자리에 앉게 한다. 즉, 책의 '제 몫'을 찾아준다.

만장일치로 고평가받(거나 아무도 토 달지 않)는 인기작인데 막상 읽으면 시간 낭비인 책이 있다. 이런 책을 평만 믿고 읽은 독자는 모든 추천사가 광고이거나 거짓말이었다고 분노할 것이다. 혹은 이런 대단한 책을 소화하기에는 자신의 독서 안목이 떨어진다고 자책할지도 모른다. 어느 쪽이든 독자와 책 사이를 멀리 떨어뜨리는 일이다.

나도 독자로서 경험했다. 대형 베스트셀러를 낸 작가 A가 신작을 냈다. 역시 베스트셀러 보유자이자 내가 좋아하는 작가 B가 극찬하는 추천사를 썼다. 사용한 단어와 표현이 고급스럽고 비장했다. 안심하고 펼쳐본 책은 최악이었다. 책 선택 실패는 독서가의 삶에서 비일비재한 일이나 좋아하는 작가 B의 추천을 불신하게 된 것이 안타까웠다. 내가 잘못 읽은 걸지도 모른다 가정하고 다른 독자의 리뷰를 찾아봤다. 차마 입 밖에 낼 수 없고 내 머릿속에만 머물렀던 적나라한 표현과 정확히 일치하는 반응을 여러 건 확인했다….

이러한 괴리가 지속되면 전문가 비평의 입지는 좁아지고 독자 후기에 대한 의존도가 높아질 것이다. 구매자 리뷰, 유튜브, 소셜 미디어, 지인 추천이 책 구매에 미치는 영향력은 날로 커지고 있다. 독서 모임에서 회원끼리 공유하는 감상은 최고의 비평문이다. 실패 확률을 줄이고 싶은 독서 애호가는 "이 책 재미있어요?" "이 책 괜찮음?" "이 책 돈 안 아까우냐?" 커뮤니티에서 물어본다. "이 책 나만 별로냐?"도 단골 질문이다.

　책을 이야기하는 사람이 많아진다는 것은 긍정적인 일이나 독자가 생산하는 여론은 흩어져 존재한다는 한계가 있다. 미치코 가쿠타니 같은 전문가와 그가 몸담았던 《뉴욕 타임스》 서평팀 같은 전문 매체는 비평적 견해를 고정 공간에 정기적으로 공개하며 담론 형성을 주도한다. 이때 제시한 관점과 해석이 맞으면 좋지만 틀리고 불완전하다고 해도 가치 있다. 반박하고 토론하는 과정에서 좋은 책의 기준이 무엇인지 생각할 계기가 마련되기 때문이다.

　다시 영화의 예를 들면 기대작이 극장에 걸리면 팬들은 스타 평론가, 리뷰어의 반응을 찾아본다. 별점을 몇 개 줄지, 옹호할지 비판할지 빨리 확인하고 싶어 한다. "김○○은 별 0.5개 주겠지" 예측하며 논다. 음악도 주요 리뷰 사이트의 평점이 신보의 첫인상을 크게 좌우한다. 책은 어떨까. 대형 작가의 신작을 어떻게 평가할지 대중이 궁금해하는 사람 또는 지면이 있을까? 무라카미 하루키 새 작품이 나왔을 때 빨리 평해주면 좋겠다고 기다려지는 서평가 A나 매체 B는 존재할까? 아쉽지만 많지는 않은 것 같다.

    영화 마니아는 영화평을 팝콘처럼 맛보고 공유한다. 독서가도 독서 친구와 이야기하고 즐길 수 있는 '떡밥으로서의 서평'이 필요하나, 없다. 앞서 적은 것처럼 칭찬만 가득한 서평의 비중이 너무 높기 때문이다. 특히 내가 속았다고 느낀 작가 B의 추천사처럼 '안 좋은 책을 좋다고 말하는' 글이 가장 안 좋다.

    책을 가능한 한 좋게 좋게 말하는 풍토가 생긴 이유는 내 고민 범위를 넘어서는 주제다. 쉽게 생각하면 본래 추천사는 추천하기 위해서 쓴 글이기 때문이다. 그리고 쓴소리는 하는 것도 듣는 것도 고되다(이 글만 해도 나는 실명은 하나도 언급하지 않고 안전한 익명의 그늘에 숨고 있다). 누군가를 비판할 때 과거에는 모임이나 길거리에서 마주치면 어색한 분위기가 연출된다는 것 정도가 불편했다. 지금은 비판이 소셜 미디어로 순식간에 확산하여 비판 대상을 옹호하는 사람에게 다시 비판받게 된다. 운이 나쁘면 비판이 비난으로 바뀌고 규모 또한 걷잡을 수 없이 커진다. 소신대로 의견을 내기 위해서는 더 많은 용기가 필요한 사회다.

    "그러면 네가 직접 하지 그러냐?"라는 말을 듣는다. MD도 책 소개 글을 쓴다. 이벤트 페이지, 뉴스 레터, 홍보 DM, 소셜 미디어, 추천 책 코너에서 자신의 견해와 가치 판단을 넣어 책을 평한다. 생각해보면 나도 항상 좋은 말만 했다. 한 이벤트에서는 온갖 미사여구를 다 끌어와서 책을 칭송하는 글을 썼다. 카피를 본 동료 MD가 "그 책 정말 읽으셨어요?"라고 물었다. "당연히 안 읽었죠!" 그는 눈물이 흐를 만큼 큰 웃음을 터뜨렸다. 한번은 읽지도 않은 책을 온 힘을 다해 추천하는 글을 썼는데 출판사 영업자가 고맙다고 메일을 보내왔다.

한술 더 떠서 안 좋게 본 책인데 좋은 점만 쏙쏙 골라 강조하기도 했다. MD 경력이 쌓일수록 '안 본 책 본 듯 말하기'와 '개인으로서의 감상과 직업인으로서의 감상 분리하기' 신공의 달인이 되어간다. 자기모순은 아니다. 나는 평론가가 아니라 유통인이다. 유통인은 이래도 된다. 팔아야 하는 책에 '필독서', 'MD 추천', '강력 추천' 같은 말을 잔뜩 붙여 눈에 띄게 올려놓고 다른 말을 하는 것도 모순이다.

'계속 그렇게 자본주의 하수인으로 살 거야? MD의 임무는 좋은 책을 독자와 연결하는 것이라고 말했으면서….' 이런 고민도 없지 않다. 나름의 대안을 고민했다. 글쓰기가 직업인 사람은 글을 써서 책을 이야기한다. MD는 사이트 안팎에 책을 노출하고, 홍보 메시지를 보내고, 프로모션을 진행함으로써 책을 이야기한다. 그렇다면 완성도에 비해 과도하게 판매가 높은 책이 있다면 그 책의 판매를 끌어내리는 조치를 하면 될까?

MD에게는 그럴 필요도 방법도 시간도 없다. 그보다 완성도는 높은데 판매는 낮은 책을 발굴하고 소개하는 편이 낫다. 이를 통해 획기적으로 판매와 순위를 끌어올릴 수는 없겠지만(그러는 사람도 있다), 분명 의미 있는 노력이다.

또 하나의 적절한 대응은 '선서 컨트롤'이다. '오늘의 책' 같은 추천 영역에 올릴 도서를 선정하는 일을 선서라고 한다. 아무리 저자가 유명하고 높은 판매가 보장된 책이라고 해도 신뢰할 만한 책이 아니거나 독자에게 해악을 주는 책이라는 판단이 들면 나는 선서 후보에도 올리지 않는다. 판단은 독자가 해야 하지만 하한선 아래로 내려간 책이라면 내 선에서 거른다. 그런 책이 우리 서점에서만 '오늘의 책'에 오르지 않고 'MD 추천' 배지도 붙어 있지 않으면 오히려 자부심을 느낀다.

'좋게만 말하기'만큼 아쉬운 서평 문화의 일면은 '어렵게 말하기'다. 책을 해설하고자 쓴 글을 이해하기 위한 해설이 필요한 경우도 있다. 문예지나 학술지가 아니라 독자가 가장 많이 접하는 온라인서점 도서 상세 페이지의 출판사 서평(보도자료)에도 현학적이고 난해하며 너무 멋을 부린 글이 종종 등록된다. 신문 서평란도 숏폼 영상을 즐기는 사람에게는 다소 딱딱하다.

물론 전문 비평과 서평 기사의 고유 문법을 부정해서는 안 된다. 어려운 글, 학술적인 글이 나쁜 건 아니다. '아카데믹한 글만' 있는 상황이라면 문제다. 대중의 눈높이에 맞춰 쉽고 이해가 잘되며 여기에 '뾰족한' 시선까지 더한 서평 어디 없을까? 파격, 재미, 공감 중 최소 두 개 이상을 갖추었고 가슴에 꽂히는 강렬한 펀치라인까지 곁들인 서평이 많아지면 독자는 더 맛있게 책을 읽을 것이다.

『서평가의 독서법』이 내게 준 만족감과 실망감에 이어 끝으로 '부끄러움'을 느끼게 한 이유를 말할 차례다. 『서평가의 독서법』을 집자마자 우선 목차부터 확인했다. 책에서 추천한 100편 중 내가 읽은 책이 너무 적었다. 몇 편 안 되는 완독작은 읽은 지 너무 오래되어서 감흥이 떠오르지도 않는 책이었다. 전국 MD 선수권 대회 1위를 지향하는 내가 동시대 최고 서평가이자 인간 리뷰 문화재인 분과 겹치는 부분이 이렇게 없다니…. 결과를 부정하며 목차를 앞에서 뒤로, 뒤에서 앞으로 훑었다. 반가운 제목이 하나 눈에 들어왔다. 내가 '21세기 최고의 소설 25' 중 하나로 꼽은 이언 매큐언의 『속죄』(문학동네)였다.

원래는 읽을까 말까 너무 많이 미뤘다가 읽은 책이다. 나는 일본 미스터리 편식가이며 기본 심성의 밑바탕에 장난기가 짙게 깔려 있다. 『속죄』는 이런 취향에 비해 너무 품격 있는 고급 문학으로 보였다. 소설만큼 유명한 영화의 몇몇 장면은 매우 아름다웠는데, 이상하게도 참 지루한 이야기일 것 같다는 선입견을 키웠다. 숙제하듯 의무감으로 읽기 시작했다.

유명한 분수에서의 실랑이 장면까지도 반신반의하며 읽었다. 그런데 역시 이언 매큐언은 틀에 박힌 따분한 거장이 아니었다. 표정 하나 안 바꾸고 폭주할 줄 아는 작가였다. 광기를 제대로 느낀 건 주인공 로비의 인생을 구렁텅이로 몰아넣게 될 '그 메모'의 내용을 만났을 때다. 소설은 이때부터 급격하게 재미있어지기 시작한다. 이어서 메모의 전달과 배달이 모두 잘못되는 사고가 일어난다. 전도유망했던 청년의 삶이 나락으로 떨어지며

1부가 끝난다.

　무대는 총탄이 빗발치고 화약 냄새가 진동하는 2차 세계대전의 전장으로 이동한다. 전쟁의 참혹함을 생생하게 그리는 2부는 단독으로 떼놓고 봐도 한 편의 훌륭한 전쟁 문학이라 하기 손색없다. 아비규환에 끌려 들어와 죽을 고비를 겨우 넘겨 됭케르크에 도달한 로비는 무사히 집에 돌아갈 수 있을까? 아직 2부밖에 되지 않았고, 연인 세실리아와도 재회하지 못했다. 전개는 예상하기 쉽다. 하지만 접힌 쪽지에 심어졌던 광기를 생각하면 끝까지 긴장을 풀지 말아야 한다.

　여기까지 절정을 향해 달린 소설은 3부에서 한층 더 이야기의 농도가 진해진다. 틀에 박히지 않은 정치한 내용과 형식이 역동감 있게 서사를 끌고 간다. 집요하게 실수와 되돌림의 문제 그리고 속죄의 방법과 의미를 탐구한다. 단순한 사과가 아니라 오직 예술가만 행하는 방식의 속죄를 보여줌으로써 예술의 존재 이유와 가치를 입증한다.

　속죄의 주체는 물론 로비를 모함한 브라이어니다. 영화 팬들이 사상 최악의 분노 유발자 중 하나로 부르는 그에게도 그러나 할 말은 있다. 애초에 로비가 제정신 빼놓고 메모를 적지 않았다면 그리고 잘못 전달하지 않았다면 브라이어니가 죄를 저지를 위험은 사전에 차단되었을 것이다. 기름, 장작, 성냥이 모두 마련된 상황에서 불만 붙였던 열세 살 소녀는 어린 시절 저지른 실수에 평생을 쫓겨 다닌다. 소설의 핵심 주제는 참회다. 우연에 우연이 겹쳐 죄를 저지를 수밖에 없는 상황이 벌어지는 운명의 기구함도 추가해야 할 것이다.

먼저 머뭇거렸던 사람으로서 말하면 『속죄』는 고민하지 않고 읽어도 된다. 누구나 깊이 공감하며 읽을 것이다. 극도로 정교하며 웅장한 대작이다. 동시에 인간 대 삶의 격돌을 그린 드라마로서도, 가족 문학으로서도, 로맨스로서도, 삶을 몇 번이고 새로 구축해 독자에게 제시하는 소설 문학의 전능함을 드러낸 메타픽션으로서도 최고인 보기 드문 종합 소설이다.

전설의 비평가는 어떻게 평했는지 궁금해져 『서평가의 독서법』의 60번째 장을 다시 들춰봤다. 고급 비평의 유려함에 눈이 부셔 나는 과연 같은 책을 읽은 건지 의문이 들었다. 평론가도 유통인도 『속죄』의 제 몫을 찾아주는 사람이라는 점에서 동지라는 사실에 위안을 받는다. 언젠가 가쿠타니가 『서평가의 독설법』을 내면 꼭 '오늘의 책'에 올려주겠다.

AI 시대에도 'MD 추천'이라는 말을 쓰고 싶다면

『레디 플레이어 원』, 어니스트 클라인, 에이콘출판, 2015(2011)

코로나19 팬데믹이 끝나고 입국 제한 조치가 해제된 2022년 가을. 내 주변의 모든 사람이 외국 여행을 떠났다. 주로 미스터리 소설로만 일본을 접했던 나도 도쿄행 비행기 티켓을 끊었다. 여행을 계획하며 가장 큰 기대를 품은 곳은 역시 다이칸야마 츠타야였다. 다이칸야마 역에 내려 언덕을 올라 마침내 서점에 도착했을 때 살짝 감격하기도 했다.

'풍요'와 '여유'. 두 단어가 가장 잘 어울리는 장소였다. 부유한 시니어 고객에게 손짓하며 고급 주택가에 문을 연 공간다웠다. 크림인지 화이트인지 아이보리인지 비슷한 계열의 색으로 근사하게 차려입고 야외 테이블에서 대화를 나누던 사람들. 매장 안 스타벅스에서 맥북을 들여다보며 일하던 모델 같은 외양의 남자. 남다른 인상의 방문객을 구경하는 것도 재미있었다. 참고로 평일 오후였다.

매장 안에서는 공들인 휴먼 큐레이션이 눈에 띄었다. '책' 그리고 연관 있는 '비도서 상품'을 복합 제안하는 것으로 정평이 나 있는 츠타야다웠다. 내가 간 날은 책 옆에 실제 바이크가 진열되어 있었다. 충격과 공포였다. 음반 코너는 티끌 하나 없이 깔끔하고 세련되고 고급스러웠다.

가는 곳마다 호화로움이 눈을 잡아끌었다. 내게는 다소 부담되었다. 멋짐이 지나쳤다. 나는 이런 공간을 운영할 자신도, 운영하고 싶은 마음도 없다고 생각했다. 이 말을 츠타야 창립자인 마스다 무네아키가 들으면 "너가 아니라 '프리미어 에이지'를 타깃으로 삼은 내 기획 의도가 적중했군"이라 말하며 흡족해할 것이다.

다음 날에는 신주쿠에 있는 기노쿠니야 본점을 찾았다. 미쉐린 마스코트인 '비벤덤' 탈을 뒤집어쓴 직원이 손을 흔들며 나를 반겨주었다. 막 출간된 『미쉐린 가이드 도쿄 편』을 홍보하는 중이었다. 순간, 전날 들른 츠타야는 공간 구성과 상품 조합에 공들이되 주제 기획전과 할인전 등 '프로모션'은 적극 실행하지 않았던 것 같다는 생각이 머리를 스쳤다. 나는 영업의 향기가 나는 기노쿠니야의 첫인상이 정겹고 좋았다.

기노쿠니야 본점은 빌딩 전체가 서점인 건물이었다. 매장 내부는 꾸밈없이 단정했다. 우리나라 독자에게도 익숙한 분야별 서가 구성이었다. 한남, 성수 느낌의 츠타야. 종로, 명동 느낌의 기노쿠니야. 나는 기노쿠니야가 더 잘 맞았다(모든 사람이 만족하는 제품이나 서비스는 세상에 없다는 작은 비즈니스 교훈을 얻었다). 특히 인문 서가에서 체크 셔츠에 배바지를 입고 서서 문고본을 읽고 있던 어르신을 봤을 때 친근함을 느꼈다.

고도의 편집력을 발휘하는 복합 라이프스타일 숍인 츠타야. 다양한 책을 폭넓게 제안하는 충실함이 특징인 전통적 서점 기노쿠니야. 여기서 끝이 아니다. 당연하게도, 일본에 이 두 서점만 있지는 않다. 도쿄 진보초에 있는 인문 서점 '이와나미 북센터'에 오랜 세월 몸담았던 시바타 신은 또 다른 철학으로 책을 추천했다.

『시바타 신의 마지막 수업』(남해의봄날)은 50년 경력의 서점인이자 '전설의 책방지기'라는 별명을 지닌 시바타 신을 인터뷰한 책이다. 2016년 국내 출간을 맞아 저자 이시바시 다케후미가 내한해 열린 강연에 나도 참석했다. 저자는 충격적인 내용을 들려주었다.

"감히 독자에게 책을 추천할 생각을 하지 말아야 한다." 시바타 신은 이렇게 말했다고 한다. 책은 그냥 서점에 쌓아두기만 하면 '서점 직원보다 책을 훨씬 잘 아는' 독자가 알아서 고르고 사 가기 때문이다. 책을 가장 잘 아는 사람은 관심 분야를 깊게 파 내려간 독자이므로 일리가 있다. 과격하면서도 신선한 주장이다. 다만 추천이 서점인의 기본 업무라고 생각했던 나로서는 혼란스러움도 느꼈다. 어쨌든 '책을 잘 쌓아놓기는 해야 하니까' 이 과정에서 서점인의 안목이 반영되긴 한다고 자체 해석했다.

츠타야, 기노쿠니야, 시바타 신의 추천 방향 모두와 대비되는 아마존 모델도 있다. 아마존은 온라인서점이기 때문에 바이크를 세워놓을 공간은 없다. 대신 초창기부터 알고리즘이 제시하는 '개인화-자동화' 추천을 내세웠다. 손수 책을 고르고 소개하던 아마존 서평팀이 데이터 기반 추천에 밀려 해체되었다는 기사를 본 건 2013년이었다.

지금 아마존에 '에디터 픽' 코너가 운영 중인 것을 보면 과거 방식의 추천이 중단되지는 않았다. 다만 '인간 지능' 추천은 아마존 추천 서비스의 중추인 '인공 지능' 추천을 보조하는 역할을 할 뿐이다. 클릭, 검색, 구매 등 모든 행동을 분석해 고객이 좋아할 만한 상품을 보여주는 추천은 책, 영상, 음악 등 대부분의 콘텐츠 서비스에서 일반화된 지 오래다.

츠타야, 기노쿠니야, 시바타 신, 그리고 아마존. 그들의 추천 철학이 모두 맞는 것 같다. 대체 누구를 따라가야 할까? 최고의 추천법은 무엇일까? 이 중 하나를 선택하든 완전히 새로운 방향으로 만들든 우리 서점이 나아가야 할 방향을 하나 정해야 한다. 고려할 사항은 '우리가 할 수 있는가', '우리다운가', '우리가 옳다고 확신하는가' 세 가지이다. 일단 실행한 뒤 결과가 좋으면 계속 유지하고 안 좋으면 빨리 폐기, 수정하면 된다.

교보문고의 온라인 채널 MD들도 고유한 추천 철학 안에서 독자에게 책을 권한다. 명문화하지는 않았으나 자연스레 체화되어 이어져 내려오고 있는 가장 중요한 추천 원칙은 '독자와 대화하는 추천'이다. 이 공통 대전제를 유지하면서 MD는 각자 조금씩 다른 추천 방식을 즐겨 채택한다. 어떤 MD는 이벤트를 굉장히 정교하게 설계하고, 어떤 MD는 독자 참여를 끌어내는 능력이 탁월하다.

나는 추천 앙케트를 받거나 최고의 책을 선정하거나 판매 데이터를 정제해서 보여주는 목록형 기획전, 이른바 'TOP 10'형 이벤트를 좋아한다. 어렸을 때부터 믹스테이프를 만들며 노는 걸 즐긴 영향이다. 그중 '잉여력'이 정점에 달했던 이벤트의 전체 제목은 〈가장 2019적인 문학감상법, '숨만 쉬어도 멋있었던 시대' 50년 전처럼 읽기〉였다. 길기도 하다.

2019년은 어떤 해인가? 1969년이 50주년을 맞는 해다. 1969년은 어떤 해인가? '자유, 젊음, 반항의 시대'인 1960년대의 마지막 1년이자, 인류 최초 달 착륙과 우드스톡 페스티벌 개최와 《Abbey Road》 발매가 모두 일어난, 50년이 지나서도 유효한 문화 충격을 창조한 해였다.

영화 〈미드나잇 인 파리〉의 주인공 길은 자신이 가장 동경하던 시대인 1920년대 파리로 시간여행을 한다. 정작 그 얘기를 들은 1920년대 여인은 "뭐라고? 황금시대는 현재가 아닌 1890년대인데"라는 반응을 보인다. 1980년대생인 내가 '황금시대'로 동경할 수 있는 가장 가까운 시대는 1960년대였다. 2019년은 합법적으로(?) 1969년을 소환해 뭔가 해괴한 짓을 벌여볼 수 있는, 처음이자 마지막 기회의 해였다. 그래서 열었다. 저토록 기나긴 타이틀의 이벤트를.

1969년 1월부터 12월까지 매월 일어난 사건과 관련 있는 책을 추천했다. '도쿄대 야스다 강당 사건'이 일어났던 1월에는 1969년의 공기를 경쾌한 필치로 그려낸 『69 식스티 나인』(작가정신)을 골랐다. 비틀스가 마지막 앨범《Abbey Road》의 녹음을 시작한 2월에는 『존 레논의 말』(아르테)을 매칭했다. 아폴로 11호가 달에 간 7월의 책과 20세기 최대의 문화적 사건 우드스톡 페스티벌이 열린 8월의 책은 당연히 『스페이스 오디세이 완전판 세트』(황금가지)와 『테이킹 우드스탁』(문학동네)이 되어야 했다. 공들인 이벤트였으나 추천 도서가 많이 팔리지는 않았다. 시원하게 망했다. 그 외에도 내가 연 많은 추천 이벤트가 폭발적 무관심을 받았다. 왜일까? 혼자 만들고 혼자 즐기는, 개인 블로그에나 올릴 만한 콘텐츠였기 때문이다. '독자와 대화하는 추천'이 아니었다.

그리고 콘텐츠 마케팅이란 '원래 그런 거다'. 난다 긴다 하는 콘텐츠 귀신들도 '이번 아이템은 망할 거야'라고 생각하며 글을, 카드뉴스를, 영상을 업로드한다고 한다. 그렇게 꾸준히 막 던지다 보면 하나라도 터지고, 그러면 그동안 쌓인 실망감이 눈 녹듯 사라진다.

그래도 될 수 있으면 망하는 일은 적을수록 좋다. 고객이 원하는 큐레이션의 조건을 지키면 MD든 콘텐츠 마케터든 타율을 높일 수 있다. 핵심 원칙은 네 가지다.

① 고객의 문제를 해결한다. '재미'든 '지식'이든 '편리함'이든 '할인 상품을 낚는 스릴'이든 고객이 원하는 효능을 확실하게 제공해야 한다.
② 쉽고 명확하고 호감이 가는 언어로 말을 건다. MD가 무엇을 말하는지 이해하기 위해 고객이 시간을 써야 한다면 이미 실패한 이벤트다.
③ 친근함과 권위가 모두 있다. MD는 강매하지 않고 자연스럽게 제안했는데, 독자는 어느덧 홀린 듯 사게 되는 강력한 정서적 끌림이 있어야 한다.
④ 스토리가 부여되어 있다. 단 한 줄의 카피나 콘셉트로 정리되는 스토리가 고객의 뇌리에 남아야 한다.

2014년에 교보문고에서 진행된 '궁극의 리스트' 이벤트는 이 모든 조건을 완벽하게 갖춘 추천이었다. '도서정가제 개정 전 마지막 초특가'라는 스토리 아래서(④) 보증된 '양장, 고가, 세트, 프리미엄 도서'만 '교보문고 단독 한정으로' 판다는 도저히 외면하기 힘든 메리트를(③) 조곤조곤 설명하는 정돈된 마케팅 언어로 전달하여(②) 좋은 책을 싸게 사고 싶다는 독서가의 승부욕과 소장욕을 충족시켰다(①). 당시 선임 MD가 진행한 이 이벤트는 '대란'을 일으켰다. 단순히 '최대 ○○퍼센트'와 같은 문구만 덩그러니 올려놓았다면 별 반응이 없었을지도 모른다.

한때 출판 마케팅에서 위용을 떨쳤던 굿즈(사은품)의 위력이 예전 같지 않다는 말을 자주 듣는다. 사은품이 상향 평준화된 영향도 있다. 그런데 최상위 고급 사은품도 '어떤 메시지와 함께, 어떻게 보여주느냐'에 따라 반응은 천차만별이다. 다시 한번 '스토리'다. 할인 이벤트를 할 때도 굿즈 이벤트를 할 때도 '스토리'를 부여할 수 있다. 아니, 부여해야 성공한다.

이벤트 페이지에 단순한 문구와 굿즈 사진만 넣어 올리면 고객 눈에 띄지 않는다. 반대로 이벤트 페이지가 마치 잡지처럼 느껴질 만큼 맛깔나는 콘텐츠를 담아 보여준다면? 독자는 반응한다.

이쯤에서 적절하게 '독자와 대화하는 추천' 다음으로 중요한 추천 원칙이 추가된다. '성의와 깊이가 있는 추천'이다. 이벤트 제목을 정할 때도, 추천 테마에 맞는 도서를 고를 때도, 책 소개 글을 단 한 줄 쓸 때도 대충하지 않고 신경 써서 해야 한다. 이쯤에서 그만해도 될 것 같을 때 한층 더 깊이 파고드는 추천을 한다고 해도 성공을 확신하기 어렵다. 대충 만든 기획전은 독자도 대충 보고 페이지를 닫는다.

다만 아무리 큐레이션에 공을 들인다고 해도 지금 'MD 추천'은 심각한 위기와 마주한 상황이다. '인공지능' 때문이다. 앞서 아마존 서평팀 해체를 이야기하며 언급했듯 '나보다 더 나를 잘 아는'(좋아하지 않는 말이다) 빅 데이터와 인공지능이 초미세하게 분석해 시집 안팎에서 책을 맞춤 추천한다. 출판사 역시 신간 마케팅을 할 때 서점에만 한정하지 않고 '유튜브'와 '숏폼'에 집중

하는 추세다. 플랫폼 기업의 '알고리즘'을 활용한다고 말해야 정확하다.

이러다 'MD 추천'이라는 말 자체가 멸종해버리는 건 아닐까? '인공지능-자동화 추천'에 맞서는 '인간지능-MD 추천'의 생존 카드는 무엇이 되어야 할까? 과거로의 회귀를 주장해서는 안 된다. 스마트폰, FAANG(페이스북·애플·아마존·넷플릭스·구글), AI 기업은 평소에는 존재감을 느끼지 못하나 막상 없으면 살 수 없는 '공기'나 '현대의 신' 같은 존재가 되었다. 원론적인 이야기지만 무서운 속도로 발전하는 기술을 현명하게 사용하되 '인간다움'을 가미하는 방법은 무엇일지 고민해야 할 시점이다.

'인간(MD) 소외'의 돌파구는 '기계와 컴퓨터는 못 하고 인간만 할 수 있는 일'에서 찾아야 한다. 지금 당장은 '상상' 같다. 알파고가 그랬듯 인공지능은 아직은 드러나 있는 모든 수를 수집하고 분석해 최선의 답을 도출하는 일을 잘한다.

또한 알고리즘 추천에는 '예외적 참신함'이 없다. 우리는 유튜브에 들어가면 '내가 좋아할 법한' 섬네일만 잔뜩 보게 된다. 기존 취향만 점점 강화되는 현상인 '필터 버블'은 이제 약간 지겹다. 나의 선호와 정반대되는 혹은 그전에는 전혀 몰랐던 재미를 새로 발견하게 하는 '안티 큐레이션' 기획전을 언젠가 열려고 한다. 이런 반항적 이벤트는 지금은 인간만 기획할 수 있지 않을까?

언젠가는 인공지능이 상상의 영역까지 따라잡을지도 모른다. 그렇다면 인간은, 아예 미쳐야 한다. '광기'만큼은 기술이 인간을 절대 못 따라온다. 세상을 뒤흔든 혁명적 과학 이론의 발견과 예술의 성취 중 많은 부분이 직관과 충동에서 비롯되었다.

이미 (좋은 의미에서) 광기 어린 기획전을 경험하기도 했다. 2019년 연말에 진행된 '통곡의 리스트' 특별전이다. '궁극의 리스트'의 주인공이었던 인문 MD가 이번에는 1년 동안 '판매가 겸손했던' 책 중 '무슨 일이 있어도 다시 소개하고 싶은 책 100권'을 골랐다. 책을 모두 읽고, 한 권 한 권 손글씨 추천사를 써서….

이 행사는 출판 업계를 뛰어넘어 광역적으로 충격을 안겼다. 《한국일보》는 단독 기사로 다뤘다. MD가 목표했던 재발견이 시급한 책의 역주행을 이뤄냈다. 할인, 증정, 사은품이 아닌 순수 콘텐츠만 강조한 기획이기에 더 이상적이다. 100권을 추렸다는 건 그 이상, 최소 150권은 읽었다는 뜻이다. 나는 베끼기는커녕 흉내 낼 마음조차 안 든다. 나도 다른 MD도 각자의 적성과 소질과 역량에 맞게 미쳐야 하겠다. 이쯤 되면 인공지능도 항복해야 한다.

오늘날 '디지털, 온라인, 스크린'이 우리의 일상을 가득 채우고 있지만 인간은 유기체로서 숨을 쉰다. 모두가 갈구하는 사랑, 성취, 안전과 같은 항구적 가치 또한 온라인의 도움을 받아 보충하기는 해도 본질은 '오프라인적'이다. 인공지능의 거센 공습이 인간 본연의 가치를 돌이킬 수 없는 수준으로 훼손한다면, 국제 사회는 합의점을 찾고 서슬한 규제책을 내놓을 것이다. 초기에는 포착하지 못했던 해악과 역효과를 뒤늦게 파악하고 기후

위기에 공동 대응에 나섰던 것과 같이.

비슷한 발상이 소설 『레디 플레이어 원』(에이콘출판)에도 담겨 있다. 이야기의 배경은 2045년이다. 그런데도 소설 속에서 아이들은 나온 지 50년도 지난 고전 게임을 즐긴다. 저자 어니스트 클라인은 1980년대 문화 마니아였다. 게임, 영화, 음악, 애니메이션 가릴 것 없이 자신이 애정했던 문화 아이콘을 모조리 소환한 이 환상적 SF 어드벤처의 장점은 천의무봉이라 할 만한 탁월한 엔터테인먼트적 '재미' 그리고 가상현실이 지배하는 미래 세계를 사실감 있게 구현한 '상상력'이다.

이보다 더 주목해야 할 점이 있다. 인간의 참된 행복을 위해 첨단 기술과 철학이 어떤 관계를 맺어야 할지를 시사한다. 초창기 컴퓨터 공동체가 지향했던 '공유, 개방, 자유'의 가치를 소환하고 반대쪽 거대 자본의 탐욕을 대비시키면서 기술의 순수성 회복을 주장한다.

음울한 나날을 보내는 와중에도 끊임없이 좋아하는 것에 몰두함으로써 성취를 이룬 주인공 웨이드 와츠. 그는 용기를 내 모험에 참여하고 '가상 세계'의 제왕이 되나 '현실 세계'의 행복과 휴식을 지키기 위해 한 가지 뜻밖의 결정을 내린다.

'게임이 한창 진행 중인 컴퓨터의 전원을 순간적으로 모두 꺼버리기'와 비슷한 강도의 놀라움을 안겨주는 '인간' 소년의 선언은 인공지능과 기계 기술은 스스로 다다를 수 없는 선택이다. 기계적 이윤과 효율이 아닌 '인간다움'을 수호하는 것이 목적인 결단이기 때문이다.

그런데 과연 '인간다움'이란 무엇일까? 역시 인간만이 고민할 수 있는 물음이다. 서점과 출판사에서 일하는 사람들의 전공인 주제이기도 하다. 이 질문의 답을 찾는다면 'MD 추천'이라는 말을 앞으로도 계속 써도 되지 않을까?

전국 도서 MD 랭킹 1위를 꿈꾸는

MD의 핵심 업무

『노멀 피플』, 샐리 루니, 아르테, 2020(2018)

MD는 매일 책을 더 주목해달라고 외친다. 노력에도 불구하고 책은 갈수록 외면받고 있으나 연말만큼은 예외다. 여러 일간지가 '올해의 책'을 선정한다. 같은 활자 매체여서 그런지 올해의 영화나 음반은 빠뜨려도 책은 꼭 챙긴다. 온라인서점 역시 12월에 올해의 책 결산 행사를 연다. MD가 직접 뽑기도 하고, 독자 투표를 받기도 하고, 선정 위원이 정하기도 한다.

'올해의 책'이라는 타이틀이 무색하게 선정된 도서의 판매가 치솟는 이벤트는 두세 개에 불과하다. 이동진 평론가가 선택한 '올해 최고의 책'과 교보문고 특별기획 '소설가 50인이 뽑은 올해의 소설' 정도다. 물론 모든 '올해의 책'은 각각 특별한 의미를 지닌다. 당장 판매가 늘지는 않아도 선정 이력은 두고두고 책을 돋보이게 한다.

미국 미디어는 '올해의 책' 선정에 더 진심인데, 리스트 애호가인 나는 2019년 연말이 특히 즐거웠다. 2019년과 2010년대를 동시에 마무리하는 해여서 '올해 최고의 책'과 '2010년대 최고의 책' 목록이 쏟아져 나왔다. 재미있게 감상했다. 우리나라도 이런 10년 단위의 큰 결산을 진행하면 좋겠다는 마음이 들었다.

아쉬워하기만 할 일이 아니었다. 2010년대는 지나갔지만 커다란 결산 마케팅 이슈가 하나 다가오고 있었다. 2024년 여름, 《뉴욕 타임스》는 21세기의 첫 4분의 1(쿼터)을 되돌아보는 기획으로 '21세기 최고의 책 100' 목록을 발표했다. 우리에게도 익숙한 『채식주의자』(창비), 『이처럼 사소한 것들』(다산책방), 『파친코』(인플루엔셜)와 같은 책이 포함되어 화제가 되었다. 1위에 오른 『나의 눈부신 친구』(한길사)는 다시 판매가 뛰었다.

아직 2025년까지는 몇 달 남아 있었다. 《뉴욕 타임스》 특집을 슬쩍 베껴서 비슷한 기획전을 열어야겠다고 계획을 세웠다. '21세기 최고의 소설 25'를 '내가 직접' 뽑아보기로 마음먹었다. 후보 도서를 쭉 나열한 뒤, 아직 안 읽은 책을 하나씩 읽어나갔다. 최종 스물다섯 편의 책을 추리기 위해서는 최소 마흔 권 이상은 읽어야 한다. 읽고 선별하는 과정에서 MD로서는 전문성이 강화되고 나만의 리스트를 가지게 되어 좋다. 독자로서는 새로운 좋은 책을 발견하여 좋다. 『노멀 피플』(아르테)도 이때 만난 책이다.

샐리 루니는 그 전부터 해외의 여러 소셜 미디어 계정에서 자주 접한 작가였다. 1991년생 젊은 소설가인 그는 27세에 부커상 후보에 오르며 존재감을 과시했다. J. D. 샐린저, 제인 오스틴, 프랑수아즈 사강 같은 쟁쟁한 선배의 이름이 무서운 신예를 수식하는 데 호출되었다. 여러 매체가 그의 출세작 『노멀 피플』을 '올해의 책'으로 선정했다. 다만 나는 예술이든 스포츠든 신예에게는 과도한 찬사가 모이기 마련이라고 생각했다. 게다가 장르는 내가 잘 안 읽는 청춘 로맨스. 정말 그렇게 대단한 혁신이 있는 작품일까 반신반의하며 첫 장을 넘겼다. 의심은 금세 동의로 바뀌었다. 불과 10여 쪽도 지나지 않았는데 강하게 매혹되었다.

진입로가 있는 한 대저택에 소년 코넬이 방문하면서 이야기는 시작된다. 그곳은 같은 고등학교에 다니는 메리앤의 집이다. 코넬의 어머니가 여기서 청소부로 일한다. 시작부터 둘의 계급이 극명하게 갈린다. 메리앤은 대뜸 말한다. "있잖아, 나는 네가 좋아." 일찍이 『로미오와 줄리엣』이 그랬듯, 정반대 처지의 남녀가 사랑에 빠지는 것만큼 흥미로운 플롯은 별로 없다.

시작하자마자 열 계단을 한꺼번에 뛰어오르듯 소설은 쾌속 전개된다. 이제 남은 분량은 두 소년 소녀가 사랑을 가꿔나가는 이야기로 채워질 것 같다. 그러나 코넬은 좋아하지도 않는 다른 애에게 졸업 무도회에 함께 가자고 청한다(어머니에게 말로 등짝을 맞는다). 메리앤은 자퇴한다. 이후 같은 대학에 진학하고 20대 초반을 통과하는 내내 코넬과 메리앤의 관계는 단절과 연결을 반복한다.

쉽게 갈 수 있는 길을 왜 둘은 굳이 멀리 돌아갔을까? 누구나 훗날 회고할 때 스스로도 이해가 안 되는 어리석은 선택을 내리고는 한다. 특히 청춘이라면 오판할 확률이 더욱 높다.

게다가 이토록 쉽게 사랑이 이뤄져 치유해버리기에는 두 젊음이 지닌 내면의 상처가 너무 깊었다. 부유하고 성적도 우수하나 존재감 없는 고교 시절을 보낸 메리앤. 역시 모범생이고 축구도 잘하지만 과잉보다는 결핍에 가까운 삶을 살아온 코넬. 둘이 간절히 바란 것은 같다. 평범해지는 것이다. 열망을 실현해줄 운명의 존재는 서로밖에 없다는 사실을 확인하는 데 4년은 그리 긴 시간은 아닐지도 모른다.

소설이 끝난 후 메리앤과 코넬은 맺어질 수도 있고 다시 헤어질지도 모른다. 그러나 불안하지는 않다. 드디어 '평범한 사람(노멀 피플)'이 되는 데 성공했기 때문이다. 그리고 너를 '평범하게' 만들어주었기에 나는 '특별한' 사람으로 성장한다. 여기서 너와 나의 위치를 바꾸어도 문장은 성립한다.

과연 이유 없이 해외에서 여러 타이틀을 넝마주이 하듯 쓸어 간 것이 아니었다. 동시대 문학의 새로운 감각을 만나 흡족했다. 매주 한 편씩 선정 도서를 공개하는 방식으로 진행했던 '21세기 최고의 소설 25' 목록에 주저 없이 『노멀 피플』을 추가했다. 정성 들여 소개 글을 쓰고 카드뉴스 이미지도 직접 만들어 이벤트 페이지에 올렸다. 소소하게 판매도 뛰었다. 재고 보충을 위해 출판사에 출고를 요청했다. 책이 절판되었다는 메일이 돌아왔다.

마케팅 전에 재고 확인을 하지 않다니 MD로서 있어서는 안 될 일이었다. 핑계를 대자면 '이 정도' 대형 스타 작가의 책이 벌써 절판되리라고는 상상 못 했다. 굳이 이유를 묻지는 않았다. 아마 '너무' 대형 스타 작가로 올라갔기에 계약 연장이 안 되었으리라. "많이 사랑해줬으면 왜 없어집니까?"라는 말만 머리에 맴돌았다.

이처럼 '재고 관리'는 가장 중요한 MD 업무 중 하나다. 재고 관리에 소홀하면 어떤 일이 벌어질까. 지금 독자는 당일 배송이 되지 않는 사이트에서 책을 구매하지 않는다. 심지어 『노멀 피플』은 단순히 배송이 지연된 것이 아니었다. MD가 추천하길래 구매했는데 보내주지는 않고 주문을 취소하다니 고객은 황당했을 것이다(고객님 죄송합니다).

'재고 운영'은 오프라인 커머스와 온라인 커머스를 구분하는 주요 요소이다. 오프라인 매장은 재고를 구비하지 않으면 판매할 수 없다. 온라인 몰에서는 선주문을 받아도 된다. 다만 고객이 결제한 상품을 발송까지 마쳐야 쇼핑이 완료된다. 과격한 예로 판매가 1만 원짜리 책의 '주문'이 1억 원만큼 일어났는데 서점은 단 한 권의 재고만 구했다면? 단 1만 원만 '매출'로 전환되며 나머지 9999만 원은 '매출 취소'가 된다. 아예 아무 일도 없었던 것보다 못한 '호러블'한 상황이다. 따라서 노벨문학상 수상자 발표부터 유명인의 기습 추천까지, 예정에 없었던 판매 급상승 이슈가 발생하면 MD는 늦은 시간임에도 불구하고 출판사 담당자에게 연락해 재고를 확인한다.

　재고 확보와 관련해 목격한 가장 극적인 일은 2010년에 일어났다. 3월 11일에 법정 스님이 입적했다. 이 사실만으로도 산문집 『무소유』(범우사)의 판매가 늘어날 일이었다. '부디 내 이름으로 출판한 모든 출판물을 더 이상 출간하지 말아달라'는 유언 내용이 공개되자 '무소유를 소유하고 싶은' 독자 수가 폭발했다. 그러나 유지를 따르자면 책을 주문한 고객에게 보낼 재고를 구할 방법은 없었다…. 당시 신입 MD였던 나는 모든 과정을 어깨너머로 지켜보며 재고 관리의 중요성을 체감했다. 어떤 상황이 벌어지든 해결책을 찾아야 하는 것이 MD라는 사실 또한 확실하게 배웠다.

　재고 관리는 세 가지 기준을 모두 충족해야 하기에 쉽지 않다. 우선 기회 손실이 생기지 않도록 '충분히' 갖춰야 한다. 그러면서도 판매가 끝난 이후에 재고가 남지 않도록 '적정한' 수량을 갖춰야 한다. 대량 발주를 하는 김에 거래처와 가급적 '유리한' 공급 조건을 협의하면 더욱 좋다. 세 마리 토끼를 다루는 방식은 MD마다 조금씩 다르다. 통 큰 MD는 지금 있는 재고 일단 다 보내달라고 요청한다. 나는 많이 고민한다. 재고가 남는 걸 극도로 경계한다. '적정 재고'와 '상품 회전율'에 신경 쓴다. 원래 조심성이 많은 성격이기도 하고, 상품 매입은 회삿돈으로 하는 일이기 때문이다.

　MD로 일한 연차가 쌓이고 선배보다 후배가 많아지면서부터 사용하지 않으려고 노력하는 말이 있다. '잘'이라는 부사다. '잘' 팔아보시오. '잘' 준비해보시오. '잘' 관리해보시오. 물론 방법을 다 알고 실행까지 척척 하는 MD에게는 이렇게 말해도 된다. 그런데 대체 어떻게 해야 '잘' 하는 건지 모르는 동료라면 최소 기본 가이드는 제시해야 한다.

나는 가능한 한 일을 구조화해서 알려주려고 애쓴다. 예를 들면 "MD의 가장 중요한 업무는 A, B, C가 있는데, 각 하위에는 또 가, 나, 다, 라, 마, 바, 사, 아가 있고, 각 일의 경중은 이러저러하며, 처리는 '슈욱 해서 파앗'하면 된다"라고 최대한 구체적으로 설명한다.

간략히 요약하면 A는 방문자 수 증대, B는 구매율 증대, C는 객단가 증대이다. 신입 MD 교육 시간에는 더 쉽게 '(서점에) 오게 하기', '(들어왔다 욕하고 나가는 것이 아니라) 사게 하기', '(기왕이면) 많이 사게 하기'라고 풀어서 말한다. 앞서 말한 '재고 관리'는 두 번째인 구매율 관리 업무에 해당한다. '지금 주문하시면 언젠가는 배송해드립니다'라는 배송 예고일을 본 고객은 당연히 욕을 하며 다른 구매처로 떠난다.

한술 더 떠 책이 아예 없다면 이보다 최악은 없다. 타사의 선판매 상품이거나 우리 서점만 상품 등록이 누락된 경우다. 등록은 됐으나 고객이 찾지 못한다면? 역시 없는 것이나 마찬가지다. 온라인 세싱에서 '존재한다'의 동의어는 '검색된다'이다. 고객이 제목을 정확히 입력했는데도 책이 뒷순위로 검색되는 일을 방지하기 위해 MD는 '검색' 관리도 상시로 한다.

이에 앞서 독자가 아예 검색할 필요도 없이 사이트에 들어오자마자 찾던 책을 만나도록 화제의 책을 첫 화면에 노출하는 것도 중요하다. 한강 노벨문학상 수상 소식을 듣고 서점에 온 고객이 첫 화면에서 한강의 책을 보지 못하는 상황은 얼마나 아찔한가.

이처럼 '노출'도 '검색'도 '재고'도 완벽하게 챙겼고 '결제'와 '배송'까지 편하다면? 다음은 '혜택'이 특별해야 고객이 다른 서점이 아닌 우리 서점에서 구매하도록 유인할 수 있다. 굿즈, 북토크, 이벤트 등 '마케팅'으로 승부를 겨루는 단계다. 여기까지가 'B: 구매율 증대'에 관련한 업무다. 이에 우선하는 일은 'A: 방문자 수 증대'다. 일단 많이 와야 그중에서 구매자도 발생한다.

방문자를 늘리기 위해 하는 MD의 가장 일반적인 업무는 '홍보 메시지 발송'이다. 대형 신간이 나오면 MD는 타깃 고객을 추출해 문자, 앱 푸시 메시지, 메일을 보낸다. 서점 공식 소셜 미디어를 통해 알리거나 유료 광고를 집행해 고객을 서점으로 이끌기도 한다.

가장 바람직한 건 내가 벌인 프로모션이 화제가 되어 입소문이 퍼지고 이를 확인하기 위해 고객이 서점을 찾아오는 경우다. 영국 '펭귄북스' 설립 90주년을 맞아 문학 분야 동료 MD들과 펭귄클래식 북커버 굿즈를 만들었을 때다. 이제부터 홍보를 도배해야겠다고 벼르고 있는데 굿즈 반응이 너무 좋아 순식간에 소진되었다. 예정했던 메시지 발송은 급하게 취소했다. 본격 홍보는 추가 제작한 굿즈가 입고된 후 하기로 미뤄뒀다. 2차 수량도 판매 재개 하루 만에 끝나버렸다. 결국 대고객 알림 메시지는 한 건도 보내지 못했다. 혁신적인 제품은 광고를 안 해도 되듯이, 고객이 열광하는 이벤트는 홍보가 필요 없는 듯하다.

공식 타이틀이 '문학 커버스토리×펭귄클래식'이었던 이 이벤트를 통해 MD는 'A: 방문자 수 증대'와 'B: 구매율 증대'에 모두 성공했다. 이벤트 소문을 들은 고객이 많이 찾아왔고, 많이 샀기 때문이다. 'C: 객단가 증대'의 성과도 거뒀다. 서점에서 진행되는 특별 굿즈 이벤트에는 보통 '책을 여러 권 구매해야 굿즈를 추가 선택할 수 있다'는 조건이 붙는다. 사회 일각에서는 이를 '인질극'이라고 부른다. 펭귄클래식 북커버의 선택 조건은 '도서 3만 원 이상 구매'였다.

굿즈 이벤트뿐만 아니라 같이 보면 좋은 시리즈물이나 연관 도서를 결합 세트로 묶는 일도 고객의 대량 구매를 유발한다. 혹은 테마 기획전을 할 때 고객이 도무지 한 권만 사고 페이지를 닫지 못할 정도로 경이로운 큐레이션을 펼친다면 역시 객단가가 올라간다.

적고 나니 MD 업무는 생각보다 간단해 보인다. 크게 세 가지 일만 잘하면 되니까. 그러나 방문자 수, 구매율, 객단가 무엇이든 단 0.1피센트라도 올리는 건 여간 어려운 일이 아니다. 각 지표를 관리하기 위해서는 수많은 세부 업무를 동시에 처리해야 한다. 시간은 적고 업무를 방해하는 요소는 많은 상황에서 일을 원활하게 처리하려면 '업무 노하우를 공유하는 문화의 정착'과 '일하는 이유에 대한 공감대 형성'이 필요하다.

전자는 동료끼리 서로 배우는 '기술'적인 사안이다. 후자는 이보다 중요하며 어쩌면 가장 중요한 '마인드' 관리 방법이다. 'MD는 왜 여러 업무를 숨 가쁘게 처리하고 지표를 점검하고 바쁘게 일할까?' 이 질문을 받으면 나는 항상 '도서 MD 랭킹 1위 하고 싶어서'라고 답한다. 품위를 신경 써야 하는 공식 석상에서는 보통 두 가지 이유를 말한다.

첫 번째는 '책을 많이 팔아 수익을 내기 위해서'고, 두 번째는 '좋은 책을 추천해 세상에 널리 알리기 위해서'다. 이 중 무엇이 더 중요하다고 생각하는지 신입 MD 교육 시간에 항상 물어본다. 약 1초 후 "둘 다 중요하다"라고 자답한다. 이어서 '판매'와 '추천'의 중요도는 같지만 우선순위는 '판매'에 있다고 보충 설명한다. 일단 회사를 존립하게 하는 이익 터전을 마련해야 소중한 책 추천도 계속할 수 있기 때문이다. 너무 '판매'만 강조·강요하는 것 아니냐는 항의를 받으면 '책을 많이 파는 일'은 곧 '책이 지닌 가치를 최대한 넓게 퍼뜨리는 뜻깊은 일'이라고 둘러댄다.

그런데 엄밀히 말하면 이 역시 조직 차원의 목표이다. 회사의 목표가 개인의 목표에 앞서서는 안 된다. ABC 확실하게 관리하고 판매와 추천을 모두 잘해서 성과를 냄으로써 충족되는 MD 개인의 소망은 무엇일까? 내가 신규 입사자 교육을 받던 시기에 과장님은 '궁극적으로 이루고 싶은 목표'가 있어야 긴 회사 생활을 해나갈 수 있다고 조언했다. 세상 물정 모르던 나는 언젠가 극장을 차리고 싶다고 말했다. 이미 이름은 '태풍클럽 시네마'로 정해놓았다는 말도 덧붙였다. 시네필 친구들이 모여 "그러면 내일 '태풍클럽'에서 만나자"라고 말하면 멋있을 것 같았다.

'장기 목표'는 직장 생활을 넘어 인생의 의미까지 고민하게 하는 존재론적 주제이다. 돈, 큰 집, 빠른 차, 이성, 명성, 사회적 지위 등 지향점은 사람마다 다르다. '태풍클럽'은 이미 옛날에 마음속에서 준공 취소했다. 이를 대체할 꿈은 항상 찾고 있다. 소박하게는 좋은 책을 읽고 소개하고, 계속 공부하고 성장하며, 80세까지 현역으로 돈도 벌고 재미있게 일할 수 있다면 더할 나위 없지 않을까 생각한다. 대범하게는 '전국 도서 MD 랭킹 1위'를 꾸준히 노려보고 싶고.

1위를 차지하려면 먼저 '좋은 MD'가 되어야 하는데…. 지금 나는 좋은 MD일까 의문이다. 이 질문의 답은 모르나 하나는 안다. MD로 일한 덕분에 지금까지 좋은 사람, 좋은 책을 많이 만나왔다. 적고 보니 이미 귀중한 성취를 이루었음을 깨닫는다.

한국 독자가 특히 아끼는
외국 작가 BIG 7

『11/22/63』, 스티븐 킹, 황금가지, 2012(2011)

"야. 너네 베르베르베르베르 『개미』 봤냐? 인간처럼 지능을 가진 개미들 이야기인데, 작가 진짜 천재네." 대학 동아리 여름 MT에서 선배가 했던 말이다('베르×4'는 선배가 장난으로 일부러 잘못 부른 이름이다). 평소에는 책 이야기를 거의 안 하던 동아리였지만 많은 부원이 베르나르 베르베르를 안다고 말했다. 『개미』(열린책들)를 읽었다는 사람도 있었다.

내가 이 개성 있는 이름을 처음 들은 건 초등학생 시절이었다. 어린 눈으로 보기에도 세련되고 지적인 새로운 스타일의 문학이었다. 자료를 찾아보니 『개미』 1권은 교보문고 1994년 연간 베스트셀러 16위에 올랐다. 베르나르 베르베르는 1990년대 국내 출판 시장의 대표 아이콘 중 하나였다.

여름 MT 이후 몇 년이 지나 나는 서점에 입사했다. 초기에는 주로 외국어, 수험서, 참고서 분야를 담당했다. 저자명에 '편집부', '연구소' 같은 단어나 단체 이름이 다수 포함된 분야였다. 그러다 소설 분야를 맡은 초기에는 많은 점이 신기했다. 그중 하나로 베르나르 베르베르와 김진명처럼 친숙한 1990년대 작가의 소설이 계속 나오고 있었다. 게다가 판매량도 높았다. TV 채널을 돌리다 등판한 걸 보고 "저 사람 아직도 뛰고 있고 게다가 잘하네?"라고 느낀 한 야구 선수가 떠올랐다.

영화감독 조던 필은 한국의 관객에게 "〈겟 아웃〉은 미국이 낳고 한국이 키웠습니다"라며 농담 섞인 감사 인사를 했다. 베르나르 베르베르 역시 한국을 특별하게 느낀다고 반복해 언급했다. 한 기자 회견에서 그 이유를 "제 첫 작품부터 사랑해주고 저를 이해해준 나라이기 때문"이라고 밝혔다. 실제로 한국에서 베르나르 베르베르의 인기와 위상은 남다르다.

베르나르 베르베르처럼 한국 독자가 특히 많은 관심과 사랑을 보낸 외국 소설가는 총 일곱 명이다. 2010년대 기준으로 다른 여섯 명은 히가시노 게이고, 무라카미 하루키, 기욤 뮈소, 알랭 드 보통, 파울로 코엘료, 더글라스 케네디다. 이들의 신작은 곧 흥행을 뜻했다. 초기작을 포함해 거의 모든 책이 국내에 출간되었다. 그중 여러 작품이 시간이 흘러도 꾸준히 사랑받았다.

2020년대가 되었다. 알랭 드 보통, 파울로 코엘료는 신작 소식이 뜸하다. 더글라스 케네디는 독자 호응이 예전보다 다소 낮다. '7대 작가' 시대에서 'BIG 4' 시대로 넘어왔다. 특히 두 일본 작가 무라카미 하루키와 히가시노 게이고의 스타성은 지금도 견고하다. '영원한 청춘의 상징이자 문학의 연인' 무라카미 하루키는 세계에서도 손꼽는 록스타 작가다. 대중이 책만큼 작가에 관해 대화하는 것 자체를 즐기는 흔치 않은 소설가다. '하루키가 좋다. 하루키가 싫다. 하루키는 소설이 좋다. 에세이가 좋다. 소설은 장편이 좋다. 단편이 좋다. 최고작은 무엇이다.' 사람들은 다양한 주제로 떠들고 다투고 논다.

소설 분야를 맡은 뒤 내가 처음 다룬 하루키의 신작은 『색채가 없는 다자키 쓰쿠루와 그가 순례를 떠난 해』(민음사)였다. 그 유명한 무라카미 하루키의 통장 잔액에 영향 주는 일을 내가 한다니 기분이 묘했다. 다만 아직 '대굿즈 시대'가 열리기 전이어서 사은품은 만들지 않고 단순 홍보 중심으로 (지금 기준으로 보면) 비교적 조용하게 마케팅을 마쳤다.

4년 후 훨씬 두꺼운 장편 『기사단장 죽이기』(문학동네)가 나왔다. 늘어난 페이지 수와 그동안 쌓인 MD 경력에 비례해 오랜만에 나온 빅 타이틀을 잘 팔아야 한다는 부담감도 커졌다. 표지가 확정되기를 기다리면 늦을 것 같아서 다른 디자인 요소를 활용해 일찍 사은품 제작에 착수했다. 이벤트 페이지 기획안을 만드는 날에는 방해받지 않고 집중하고 싶어서 아예 휴가를 썼다.

매장 마케팅 담당 부서와 함께 '하루키를 읽는 밤'이라는 북토크를 기획했다. 영업이 끝난 교보문고 합정점에서 뮤지션 요조, 시인 오은과 자정까지 하루키를 이야기한 독특한 경험이었다. 멜론, 산토리 등 외부 업체와 제휴 마케팅을 진행하기도 했다. 할 수 있는 건 다 했다. 중요한 책이 나올 때 점검해야 할 사항과 마케팅 카드를 모두 정리해서 좋았다.

　신작 출간과 함께 만들어지는 단기 화제성의 크기에 있어 무라카미 하루키를 따라갈 외국 작가는 없다. 꾸준함과 일관성, 흥행성의 조화로는 히가시노 게이고가 최강이다. '미스터리 제왕', '감동을 추리하는 작가', '한국인이 가장 사랑하는 외국 작가' 등 히가시노 게이고에게는 다양한 수식어가 따라다닌다. '독자가 읽는 속도보다 빠르게 쓰는 작가'라고도 부른다. 40년이 넘는 작가 인생 동안 부지런히 내놓은 100편 이상의 작품이 고르게 사랑받았다. 일본에서만 종이책 집계만으로 누적 1억 부 판매를 돌파했다.

　현지의 인기가 우리나라에도 그대로 넘어왔다. 일본 공개 후 이어서 출간된 최신작, 수년 늦게 번역된 지각 신작, 이미 국내에 한 번 출간되었다가 다시 나온 개정판이 모두 잘 팔린다! 히가시노 게이고의 책이 소설 분야 베스트셀러 순위에서 나란히 줄을 선 적이 있을 정도다. 분야를 가리지 않고 2010년대 10년 동안 가장 많이 팔린 저자 압도적 1위이다.

　장르소설치고 자극적이거나 잔인하지 않은 데다 이야기가 탄탄하고 힘이 있어 폭넓은 독자에게 안심하고(?) 추천하기 좋다. 뵌 적은 없지만 식목일(그의 책을 만드느라 얼마나 많은 나무가 베어졌는가), 책의 날(살아 있는 책의 성인), 밸런타인데이(게이고는 사랑입니다) 같은 연관 기념일이 되면 갈비라도 한 짝 보내드리고 싶은 마음이 든다. 직접 전달하면 더 좋으니 언젠가 꼭 한번 한국을 찾아주었으면 한다.

무라카미 하루키, 히가시노 게이고, 베르나르 베르베르 모두 건재하다. 'BIG 4' 중 짧게 언급해서 미안한 기욤 뮈소 역시 프랑스에서 연간 판매 1위를 수차례 기록한 슈퍼스타 소설가다. 그런데 적은 순서대로 네 작가는 1940년대, 1950년대, 1960년대, 1970년대생이다. 국내 출판 시장에서 이들의 뒤를 이을 인기 외국 작가는 나타나지 않았다. 물론 한두 편이 깜짝 히트한 새 이름은 종종 있었으나 누구도 '포스트 BIG 4'에 오르지는 못했다.

국내 첫 출간작이 히트하고 차기작, 차차기작까지 세 편 연속 사랑받은 작가는 『오베라는 남자』(다산책방)의 프레드릭 배크만, 『마션』(알에이치코리아)의 앤디 위어 그리고 『맡겨진 소녀』(다산책방)의 클레어 키건 정도가 있다. 특히 '2020년대의 발견' 클레어 키건의 출현은 반가웠다. 이동진 영화 평론가가 『맡겨진 소녀』를 극찬해 빠르게 독자가 모였다. 게다가 키건의 책은 매우 얇다. 적은 분량 안에 감동과 무게감을 담아내는 흔치 않은 작가다. 숏폼 콘텐츠 시대에 긴 글 읽기에 부담을 느끼는 사람도 집어 들기 좋았다. 『이처럼 사소한 것들』(다산책방)은 2024년 주요 '올해의 책' 선정을 휩쓸었다.

클레어 키건이 다섯 번째 스타 소설가가 될지 살짝 기대했다. 한 가지 사실을 놓쳤다. 그는 과작의 작가다. 번역 출간될 책이 많이 남지 않았다. 신작을 자주 발표하고, 작품성과 대중성이 조화를 이루며, 지속적인 성공을 거둔다는 세 조건을 모두 충족하기란 여간 어려운 일이 아니다. 테드 창이 2년에 한 번씩 신작을 낸다면 좋을 텐데.

결론. '책을 안 읽는 사람도 이름을 알 정도의' 인기 외국 소설가는 한동안 추가되지 않았다. 무라카미 하루키, 히가시노 게이고, 베르나르 베르베르 모두 지금 나이 들고 있다. 누구 하나 당장 은퇴 선언해도 이상하지 않다. 스타 작가가 준다면 소설을 읽는 사람도 줄어들까? 궁금증을 풀고자 외국 문학과 한국 문학 현황을 비교해보았다. 가장 큰 차이는 '환영받는 젊은 독자 그룹'의 유무였다. 국내 문학은 '젊은작가상'과 다양한 '젊은 작가' 시리즈를 비롯해 신인 작가를 독자의 관심 안에 들여놓으려는 기획이 꾸준히 반복되었다.

게다가 국내 젊은 작가는 소셜 미디어를 통해 독자와 바로 소통했다. 작은 북토크나 도서전 같은 대형 축제를 통해 직접 독자를 만났다. 2030 독자는 비슷한 세대의 작가가 들려주는 마치 자신의 이야기 같고, 가깝게 공감되는 주제를 응시하는 소설에 열광했다. 덕분에 작가의 세대 단절 없이 '젊은' 인기 작가군이 형성되었다. 반면 같은 젊은 독자가 외국 문학을 소비하는 방식은 조금 달랐다. 외국의 젊은 작가를 새로 찾아내고 감상하지는 않았다. 기존 스타 작가의 작품을 계속 읽거나 아예 과거로 눈을 돌려 고전과 세계문학전집을 탐독했다.

외국 또한 주목받는 젊은 작가가 나오지 않고 있는 걸까?

혹은 나이가 어떻든 지금 국내에 새로 소개했을 때 호응을 얻을 만한 예비 스타 작가는 없을까? 독서가 스마트폰에 밀리지 않는 나라는 없겠지만, 두 질문 모두 그렇다고 단정하기에는 조심스럽다. 영국에서 센세이션을 일으킨 1991년생 작가 샐리 루니가 증거다. 또한 최근 부커상, 부커상 인터내셔널 부문, 공쿠르상, 휴고상 등 유수의 문학상을 받은 작가 중 신예가 적지 않다.

새 작가의 '발굴과 계약'은 MD인 내가 참여하는 영역은 아니다. 좋은 작가, 가망성 있는 작가는 출판사에서 꾸준히 국내에 소개하고 있다. 출간 완료된 책이 어떻게 하면 독자의 눈에 들어올지 방법을 찾는 것이 내 일이다. 책은 오히려 공급 과잉이어서 한 편 한 편에 마케팅 시간과 자원을 쏟지 못하기 때문에 훌륭한 작품이 주목받지 못하고 묻히는 건 아닌가 하는 생각도 든다. 결국 다시 한번 '발견과 연결'이 과제로 떠오른다.

관련하여 '외국의 젊은 작가 특별전'을 준비했던 적도 있다. 지금 주목받는 신인 작가가 없다면 '외국에서는 이 작가들이 인기이므로 주목해보라'고 독자에게 제안해볼 생각이었다. '젊은작가상'의 콘셉트를 슬쩍 가져와, 데뷔작을 낸 후 10년이 지나지 않은 외국의 기대 작가를 추천해달라는 메일을 출판사에 보냈다. 여러 응답이 왔으나 생각보다 기획이 뾰족하게 다듬어지지 않아서 행사 오픈은 잠정 보류했다.

'라이징 스타'가 아닌 '외국 현지 대장 작가'에 대한 관심을 환기하는 시도도 꾸준히 실행할 필요가 있다. 2017년에 프랑스의 미스터리 소설가 미셸 뷔시가 처음 한국을 찾았다. 그는 기욤 뮈소에 이어 프랑스 내 판매 순위 2위에 오른 적이 있을 정도로 인기 많은 작가였다. 반면 국내 인지도는 없다시피 했다. 이런 작가들을 알려보자는 취지로 우리 서점에서 운영하던 팟캐스트에서 특집 기획을 준비했다. '외국에선 유명 작가, 국내에선 낯선 작가'라는 타이틀로 평론가 세 명과 이야기를 나눴다. 미셸 뷔시와 함께 다룬 작가는 코맥 매카시, 옌롄커, 요네자와 호노부였다.

"'국내에선 낯선 작가'라더니 다 네임드만 뽑아놓았네. 지금 코맥 매카시 무시하세요?" 독서 마니아는 반문할 것이다. 동의한다. 부연하자면 국내 인기도 더 높아져 해외에서의 위상에 근접하기를 바라는 마음을 투영한 선정이었다. 읽고 나니 과연 미셸 뷔시의 『그림자 소녀』(달콤한책)는 명불허전 걸작이었다. 그전에 주로 접한 영미, 일본의 스릴러와는 다른 독특한 감성의 매혹이 있었다. 이 특집 기획을 준비하지 않았다면 아마 난 미셸 뷔시라는 이름을 계속 놓치고 살았을 것이다.

이 행사에서 끝까지 고민하다가 차마 포함하지 못한 소설가는 스티븐 킹이다. 그래도 스티븐 킹인데 '저평가' 작가 목록에 넣기가 송구했던 것 같다. 혹은 '이야기의 왕'이 외국에 비해 유독 우리나라에서 대접받지 못한다는 사실을 인정하기 싫었던 것 같기도 하다. 이 글을 통해서라도 미약하나마 우리 시대의 거장이자 소설가들의 대부인 '킹'에게 경의를 표한다.

소설 MD로서 베르나르 베르베르와 김진명의 신작을 처음

접했을 때 '그 작가'의 신작을 내가 맡아 판다니 재미있었다. 스티븐 킹도 마찬가지였다. 역시 어린 시절, 처음으로 접한 스티븐 킹의 책은 동네 도서 대여점에서 본 『불면증』(고려원)이었다. 또한 다른 사람처럼 나도 수많은 할리우드 영화에 영감을 제공한 마르지 않는 이야기 창고로서 스티븐 킹이 익숙했다.

소설 MD 초기, 흥미로운 기사를 하나 봤다. 잡지 《더 할리우드 리포터》에서 할리우드 파워 작가 25인을 선정한 특집이었다. 존 그리샴, 길리언 플린, J. K. 롤링, 조지 R. R. 마틴, 수잔 콜린스 등 쟁쟁한 이름이 포진한 명단에서 스티븐 킹은 1위를 차지했다. '이 양반 아직도 대단하시구먼'이라고 생각한 얼마 후 스티븐 킹의 신작이 나온다는 소식을 들었다. MD로서 처음 맡는 '월드 그랜드 마스터'의 책을 잘 팔아야 할 텐데 하며 살짝 긴장도 되었다.

책이 나왔고, 기획전을 열었다. 두 번 놀랐다. 첫 번째 놀라움. 데뷔 40년을 넘긴 작가의 작품인데 에너지가 넘쳤다. 1200쪽 내내 높은 이야기의 밀도를 유지했고, 전매특허인 공포와 전율도 생생하게 숨 쉬었다. 『11/22/63』(황금가지) 이야기다.

사실 이 작품은 심령, 초능력, 미지의 세계 등 작가가 즐겨 다룬 초자연적 현상과 거리가 있다. 따라서 현실감이 있는 소설을 선호해서 스티븐 킹 읽기를 미뤄왔던 독자라면 (『미스터 메르세데스』(황금가지)와 함께) 꽤 훌륭한 입문작이 될 책이다. '시간 여행'이라는 단 하나의 환상 요소만 받아들인다면 리얼리즘 문학 애호가도 좋아할 지점이 많은 걸작이다. 소재는 20세기의 최대 수수께끼인 케네디 대통령 암살. 철저한 고증을 거쳐 1950~1960년대 미국 사회를 사실적으로 묘사한다. 귀신, 괴물, 유령, 초능력은 안 나온다.

고등학교 교사 제이크 에핑은 단골 식당의 햄버거 가격이 터무니없이 싼 이유가 궁금하다. 소문처럼 쥐 고기를 넣는 것일까? 비결은 '과거에 가서 재료 사 오기'였다. 식당 주인은 과거로 연결되는 통로의 존재를 알려준다. 그리고 암에 걸려 여생이 얼마 안 남은 자신을 대신해 존 F. 케네디의 암살을 막고 보다 나은 세상을 만들어달라고 부탁한다. 그러기로 결심한 에핑은 과거로 건너가지만 역사의 '바뀌지 않으려는 힘'은 미래에서 온 남자의 임무 완수를 집요하게 방해한다.

숱한 죽을 고비를 넘기면서도 에핑은 암살범 리 오즈월드의 종적을 조사한다. 자금 마련을 위해 불법 스포츠 도박으로 한몫 챙기는 반면(결과를 다 아니까), 시간을 초월한 사랑도 이뤄야 한다. 이 모든 일을 '자신이 미래인임을 들키지 않으면서' 성공해야 한다는 점이 긴장을 자아낸다. 시간을 거슬렀을 때 도착하는 시점이 케네디 암살 직전이 아닌 그로부터 5년 전인 1958년의 어느 날이라는 제약도 재미를 더한다.

에핑은 과연 임무를 완수할까? 만약 성공한다면 세상은 어떻게 달라져 에핑과 인류를 맞이할까? 작가의 명성에 걸맞은 엄청난 흡인력과 섬뜩함, 독특한 낭만성을 두루 갖춘 흥미진진한 대체역사 소설. 놀라운 상상력과 천장화같이 압도적인 글솜씨가 빛나는 이 걸작을 《뉴욕 타임스》는 2011년 출간된 최고의 책 열 편 중 하나로 꼽았다.

『11/22/63』 출간 이벤트를 열고 느낀 두 번째 놀라움. 스티븐 킹이 우리나라에서 이렇게 안 팔리는 작가였다니. 충격이었다. 그의 책을 꾸준히 내주는 출판사 황금가지에 감사할 일이다. 그런데 스티븐 킹의 책은 전 세계에서 누적 3억 5000만 부 이상 판매되었다고 한다(4억 부라는 말도 있다). 이 사실을 상기하면 '출판 불황'이라는 말이 잘 와닿지 않는다. 독자로서 읽어야 할 책도, 서점인으로서 팔아야 할 책도 너무 많기 때문이다. 스티븐 킹 책만 다 읽어도 시간이 부족하겠네. 그다음에는 히가시노 게이고의 100편 다 읽고.

물론 취향이 안 맞아서 싫다는 독자에게 스티븐 킹 읽기를 강요해서는 안 된다. 그렇다면 스티븐 킹 외에도 산더미처럼 있는 '더 읽혀야 할' 소설가를 장르별·특징별로 제안하는 시도를 이어가면 될 듯하다. '외국에선 유명 작가, 국내에선 낯선 작가' 기획전을 한 번만 연 것이 후회된다. 앞으로 자주 진행할 생각이다.

무라카미 하루키도 기욤 뮈소도 항상 스타였던 것은 아니다. 'BIG 4' 모두 한때는 신인 작가였다. 스티븐 킹도 처음에는 무명작가 생활을 이어가며 전전긍긍했다. 그는 첫 장편소설로 계획한 이야기의 초고를 쓰다 말고 쓰레기통에 버린다. 이를 꺼내 읽은 아내의 충고를 듣고 완성한 작품이 출세작 『캐리』(황금가지)

였다. 한 아이를 키우려면 온 마을이 필요하다고 한다. 아내를 시작으로 편집자, 출판사 직원, 서점 직원, 평론가 등 여러 조력자가 스티븐 킹 제국을 구축했다. 나도 포함해 '한 마을'이 계속 합심을 이어간다면 우리 독자는 곧 'BIG 7' 다음의 스타 외국 작가를 만날 수 있을 것이다.

덕분에 읽고 싶은 책이 늘어나는

한국의 스타 작가 그룹

『당신의 신』, 김숨, 문학동네, 2017

"작가님. 목소리가 너무 좋으세요." "보이스 피싱에서 자주 들을 수 있는 목소리예요. 흐헝헝허헝." 2019년 8월에 진행한 김애란 작가 북토크에서 우연히 들은 대화다. 등단 후 17년 만에 펴낸 첫 산문집 『잊기 좋은 이름』(열림원) 출간을 맞아 연 행사였다. 나는 이벤트 페이지를 열어 고객을 모았고 행사장에 업무 지원을 나갔다.

문학평론가 허희와 뮤지션 요조가 함께했다. 휴가철의 여름밤, 일하며 틈틈이 엿들은 문학 이야기가 느긋했다. 대담을 마친 후 사인회가 진행되었다. 약 300명에 달하는 독자 한 명 한 명에게 호응하고 먼저 말을 건네는 작가의 모습이 여유로웠다. "어디서 오셨어요?"라고 자주 물었다. 개그력 또한 수준급이라고 느꼈다.

곧 팬데믹이 닥쳤고 2024년에 5년 만에 행사 현장에서 다시 김애란 작가를 만났다. 이번에는 오프라인이 아니라 온라인 행사인 '랜선 팬사인회' 촬영장이었다. 오랜만에 뵌 자리였는데 내게 '구환희 팀장님'이라고 불러주셔서 깜짝 놀랐다. 나는 팀장이었던 적이 없다. 개그였을까? 이쯤이면 그사이에 팀장 됐겠지 헤아린 걸까? 혹시 인사성 멘트였다 쳐도 내 이름 석 자를 정확히 기억한 작가는 처음이라 신선한 충격이었다. 사회에서 한두 번 스친 인연은 보통 내 이름을 잊거나 아니면 구환'희'라고 기억한다.

사실 작가는 내 이름을 접할 일조차 별로 없다. 행사장에서 만난 작가에게 내가 먼저 자기소개를 하거나 말을 건네지는 않기 때문이다. 그냥 멀리서 '스태프 1'로서 일만 한다. 예의를 갖추지 않는다는 말은 아니다. 그냥 내 이름이 발음하기 어려워서다. 가끔 병원 대기실에서 내 차례를 알리는 또렷한 기계음("구! 후안! 후외! 님! 1번 진료실로 들어오세요")을 들을 때마다 "이름 참 쉽죠잉"이라고 혼잣말한다. 지금은 저렴하고 맛있는 경기 북부 대표 맛집 '구환회 단팥빵' 덕분에 이름 대중성이 약간 올라갔지만, 여전히 단박에 내 이름을 전달하는 건 힘들다.

작가에게 나를 잘 소개하지 않는 진짜 이유는 따로 있다. 우선 행사를 준비하는 작가는 바빠서 1초도 주의를 뺏고 싶지 않다. 그리고 인사하고 대화 나누면 사진도 찍고 싶어진다. 녹자는 잡기 어려운 행운인데 관계자 특권을 이용해 사적 욕심을 채우면 안 될 것 같다. 무엇보다 업무를 위해 간접적으로는 소통하지만 개인적으로는 모르는 사이를 유지하는 것이 좋다고 생각해서 다. 작가의 책을 읽으면서 형성된 호감과 신비감에 변화가 생기는 일이 없기를, 환상을 계속 간직하기를 바란다. 작가와 작품에 대한 경외감을 잃지 않도록 주의한다.

    책을 파는 MD에게 저자만큼 중요한 사람은 없다. 모든 MD는 저자가 쓴 책을 팔고, 모든 독자는 저자가 쓴 책을 읽는다. 1차 직업 주체인 저자가 집필 활동을 하지 않는다면 MD 같은 2차 직업은 사라진다(작가님 덕분에 월급을 받습니다…). 따라서 업무 때문에 책을 말해야 할 때 비판이나 비난은 잘 하지 않는다. 수개월 혹은 수년이 넘는 시간 동안 저자와 협력자가 노력을 쏟아부어 나온 결과물을 쉽게 평가해서는 안 되는 것 같다. 혹시 읽어보고 별로면 그냥 침묵한다.

    다행히도 혹은 당연히도 소설 MD 경력이 늘어날수록 침묵할 일보다는 상찬을 보낼 일이 많아졌다. 특히 국내 문학을 향한 국외의 시선은 예전과 확연히 달라졌다. 물론 우리 문학의 평가를 외부의 눈에 의탁할 필요는 없겠으나, 한국 문학을 바라보는 새로운 관점과 반응을 살피는 것이 재미있기는 하다.

    변화의 시작은 2016년 한강이 『채식주의자』로 부커상 인터내셔널 부문에서 수상한 일이다. 이후 같은 부문에서 한국 작가는 여섯 차례나 더 후보로 이름을 올렸다. 한강이 『흰』(당시 난다)으로 2년 만에 다시 최종 후보에 지명되었다. 황석영은 『해질 무렵』(문학동네)으로 1차 후보에 한 번, 『철도원 삼대』(창비)로 최종 후보에 한 번 올랐다.『저주토끼』(당시 아작)의 정보라와『고래』(문학동네)의 천명관은 최종 후보에,『대도시의 사랑법』(창비)의 박상영은 1차 후보에 들며 세계의 독자와 만났다. 새벽에 진행되는 부커상 인터내셔널 부문 최종 시상식을 시청하느라 잠을 설치는 일은 앞으로도 계속될 것 같다.

가까운 일본에서도 꾸준히 한국 문학에 대한 관심을 표시했다. 일본어로 번역된 뛰어난 외국 문학에 수여하는 일본번역대상에서 박민규의『카스테라』(문학동네), 김소연의『한 글자 사전』(마음산책), 김영하의『살인자의 기억법』(당시 문학동네)이 수상했다. 전국 서점 직원이 가장 팔고 싶은 책을 뽑는 대중적인 상인 서점대상의 번역 부문에서는 지금까지 손원평의『아몬드』(당시 창비)와『서른의 반격』(은행나무), 황보름의『어서 오세요, 휴남동 서점입니다』(클레이하우스) 세 편이 1위에 올랐다.

장르소설 분야에서의 활약도 돋보였다. 2021년에는 한국 작가 최초로 에드거상 번역 부문에서 윤고은이『밤의 여행자들』(민음사)로 상을 받았다. 부커상과 에드거상, 영국의 두 권위 있는 문학상의 번역 부문에서 순수문학과 장르문학으로 수상했다는 점에서『채식주의자』와 흥미로운 대조를 이룬다. 편혜영은 2018년에『홀』(문학과지성사)로 셜리 잭슨상 수상자가 되었다. 국내에서도 선풍적인 인기를 끈『우리가 빛의 속도로 갈 수 없다면』(허블)으로 김초엽은 2023년에 중국성운상 번역 부문에서 금상을 받았다. 정통 미스터리 분야에서는 김언수가『설계자들』

(문학동네)로 프랑스 추리문학대상 후보에 오르기도 했다.

앞서 적은 『저주토끼』도 장르 성격이 강한 책이다. 정보라는 역시 『저주토끼』로 전미도서상 최종 후보에, 『너의 유토피아』(래빗홀)로 필립 K. 딕상 최종 후보에 선정되었다. 굵직한 해외 문학상에서 세 번이나 최종 후보에 포함되었다. 어떤 상이 되었든 다음 최종 수상자가 될 가능성이 가장 높은 작가로 떠올랐다. 잠시 후 이야기할 김혜순 시인과 함께.

순수문학, 장르문학 가리지 않고 호평이 더해지던 한국 문학이 비등점을 넘어 폭발적 결실을 본 건 단연 2024년 10월 한강의 노벨문학상 수상이다. 사실 아직도 거짓말같이 느껴지는 기적이다. 공덕역 환승 통로의 역내 서점에서 '노벨문학상 한강 10퍼센트 할인'이라는 문구를 볼 때마다 현실감이 안 느껴져 헛웃음이 난다.

내가 예지력을 발휘해 이 기적을 예견한 일은 없었나 샅샅이 뒤져보니 무려 한 개의 사례가 나온다. 2024년 노벨문학상 발표 직전 장기 연휴에 읽을 책으로 『채식주의자』를 추천했다. "10월 9일까지 이어지는 징검다리 연휴가 끝나면 바로 다음 날 노벨문학상 결과가 발표된다. 해외 주요 사이트들이 후보로 언급한 우리 작가 한강의 책을 읽으며 올해의 수상자를 예상해보자"라는 설명을 덧붙인 것이 확인된다. 정말 자신감이 없어 보이는 언사다….

문학상을 운영하고 수여하는 사람, 책을 만드는 사람, 번역과 출판을 지원하는 사람, 책을 파는 사람, 이 외 모든 출판의 '2차 직업' 주체는 새로운 좋은 문학을 '먼저 알아보기 위해' 그리고 '더욱 알려보기 위해' 애쓴다. 이 경쟁 덕분에 독자는 1차 직업자인 작가가 창조한 다채로운 색채의 문학 세계를 만난다.

중개자 중 한 명인 MD로서 내가 작가와 작품을 소개할 때 고수하려고 노력하는 원칙이 있다. 선입견을 배제하고 작품을 읽는다. 개인의 취향과 객관적 평가의 구분은 기본이다. 모든 작가의 고유함을 존중하려고 한다. 영화의 스타는 감독과 배우이고, 음악의 스타는 뮤지션이다. 문학의 스타는 물론 작가다. 스타는 '내가 최고라는 생각'을 가져야 마땅한 존재다. 그래서 나는 행사장에서 스타에게서 멀리 떨어져 '스태프 1' 정도의 존재감으로 일한다. 또한 책 소개 글과 이벤트 페이지 카피 작성부터 언론사 인터뷰까지 모든 작가 언급에 있어 굉장히 조심스럽게 말을 고른다.

작가를 말할 때 피하고 또 피해야 할 또 다른 일은 '비교하기'인 것 같다. 간혹 여러 작가에 관한 의견을 밝혀야 할 일이 있다. 이럴 때는 "A 작가는 ㄱ이라는 산에서 정상에 올랐고, B 작가는 ㄴ이라는 산에서 정상에 올랐다"라고 답한다. 특허를 출원해도 될 것 같은 말이다(당연히 ㄱ산과 ㄴ산 중 어디가 더 높은지는 말하지 않는다). 사실 설득력이 없지 않다. 노벨문학상을 받은 한강도 모든 분야와 주제를 파고든 건 아니다. 영역마다 최고의 탁월함을 뽐낼 이는 분명 따로 있다.

그런데 2024년 노벨문학상 발표 이후 대답하기 굉장히 까다로운 질문을 받았다. 한 언론사에서 다음으로 노벨문학상을 받을 만한 '제2의 한강'은 누구라고 생각하는지 물은 것이다. 내가 기자라도 타이틀을 명료하게 만들기 위해 '제2의', '넥스트', '포스트' 같은 경제적인 표현을 즐겨 쓸 것이다. 그런데 모든 작가는 자신만의 산을 오른다. 뒤따라 오르는 사람은 없다. '제2의' 같은 말을 써도 되나 혼란스러웠다.

조심스럽게 답장을 썼다. "서점 업계인으로서 주목하고 있는 작가는 김혜순 시인입니다." 조심스레 썼다더니 망설임이 조금도 느껴지지 않는다. 사실 정해진 답이나 마찬가지여서 편히 답했다. 김혜순 시인은 국제 문학상만 해도 '그리핀시문학상'과 '전미도서비평가협회상'을 받았기에 이미 언론에서도 주목하고 있었다. 또한 나는 시가 아닌 소설 담당자라서 모를수록 용감하다고 주저하지 않고 응답했다.

바로 이어서 소설가를 꼽을 때는 고민의 시간이 길었다. '한강 다음으로 노벨문학상을 받을 것 같은 한국 작가'보다는 '앞으로 해외에 더 널리 소개되어야 할 작가', '지금보다 더 많이 사랑받으면 좋겠다고 느끼는 작가'를 말씀드리고 싶다고 겹겹이 전제를 쌓고 이번에는 진짜 조심스럽게 이야기를 꺼냈다. 내가 서점에서 책을 팔고 독자로서 책을 읽으며 느낀, 앞으로 그 어떤 상을 받든 혹은 아무 상도 안 받든 상관없이, 국내외 어디서든 한 명이라도 독자가 늘기를 바라는 작가는 (정말 서두가 길다) 황정은과 김숨이라고 보냈다.

소설 분야를 맡은 초기에는 사실 소설가를 잘 몰랐다. 신작, 역대 베스트셀러 순위와 판매 자료, 평론이나 독자 반응을 살피며 나름의 계보를 정리했다. 김숨을 눈여겨볼 작가 목록에 추가한 건 2013년 가을이었다. 『여인들과 진화하는 적들』(현대문학)로 대산문학상을 받았을 때다.

『여인들과 진화하는 적들』은 '회사에서 일회용품처럼 쓰이다 버려진' 주인공과 '침이 점점 말라가다 결국 화석이 되어버리는' 시어머니의 이야기를 그린다. 둘은 한 집에서 반목하며 공존하지만 누가 잘못했는지 가리는 건 책의 관심사가 아니다. 김숨은 '작가의 말'에서 "오늘 밤 꿈에서 그녀를 만나면, 그녀가 누구든 '당신은 존귀한 존재'라고 이야기해주고 싶습니다"라고 말한다.

'여성의 삶'을 향한 작가의 남다른 관심은 위안부 피해 생존자가 단 한 명만 남은 상황을 가정한 『한 명』과 후속작 『흐르는 편지』(이상 현대문학)로 계속된다. 뒤따르는 두 편의 일본군 위안부 피해자 증언집 그리고 『L의 운동화』(민음사)와 『떠도는 땅』(은행나무) 같은 현대사 소설을 통해 김숨은 개인의 기억을 공동체의 기억으로 되살리고자 한 필사의 바람을 전달한다.

그리고 오늘을 살아가는 위태로운 현대인의 초상 또한 날카롭게 묘파한다. 이 중 특히 인상 깊었던 『당신의 신』(문학동네)은 이혼했거나 이혼을 앞둔 여자가 등장하는 세 편의 이야기를 모은 소설집이다. 결혼과 가정이라는 관습적인 생활의 양태가 왜곡되어 나를 억누르는 폭력으로 작용할 때, 개인은 어떻게 자신을 구원할 수 있는지 묻는다.

책의 주제는 현실적이다. 그런데 감각은 현실과 비현실을 오간다. 특히 시작과 마지막이 교묘하게 연결되는 「읍산요금소」의 기이함은 마치 데이비드 린치 영화를 떠올리게 한다. 의외의 그로테스크함은 김숨 문학의 근간을 이루는 주요 키워드 중 하나로 독자를 매료한다.

책의 문장은 투명하다. 동시에 단단하다. 말줄임표가 반복돼 더해진 짧고 시적인 서술은 쓸쓸함이 짙다. 그러나 삶을 제 궤도에 돌려놓으라는 저항의 메시지가 문장에 강하게 실린다.

책의 시선은 냉철하다. 동시에 따뜻하다. 조용하게 그리고 힘 있게 김숨의 글은 내일로, 미래로, 다음 시간으로 흘러간다.

한국 문학의 대표 다작 소설가로서 김숨은 많은 소설을 부지런히 내놓았다. 모든 작품이 고르게 높은 성취를 인정받았다. 오랫동안 '한국의 3대 문학상' 자리를 지킨 동인문학상, 이상문학상, 현대문학상에 더해 대산문학상까지 네 문학상을 모두 받은 소설가는 박완서, 이승우, 김숨 세 명밖에 없다.

다만 김숨은 아직 해외의 큰 문학상을 받은 적은 없다. 책이 외국에 더 활발하게 소개되고, 더 많은 발견이 이뤄지고, 행운과 계기가 따른다면 김숨의 이름은 그 어느 상이든 간에 수상자로 불리기 충분하다. 너무 상에 집착하는 듯한 이런 태도는 세속

적일까? 그렇다면 '상을 받아야 한다'가 아니라 '상을 받아도 전혀 이상하지 않다'로 고쳐 말해도 되겠다. 그리고 상을 받은 덕분에 좋은 문학이 더 많은 독자에게 알려지는 상황을 긍정하지 않을 이유는 없다.

김숨을 비롯해 이 글에서 기억을 떠올린 김애란, 한강, 황정은. 이 책의 다른 글에서 읽기를 권한 장강명, 김연수, 김영하, 구병모, 정유정. 그리고 이기호를 더해 열 명은 내가 소설 MD로 일하며 가장 큰 신뢰와 애정을 가지고 소개에 힘쓴 작가이다. 한국에서 소설 가장 잘 쓰는 작가라는 말은 아니다. 평가할 권위가 내겐 없다. 쇄빙선이 얼음을 부수듯 자신만의 문학의 길을 열어가되, 폭넓은 독자가 공감을 보낸 작가다. 또한 내가 좋아하는 미덕인 작품성과 대중성의 '균형감'을 갖춘 소설가이기에 자신감을 가지고 독자에게 추천했다.

이들은 2010년대 이후 등장한 '젊은 작가'보다는 예전 세대이나 항상 젊은 감각을 유지하고 있다. 신인 시절 쓴 소설이 이삼십 년 지난 지금 읽어도 예스럽지 않다. 1960, 1970년대에 등단한 '명예의 전당' 작가보다는 요즘 세대이나 원숙함은 깊다. 지금 쓴 소설을 100년 후에 읽어도 동시대적이라 느낄 것이다. 이런 문학을 우리는 '클래식'이라고 부른다. "읽고는 싶은데 뭘 읽을지 모를 때 '한국 문학 모던 클래식'부터 시작해보세요." 책 추천을 요청받을 때 안전하게 내미는 답이다.

열 명의 책을 다 읽거나 혹은 이 중 한 명의 전작을 완독했고, 그다음 읽을 한국 문학을 찾고 있다면? 시간을 거슬러 올라가 교과서와 국어 영역 지문에 실리는 '현대 문학 걸작'을 역시 작가별로 독파해도 좋겠다. 이문구, 박완서, 이청준처럼 전설을 써 내려간 작가의 책을….

반대로 시점을 지금으로 돌리면 2010년대 들어 한국 문학의 가장 환영받는 키워드가 된 '젊은 작가' 그룹이 있다. 최은영, 박상영, 백수린 등이 포함된 이 작가군은 2025년 기준 등단 10년 차를 바라보고 있거나 이미 살짝 넘겼다. 등단 10년 이내 작가를 젊은 작가로 보는 젊은작가상의 기준을 따르면 이들도 곧 중견 작가다. 지금은 '더 젊은 작가' 세대가 등장해 활약 중이다.

'명예의 전당 작가'부터 '더 젊은 작가'까지 네 세대의 작가를 간략하게 분류했다. '미스터리·공포 작가군', 'SF 작가군', '특정 장르나 세대에 포함하기 힘든 작가군'도 빼놓으면 안 된다. 상을 받은 작가들, 상을 안 받았는데 받아야 할 작가들, 아직 단독 저서를 내지는 못하고 앤솔러지에만 작품을 올린 작가들, '문지 클래식'이나 '오늘의 젊은 작가' 등 여러 한국 문학 전집과 총서에 포함된 작가들. 목록은 계속 이어진다.

어느덧 읽고 싶은 소설가가 10명, 20명, 50명, 100명까지 늘어난다. 작가별로 평균 다섯 편씩만 곱해도 독서 후보 목록 500편이 완성된다(사실 이청준 전집과 박완서 전집과 최인훈 전집만 다 합쳐도 71권이다). 여기에 인기 작가 'BIG 7'을 비롯한 외국 작가의 책도 봐야 하고, 클래식도 봐야 하고, 문학만 편식하면 안 되니 인문·교양 책도 읽어야 하고, 돈 벌고 성장하기 위해 비즈니스 책 보며 공부도 해야 하고…. "요즘 읽을 책이 없어"라고 말하는 사람은 대체 왜 그러는지 이해할 수 없다. 이 사실을 상기하면 '출판 불황'이라는 말이 잘 와닿지 않는다. 독자로서 읽어야 할 책도, 서점인으로서 팔아야 할 책도 너무 많기 때문이다.

내가 아직 모르는 위대한 한국 문학 작품은 이미 서점과 도서관에 있다. 읽으면 삶이 충만해지는 문학을 세상에 내보낸 장본인은 물론 작가이다. 그들은 문학을 좋아하는 사람들의 스타이다. 한국 독자만이 아닌 여러 나라 독자의 스타가 되어가고 있으므로 '스태프 1'의 할 일은 앞으로 계속 늘어날 것 같다.

또 한 번의 독서,
북토크 참여

『너무나 많은 여름이』, 김연수, 레제, 2023

2024년 6월 29일 토요일. MD 경력에서 유일하게 휴일 근무를 놓쳐서 안타까웠던 날이다. 주말에 회사 일을 하지 못해 아쉬웠다니 대체 무슨 말일까? 만화 분야 MD가 출판사와 협업하여 마련한 역대급 초대형 특별 이벤트의 지원 업무였기 때문이다. 오후 '모시', 서울 시내 '모처'에서(워낙 희소한 자리이다 보니 출판사는 보안을 위해 최소한의 정보만 공개했다) 인기 만화 『던전밥』(소미미디어)의 작가 쿠이 료코의 내한 사인회가 열렸다.

행사를 도운 만화 MD와 다른 동료 MD들은 각서라도 쓰고 왔는지 행사장 분위기를 포함해 모든 내용을 철저하게 비밀에 부쳤다. 나도 소셜 미디어와 커뮤니티에 올라온 인증 글을 통해 행사장 분위기를 유추해야 했다. 반응을 살피며 더할 나위 없이 황홀한 시간이었으리라는 느낌을 받았다.

다음은 모두 온라인에 공개된 정보다. 운 좋게 당첨 인원에 포함된 100명의 팬은 좋아하는 작가를 만났다. 작가의 친필 사인, 사전에 요청한 작품 캐릭터의 일러스트, 자신의 이름이 들어간 단 하나뿐인 사인지를 받았다. 작가와 눈을 맞추며 통역을 거쳐 질문을 주고받았다. 파격도 보통 파격이 아니다. 안 봤는데도 눈앞에 그려진다. '행복 한도 초과'의 현장이….

아무리 많은 돈과 정성을 쓴다고 해도 천운이 따라주지 않으면 경험할 수 없는 행사다. 독자는 물론이고 MD도 마찬가지. 사인회 후기 중 너무 감격해 운 사람이 있었다는 글도 봤다. 나도 눈물이 난다. 이처럼 '돈으로 살 수 없는 경험'을 한 독자는 책과 작가를 향한 애정을 계속 이어갈 수밖에 없다. 개인 일정 때문에 이 자리에 함께하지 못해 지금도 아쉽다.

반대로 내가 부재한 것을 안도했던 북토크 행사도 있다. 그 행사의 하루를 새벽 시간부터 재구성해보자. 수도권이 아닌 지역에 거주하는 작가 A는 평소보다 이른 시간에 일어났다. 미용실에 들러 머리를 했다. 한 서점에서 주최한 강연에 참석하기 위해 서울로 향하는 길에 올랐다. 애석하게도 행사는 취소되었다. 강연장을 찾은 독자가 너무 적었기 때문이다.

소식을 듣고 나는 모골이 송연해졌다. 이 릴레이 강연 캠페인의 다음 차례 담당자는 나였다. '강연은 계속되어야 한다. 참여자는 많으면 많을수록 좋다.' 전체 기획을 총괄한 동료와 함께 사전 홍보를 강화했다. 비장의 수도 썼다. '행사의 꽃'인 경품 추첨 시간을 강연이 완전히 끝난 후로 미뤘다. 강연 장소는 서울 시내한 대학교 강의실이었다.

행사일이 되었다. 강연을 한 시간 앞두고 작가 B는 평소 인터넷에서 친숙하게 봤던 옷차림 그대로 혼자 행사장에 찾아왔다. 별로 웃기지도 않은 내 말에 크게 웃음을 지었다. 소탈한 첫인상이었다. 권위도 격의도 느껴지지 않은 강연은 물 흐르듯 진행되었다. 흥행도 잘 됐다. 미사 다 끝날 때 들어와서 영성체만 하고 돌아가는 신자처럼, 강연은 이미 절반을 지나 막판으로 흐르고 있는데도 갈수록 많은 사람이 입장해 강연장(아이패드 추첨 식장)을 빛내주었다.

경품 추첨을 앞두고 진행된 질의응답 시간에 한 학생이 마이크를 쥐고 말했다. "솔직히 '아이패드에 눈이 멀어서 참석했는데' 강연 정말 좋았고 잘 들었습니다." 아마 한두 명 더 아이패드를 언급했던 것 같다. B가 그게 무슨 뜻인지 지금이라도 묻는다면, 행사 흥행을 위한 마중물이었다고 답하려고 한다.

이처럼 온라인 환경에서 일하는 MD도 오프라인 행사를 기획하고 실행한다. 강연, 북토크, 북 콘서트, 낭독회, 사인회, 원데이클래스 등 이름과 유형은 다양하다. 작가 만남 행사를 준비할 때 꼭 점검해야 할 3대 중대 사항이 있다. 가장 신경 써야 할 항목은 '모객'이다. 참석 인원을 최대한 정확하게 파악한 후 초대 규모를 정해야 한다. 작은 공간이 어울리는 주제의 행사인데 욕심을 내세워 대형 강연장을 빌리면 빈자리가 많아 흥이 안 난다.

두 번째는 '리허설'이다. 행사를 기획한 주최 측으로서도,

행사에 참여한 관객으로서도 내가 가장 싫어하는 말은 "이게 왜 안 되지?"다. 행사 시작을 앞두고 강연 파일을 노트북에 연결했으나 인식이 안 되는 상황이다. 파일이 든 USB를 안 가져왔다면 최악이다. 어렵사리 연결은 했는데 PC가 글꼴을 지원하지 않아 자료가 깨진다거나 동영상 재생이 안 되어 허둥대는 모습을 보이면, 고객은 강연이 시작하기도 전에 부정적 인상을 받는다.

안전지상주의자이자 프로페셔널을 지향하는 나는 웬만하면 강연 자료를 미리 받아서 확인한다. 정보 유출 방지를 위해 먼저 전달받을 수 없다면 파워포인트, 키노트 등 어떤 형식을 사용하는지 정도라도 알아둔다. 그리고 행사 날에 가능한 한 일찍 도착해 파일을 실행해본다. 노트북과 스크린 없이 강연자가 오직 마이크만 사용하는 행사는 한결 마음이 가볍다. 이 외에도 음향, 조명, 집기 등 다양한 물리 조건을 작동해봐야 한다.

끝으로 'GV 관리'까지 잘해야 행사가 순조롭게 끝난다. GV는 Guest Visit의 줄임말로 주로 영화계에서 감독, 배우, 평론가가 관객과 대화를 나누는 시간을 말한다. 출판계의 북토크에선 '질의응답 시간'에 해당한다. 『GV 빌런 고태경』(은행나무)이라는 책이 있을 정도로 'GV 빌런'은 영화 애호가 사이 익숙한 단어가 되었다. 배려도 예의도 없는 발언으로 씁쓸함을 짙게 남기는 다양한 GV 빌런 설화가 구전되고 있다. 영화 GV는 책 GV보다 열기가 유독 뜨겁다. 행사 내내 작가와 마주하는 북토크와 달리 영화 상영 후 짧게 진행되기 때문이다. 그만큼 당혹스러운 질문이

나올 확률도 높다. 특히 세 가지 유형이 내 눈에 자주 띄었다.

첫 번째는 질문을 두 가지 이상 하는 사람이다. "우선 A에 대한 생각이 궁금하고요, 그다음에는 B에 대해 묻고 싶은데요." 질문 행진은 가끔 C, D, E까지 갈 때도 있다. 두 번째는 너무 질문을 길게 하는 사람이다. 사소한 내용에 대한 자신의 해석을 과도하게 늘어놓거나, 질문이 아닌 비평을 길게 하거나(영화 그렇게 만들면 안 된다고 감독을 훈계하는 사람도 봤다), 특정 정치·사회 현안에 대한 열변을 털어놓기도 한다. 슬프게도 1, 2번에 동시에 해당하는 관객이 꽤 많다. 장황한 질문이 끝난 뒤 게스트는 항상 "그런데 질문이 뭐였죠?"라고 되묻는다.

세 번째는 한국어 원어민이면서도 외국인 게스트에게 외국어로 질문하는 사람이다. GV에서 통역사의 기본 임무는 '한국어 질문의 외국어 통역'과 '외국어 답변의 한국어 통역'이다. 질문자의 외국어 실력이 아무리 뛰어나다고 해도 통역사는 질문 내용을 한국어로 옮겨서 전체 관객에게 공유해야 한다. 또한 게스트가 질문을 이해 못 하면 통역사가 내용을 정제해서 다시 전달해야 하므로 아까운 시간이 낭비된다.

영화 행사도 책 행사도 사회자의 책임이 막중하다. GV 행사에 처음 온 사람은 주의 사항을 모를 수도 있다. 모르는 것이 당연하다. 익숙하게 다닌 사람도 공지가 없을 때보다는 있을 때 질문을 더 가다듬는다. 그래서 북토크 행사에서 질의응답 시작을 알릴 때 나는 반드시 공지한다. "보다 많은 분들이 작가님에게 질문할 기회를 얻을 수 있도록 질문은 하나씩만! 그리고 궁금하신 내용 위주로 간결하게! 부탁드립니다." 물론 너무 엄격할 필요는 없다. 모든 참석자가 좋은 질의자가 되어야 하는 건 아니다. 실수와 오해도 행사의 일부다(웃고 넘어가는 수준에서 그친다면…). 사회자는 작가, 독자 그리고 공간을 채운 모든 이가 서로 배려하도록 최선을 다해서 돕기만 하면 된다.

사실 오프라인 강연 행사는 내게 기대감만큼이나 큰 부담감을 느끼게 한다. 원래 걱정을 많이 하는 성격이다. 그리고 대면 행사는 기획, 출판사 협의, 이벤트 오픈, 당첨자 추첨과 안내, 강연 자료 점검부터 진행, 질의응답까지 챙겨야 할 일이 많다. 행사장에 온 사람 누구도 불편함과 불쾌함과 분노를 느끼지 않게 하려면 빼곡한 체크리스트 중 하나라도 빠뜨리면 안 된다.

물샐틈없이 준비했음에도, 혹여나 현장에서 통제 불가한 돌발 상황이 생길까 싶어서도 겁난다. 사전에 예고한 내용과 달리 저자가 강연을 진행하지 않고 일찍 중단한 행사가 있었다. 참석자들은 당혹감을 안고 발길을 돌렸다. '충격'이었다. 외국 사건이지만 소설가 살만 루슈디는 강연장에서 습격을 당하기도 했다. '공포'였다. 둘 다 너무 극단적인 예시이지만, 행사 기획자는 예상은커녕 상상조차 할 수 없는 사태가 벌어지더라도 순발력 있게 대응하는 능력을 갖춰야 한다.

그렇다면 이렇게 손이 많이 가고 부담되고 가끔은 공포감까지 안기는 '오프라인' 행사를 '온라인' MD는 굳이 왜 기획하는 걸까? MD 개인으로서의 이유. 내용, 분위기, 질의응답 모두 훈훈했던 한 강연에서 나는 500명이 넘는 독자의 얼굴을 본 적이 있다. 주로 PC 앞에 앉아서 일하고 숫자와 데이터로만 고객을 인식하는 온라인서점 MD에게 '실재하는 내 고객을 직접 만난다는 일'의 의미는 크다.

회사 차원의 이유. 지금 서점은 다양한 지식·강연·문화 프로그램을 강화하고 있다. '시간'과 '관심'이라는 한정된 자원을 두고 콘텐츠 업계 내에서 벌어지는 경쟁이 갈수록 격화되고 있기 때문이다. 퇴근 후 늦은 밤에 직장인은 넷플릭스에서 뭐 볼지 고민하거나 영화 등을 보다가 잠든다. 한국인이 가장 오래 사용하는 앱은 '유튜브'다. 본래 전자 상거래와 포털 서비스로 시작된 쿠팡과 네이버는 '쿠팡플레이'와 '네이버 웹툰·웹소설'이라는 콘텐츠 사업을 통해 고객을 끌어들이고 붙잡고 있다.

이런 서비스들이 대중의 24시간을 다 사용해버리면 대체 책은 누가 언제 읽나. 한탄만 하기에는 출판계가 지닌 고객을 유인하는 잠재력이 너무 크다. '저자와 독자를 연결하기'는 서점과 출판사가 가장 잘하는 일이다! 문화 예술을 좋아하고 지적 성장 욕구를 지닌 대중이 주목할 만한 콘텐츠 행사를 제공하는 일은 '독서율 최저 시대'의 해결책이 될지 모른다.

다양한 저자 만남 행사를 통해 독자는 책을 보다 넓고 싶게 이해한다 북토그가 주는 재미는 OTT, 기타 동영상 서비스의 엔터테인먼트적 재미와는 성격이 다소 다르다. 북토크 참여는 또 다른 방식의 독서이다. 독자와 책 사이의 거리를 좁혀준다.

서점에서 일하는 사람이라면 책을 다른 곳이 아닌 서점에서 사야 할 이유를 제시해야 한다. 서점에서 주최하는 강연·문화 행사는 강력한 이유 중 하나이다. 그래서 파주 사무실에서 일하던 시기에도 2200번 버스를 타고 자유로를 달려 한 시간 반을 이동해 '지식과 강연 문화의 성지' 광화문 교보빌딩 23층을 찾아 고객을 만났던 것 같다.

이러한 나의 '파주-서울' 여행은 2020년 1월을 끝으로 잠시 중단되었다. 팬데믹 시대에 돌입했기 때문이다. 랜선 팬사인회 등 온라인 이벤트가 아닌 대면 행사는 1년 반 넘게 진행되지 못했다. 그러나 모두가 숨죽이던 시절에도 독자와 뜻깊은 만남을 촘촘하게 이어간 작가가 있다.

김연수는 2021년 10월 제주도 대정읍의 작은 서점에서 낭독회를 연다. 낮에 일하고 밤에 모인 독서 모임 회원들을 보며 그는 글쓰기에 있어 하나의 전환점을 맞는다. 좋은 이야기로 독자의 허기를 채워주고 싶다고 생각하게 된다. 여기서 허기를 채워준다는 말은 도와준다, 위로한다, 격려한다, 응원한다 등 '다정하기만 하다면' 어떤 다른 단어로 바꿔 읽어도 괜찮다.

낭독회는 한 번으로 끝나지 않았다. 제주도 행사를 시작으로 2023년 6월의 마지막 행사에 이르기까지 김연수는 스물한 차례나 지역 서점과 도서관에서 독자를 만났다. 각 행사에서 작가가 낭독한 소설은 기존에 발표한 작품이 아니었다. 낭독회를 위해 새로 쓴 소설을 처음 만난 독자에게 읽어주었다. 아마도 소설사에서 유례없는 방식으로 탄생한 작품을 묶어『너무나 많은 여름이』(레제)가 출간되었다.

책에서 마음에 가장 깊게 들어온 '소설'은 「첫여름」이다. 진주의 한 여관에 배우가 혼자 투숙한다. 주인은 그날 밤 손님에게 무슨 일이 생기지는 않을까 걱정한다. 불상사를 막기 위해 술상을 차려 조카를 손님 방에 들여보낸다. 한 시간 뒤, 정작 술에 취하고 통곡까지 한 건 배우가 아닌 소녀였다.

다음 날 아침 해장을 위해 간 국밥집에서 배우는 앞으로는 미래가 지금의 나를 만들 수 있도록 오로지 미래만을 생각하자고 말한다. 이 문장만 떼어놓고 보면 특별한 점이 없는 충고다. 그런데 소설의 흐름 속에서 접하니 절실하게 다가왔다. 일상도 세계도 코로나19 바이러스의 기세에 눌려 있던 시기였다. 작가의 음성을 타고 전해진 이 메시지에 낭독회장의 사람들은 힘을 얻지 않았을까?

배우와 소녀는 아침을 먹고 나와 촉석루를 향해 언덕을 오른다. 그 순간 맞았던 '바람'을 떠올릴 때마다 기분이 좋아진다고 지금 서점 주인이 된 소녀는 회고한다. 여름, 아침, 바람…. 그가 느낀 이유 모를 설렘이 내게도 옮겨왔다.

책에서 마음에 가장 깊게 들어온 '글'은 '작가의 말'이다. 이쩌면 수록 작품민금이나 중요한 부분이다. 실은 한 편의 소설로 느껴지기까지 한다. 스무 편의 단편을 먼저 읽고, 작가의 말을 읽은 뒤, 첫 장으로 돌아가 스무 편을 다시 읽으면 처음 읽었을 때와 느낌이 크게 달라진다.

작가의 말에서 밝히길, 낭독이 끝나면 김연수는 각자 살고 있는 삶에 대해 독자와 대화를 나누었다고 한다. 이때 "우리가 얼굴과 얼굴을 마주한다는 것, 바로 그게 이야기를 주고받는 일이라는 걸 새삼 깨닫는다"라고 덧붙인다. '소설, 작가의 말, 책이 나오게 된 배경'이 모두 이토록 아름다우면서 깊은 감동을 준 책은 처음이다. 그리고 유일하다. 시간을 돌려 이미 끝난 낭독회 중 하나라에도 참여하고 싶다는 마음이 들었다.

그리고 결국 팬데믹은 끝났다. 사람들은 마치 실내에 갇혀 지내던 날들에 대한 반작용처럼 전시회, 콘서트, 팝업 스토어, 페스티벌에 몰려다니며 문화생활을 즐겼다. 팬데믹 이전과는 다른 이유에서 북토크 행사의 쓸모에 눈길이 갔다. 공간에 직접 들르는 경험을 선호하는 분위기를 활용해 책 읽는 문화를 활성화할 수 있지 않을까? 그러려면 어떻게 북토크를 기획해야 할지 고민했다.

'파격'이라는 한 단어의 결론이 나왔다. 과거처럼 저자를 모시고 강연을 듣고 질의응답하고 종료하는 익숙한 방식으로는 차별성을 만들기 어렵다. "이 작가를 직접 만난다니" 놀라움을 주는 '섭외의 파격'. 마음을 깊게 파고드는 말이 하나 이상 있는 '내용의 파격'. 예상을 뛰어넘는 구성이어서 신선한 충격을 받는 '형식의 파격'. 이 중 적어도 한 가지는 있어야 멀리 발걸음해준 독자에게 보답하는 행사라 할 만하다.

세 가지 파격을 모두 갖췄던 완벽한 행사를 두 개 알고 있다. 하나는 쿠이 료코 내한 사인회다. 다른 하나는 『너무나 많은 여름이』를 세상에 나오게 한 김연수의 낭독회다. 소설가가 오늘의 자리를 위해 작품을 써 와서 읽어주고 두세 시간 대화를 나누는 행사라니. 이처럼 혁신적인 연속 '신작 시사회 겸 낭독회 겸 북토크 겸 독서 모임'은 본 적이 없다.

누구보다 문화가 있는 삶을 사랑하지만 콘서트 예매 싸움에 지치고 전시회 오픈런이 버겁다면 저자 만남 행사로 눈을 돌려보는 걸 추천한다. 바쁜 일상을 잠시 멈추고 느긋함 속에 지식을 채우며 감성 온도를 높일 수 있다. 동네 책방, 독립 서점은 물론 교보문고에서도 많이 한다. 책 읽기는 싫은데 책 행사만 가도 될까? 아무 문제 없다. 참여가 곧 독서다. 어쩌면 작가가 새로 쓴 소설을 가져와 읽어줄지도 모른다.

냉정한 책 정리 장인도
'이 책'은 버리지 못한다

『시계관의 살인』, 아야츠지 유키토, 한스미디어, 2005(1991)

어디서 갑자기 후드득 눈사태 소리가 들려왔다. 물론 여기는 평온한 오후의 사무실이다. 어떤 MD의 '책 탑'이 무너진 소리였다. '벽돌책'만 무기가 되는 건 아니다. 나는 옆자리 동료 MD가 쌓아 올린 책 더미가 무너지며 가격당한 오른쪽 갈비뼈를 손으로 쓸어내린 적이 있다.

순간 추억의 명작 드라마 〈수사반장〉의 한 에피소드가 떠올랐다. 시체는 있는데 사인은 파악이 안 되는 사망 사고가 일어난다. 진실은 책이 가득 꽂힌 서가가 넘어져 그 아래에서 자고 있던 피해자를 덮친 것이었다. 현장을 가장 먼저 발견한 사람은 귀신같은 솜씨로 책을 원래 상태로 다시 꽂고 진실을 은폐한다. 사건은 미궁에 빠진다.

어린 시절의 기억이므로 정확하지는 않다. 만약 이런 회차가 실제로는 없었다면 지금 새로 만들어봐도 좋을 것 같다. 그리고 지금 사실 여부는 중요하지 않다. '책은 잘못 다루면 호환, 마마만큼 위험하다.' 이 말을 하고 싶을 뿐이다.

MD는 이처럼 두 얼굴을 지닌 책에 둘러싸여 일한다. 검토용 증정 도서를 그때그때 정리해서 위험 요소(?)를 미리 제거하는 MD는 내 기억에는 단 한 명밖에 없었다. 그는 책상 위에 책은 물론 아무 짐도 올려놓지 않는 극단적 미니멀리스트였다. 다른 99퍼센트의 MD는 대부분 자신만의 '책 쌓기 아트' 철학에 따라 책을 보관한다. 그러다 책이 무너져 (눈사태가 아닌) '책사태' 소리가 날 때 MD는 어떻게 반응할까?

① 이 상황을 처음 겪는 신입 MD: 눈이 휘둥그레진 다급한 표정으로 다가와 "괜찮냐. 다친 데는 없냐"라고 물어본 뒤 책 정리를 도와준다.
② 이 상황에 익숙한 다른 MD: 1밀리미터만큼의 미동도 없이 하던 일을 계속한다.
③ 당사자 MD: 쏟아진 책을 '원래 있었던 상태' 그대로 다시 쌓는다. 마치 〈수사반장〉의 그 방관자처럼.

참 이상한 일이다. 무게를 못 이겨 무너질 정도로 많은 책이 모였다면 이제는 책을 비우거나 서가에 꽂아야 하지 않을까? 그러나 책 쌓기 기술에는 MD의 자존심이 걸려 있다. '다시는 너를 무너지게 두지 않겠다'라는 신념을 불태우며 MD는 온 힘을 다해 책 탑을 복원한다. 사실 일이 많아 바쁘므로 예술혼을 빙자해 책을 방치하는 것이기도 하다.

이렇게 최후의 최후까지 정리를 미뤄둔 책을 치워야 하는 때가 언젠가 온다. 사무실을 옮기는 날이다. 아예 주소지가 바뀌는 이사. 같은 건물 안에서 층이나 위치만 바뀌는 이전. 둘 다 MD는 두렵다. 일론 머스크가 입버릇처럼 말하는 '화성 이주'만큼이나 큰 부담이다. '가져갈 책, 기증할 책, 버릴 책'을 분류한 뒤 포장과 폐기 작업을 해야 하기 때문이다. 고된 일이다.

나는 책 정리를 할 때 웬만하면 퇴근 후에 남거나 주말에 나와서 혼자 한다. 정리해야 할 책이 너무 많아서 진땀 흘리는 모습을 남에게 보여주고 싶지 않다. 지나가던 사람이 "이거 왜 버려? 아깝게"나 "나 줘"라고 말하면 임무 완수에 심히 방해된다.

한번은 정리할 책이 피박스 기준 스무 개 넘게 나왔다. 생각만 해도 관절이 아프다. 무거운 책과 짐을 들 때는 허리를 구부리지 말고 곧게 편 채 허벅지와 엉덩이 힘을 이용해야 척추 부상을 예방할 수 있다. 또한 한꺼번에 많이 옮기지 말고 조금씩 나누어서 해야 하나 이를 지키는 출판인은 많지 않다. 안타까운 현실이다.

창작, 제작, 유통까지 여러 단계에 걸쳐 수많은 관계자의 노력 끝에 만들어지는 책을 버리는 일을 이야기하기 매우 조심스럽다. 그러나 종이책을 사랑한다면 누구나 고민하지 않을 수 없는 일이므로 용기 내 말을 꺼낸다. 책 정리, 어떻게 해야 할까?

"설레지 않으면 버려라." 넷플릭스 오리지널 시리즈 덕분에 일본 현지의 인기를 넘어 미국에서도 신드롬을 일으킨 '정리 컨설턴트의 전설' 곤도 마리에의 유명한 정리 철칙이다. 금괴든 마이클 조던이 사인한 '에어 조던 11'이든 만져봤을 때 설렘이 느껴지지 않으면 자리만 차지하는 짐에 불과하다는 뜻이다. 과감히 버리고 주변을 정리하면 운이 트이고 인생까지 바뀐다는 논지가 설득력 있게 다가온다. 내 갈비뼈도 무사했을 테고.

그는 책을 향해 더욱 과격한 주장을 하기도 했다. 읽지 않는 책은 어차피 안 보니까 버려야 한다! 집에 미니 요새와 같은 육중한 서재를 가동 중인 독서가들은 혀를 찰 것이다. 다행히 이 말은 "책은 읽을 책을 사는 게 아니고 산 책 중에 읽는 것이다"라는 김영하의 말로 간단히 파훼된다. 특히 책과 관련한 일을 한다면 갑자기 내용 확인이 필요해서 책을 찾아봐야 할 일이 생긴다. 그럴 때면 책을 어디 뒀는지 기억이 안 나긴 하지만.

책 정리에 한해서라면 '곤마리'(곤도 마리에의 애칭)보다 내가 더 전문가다. '화성 이주'(사무실 이사)를 준비하며 떠나보낼 책을 스무 박스나 분류했을 때, 나는 어떤 기준을 따랐을까?

작업 초반에는 책을 한 권 한 권 보며 회상에 잠긴다. '이 책은 이런 일도 있었지', '참 좋은 책이었지', '덕분에 고생 많았지' 여러 기억을 끄집어낸다. 약 30분이 지나면 머릿속은 이미 하얗다. 추억을 소환할 여유가 없다. 빨리 일을 끝내고 집에 가고 싶다는 생각밖에 안 든다. 이 책과 계속 함께할지 헤어질지 정하는

데 걸리는 시간은 3초 이하로 줄어든다.

이토록 짧은 시간에 '버려지지 않을 책'을 추리려면 나만의 확고한 '소장할 책 선택 기준'을 실시간으로 적용해야 한다. 만약 이게 어떤 책이었는지 기억을 되살려야 하거나 아예 초면이나 마찬가지인 책이라면? 찰나에 시선을 붙드는 강렬한 요소가 있지 않는 한 피박스행을 피하기 힘들다.

이창현·유희 작가의 『익명의 독서 중독자들』(사계절)은 다섯 명 조금 넘는 한 독서 모임 회원의 이야기를 코믹하고 개성 있게 그려낸 만화다. 회원들은 말한다. 책날개의 저자 소개란에 너무 감상적이고 자기애적인 내용이 많으면 그 책은 별로일 가능성이 높다고. 반면 "대학에서 지리학을 공부했다. 『지정학 코드』를 우리말로 옮겼다"라고 간결·명료하게 적혀 있으면 믿을 만하다고 단정한다. 또한 목차를 봤는데도 구성과 전개가 예상되지 않는 책은 '기본도 안 된 책'이라고 독설을 날린다.

두 기준은 참이고 설득력이 있는가? 책에 따라 다를 것이다. 이 책은 맞고 저 책은 틀릴 수도 있다. 독자가 웃음을 터뜨리는 이유는 이 감별법이 정확해서는 아니다. 자신만의 괴상한 기준을 확신에 가득 차 설파하는 모습이 컬트적 재미를 주기 때문이다. 만약 『익명의 독서 중독자들』의 등장인물이 MD가 된다면 급박하게 이삿짐을 쌀 때 저자 소개나 목차가 마음에 들지 않는 책은 바로 버릴 것이다. 나는 다음에 해당하는 책은 한 번 더 눈길이 간다.

① 상을 받은 책. 노벨문학상 수상 작가의 책이나 부커상, 전미도서상, 서점대상, 휴고상, '이 미스터리가 대단하다' 같은 상을 받은 책들.

② 추천사가 뛰어난 책. 처음 들은 작가가 쓴 처음 들은 제목의 책이라고 해도 신형철 평론가나 황정은 작가가 극찬했다면 일단 귀가 솔깃하다.

③ 제목이 좋은 책. 호기심을 자아내거나 감각적이고 신선한 언어 사용이 인상 깊은 책이다. 반대로 "이 제목 어디서 봤던 것 같은데" 하고 되짚게 되는 책을 보면 울적한 기분이 든다. '변용과 카피' 사이에 있는 진부한 제목은 신뢰도를 떨어뜨린다.

④ 표지가 강렬한 책. "표지만 보고 책을 판단하지 말라(Don't judge a book by its cover)"라는 말도 있는데 책에서 표지는 얼마나 중요할까. 정말 중요하다. 책의 첫인상을 좌우하기 때문이다. 맛없다고 평가받는 국산 맥주도 예쁜 수입 맥주 캔에 담아 팔면 맛있게 느껴질 것이라고 장담한다. 사실 내 정확한 견해를 말하자면 표지는 '나쁘지만 않으면' 된다. 나에게는 초점이 나가거나 너무 흐릿한 이미지를 쓴 표지, 잔인하고 끔찍한 표현이 들어간 표지, 다른 책을 베낀 표지가 나쁜 표지이다.

⑤ 첫 문단이 강렬한 책. 본문을 안 보고는 판단이 안 서는 경우다. 경험상 초반이 좋았던 책은 대부분 끝까지 좋

았다. 반대로 '대체 이 책 언제부터 재미있어지기 시작하는 거지?', '이 책 끝까지 읽어야 하나?' 같은 의문이 드는 책은 어김없이 끝까지 재미없었다(처음부터 중반까지는 뛰어나지만 결말에서 와르르 무너져버리는 책도 있긴 하다). 괜히 '첫 문장이 유명한 작품' 목록이 있는 것이 아니다. 첫 문장은 너무 짧고, 첫 페이지는 너무 길다면 적어도 첫 문단이라도 읽어본 뒤 이 책을 어찌할지 결정한다.

적고 나니 독자가 책을 선택하게 하는 데 '이것'의 영향이 꽤 크다는 걸 실감하게 된다. 책을 만든 사람도 만들지 말지 고민하고, 책을 산 사람도 버릴지 말지 고민하는 것. 바로 '띠지'다. 다섯 가지 요소 중 ① 수상 이력과 ② 추천사를 실을 최적의 공간이다. 띠지에 적힌 문구가 책을 '버려질 위기'에서 구해낸다는 것은 서점을 찾은 고객이 '책을 구매할 이유'를 띠지에서 발견할 때도 있다는 뜻도 된다.

그래서 나는 출판사 미팅 시간에 항상 띠지 사용을 권장한다. 간혹 무라카미 하루키 같은 인기 작가의 책도 아닌데 띠지를 써도 괜찮냐고 되묻는 사람도 있다. 하루키가 아니기 때문에 띠지를 써야 한다. 오히려 하루키 책은 띠지 안 쓰고 표지에 제목과 저자 이름만 넣어도 팔린다. 단 한 줄이라도 좋다. 독자의 눈을 잡아끌 강렬한 한 줄을 고심해 띠지에 넣는 간절함이 책의 발견을 돕는다.

띠지 찬성론자인 내가 가장 깊은 감명을 받은 띠지는 아야츠지 유키토의 『시계관의 살인』(한스미디어)이다. 띠지에 단 두 줄이 적혀 있다. 첫 문장은 "제45회 일본추리작가협회상 수상작". 일본의 가장 권위 있는 미스터리 문학상을 받았다니 당장 읽고 싶어졌다.

다음 문장은 "생각지도 못했던 '현실'이 '악몽'이 되어 찾아왔다!"이다. 투박한 글꼴로 쓴 문구를 띠지에 꽉 차게 확대한 구성이 마음에 쏙 들었다. 현실이 악몽이 된다는 건 무슨 뜻일까. 모호한 내용의 문장을 모호하지 않게 또렷하고 큼직하게 박아놓으니 미스터리한 느낌이 증폭되었다.

일본 미스터리계에서는 한동안 사회파 미스터리가 대세였다. 이런 흐름에 대놓고 반기를 든 아야츠지 유키토는 1987년에 데뷔작 『십각관의 살인』(한스미디어)을 발표한다. 책은 작가의 본심을 드러낸 패기 넘치는 선언으로 시작한다.

"한때 일본을 풍미했던 '사회파'식의 리얼리즘은 이젠 고리타분해." "역시 미스터리에 걸맞은 것은 명탐정, 대저택, 괴이한 사람들, 피비린내 나는 참극, 불가능 범죄의 실현, 깜짝 놀랄 트릭…, 이런 가공의 이야기가 좋다."

이미 한 편의 소설을 다 읽은 것 같은 생생함이 느껴진다. 매우 도발적이어서 당시 평론계에서 호된 비판을 받았다. 물론 지지 세력도 견고했다. 이어지는 '관 시리즈'는 일본 미스터리 팬 사이에서 대표 필독작으로 자리매김한다. 첫 책 『십각관의 살인』은 신본격 미스터리의 탄생을 알린 격정 신호탄이라는 상징성을 크게 인정받는다. 시리즈 중 가장 재미있고 완성도가 뛰어나다고 느낀 최고작은 다섯 번째 작품『시계관의 살인』(한스미디어)이다.

책을 열면 숲속에 지어진 으스스한 건물 '시계관'의 평면도가 나타난다(이런 그림이 있는 책은 대부분 재미있다는 것도 독서가가 참고할 사항이다). 저택에는 지금은 세상을 떠난 전 주인의 음산한 유언이 어려 있다. 망령이 나타난다는 소문까지 떠돈다. 주인공 가와미나미가 몸담은 오컬트 잡지는 이 건물의 비밀을 파헤치는 특별 기획을 추진한다.

영매사, 취재진, 대학 초자연 현상 연구회 회원으로 구성된 탐사단이 시계관을 방문한다. 이들을 기다리는 건 물론 피의 살육극이다. 한 명 한 명 차례로 죽어나가는 전개가 벌어지리라는 것도, 핵심 트릭이 등장하며 이 트릭은 최후에 간파당하리라는 것도 독자는 쉬이 예상한다. 독자는 오직 작가가 얼마나 강력한 순수 재미를 끌어낼지만을 기대하며 본격 미스터리를 읽는다.

일본 미스터리를 읽기 시작한 무렵의 나는 현실에서 일어날 법한 추리를 다룬 사회파 미스터리를 선호했다. 본격 미스터리를 즐기기 시작한 계기는 두 가지였다. "최고의 힐링은 재미다"라고 한 미스터리 전문 출판사 사장님의 말씀 그리고『시계관의 살인』(과『점성술 살인사건』(김은숲)) 덕분이었다. 기대에 부응하는 야심 찬 트릭, 음울하고 광기 어린 무드, 도무지 예상하기 힘든 경이로운 발상을 『시계관의 살인』은 훌륭하게 구현한다. 이 모든 미덕을 '책을 아직 안 읽은 독자(나)'에게 효과적으로 전달한 것은 탁월한 표지와 띠지였다. 그래서 나는 바로 버리는 사람과 달리 웬만하면 '책의 일부'인 띠지를 보관한다.

이 '띠지 버릴까 말까'만큼 첨예하게 의견이 갈리는 주제는 '책에 메모할까 말까'이다. 책에 절대 흔적을 남기지 않는 이유는 셋 중 하나다. 책을 아껴서, 다 읽고 중고로 팔려고, 혹은 그냥.

책 메모자들의 유형은 천차만별이다. 아무렇게나 밑줄 긋고 동그라미 치기. 여백에 감상 적기. 자를 대거나 적어도 최대한 반듯하게 줄 치려고 노력하기. 큰 접착식 메모지에 적어서 붙이기. 책 끝을 접기(영어로 'dog ear'라고 부른다). 나는 비즈니스 책처럼 공부를 위해 읽거나 실용성이 강한 책은 밑줄을 긋는다. 온전히 소장하고 싶은 책은 중요한 부분에 포스트잇 플래그를 붙이고 펜을 대지는 않는다. 사진만 찍기도 한다.

『익명의 독서 중독자들』속 신입 회원 '경찰'도 나처럼 밑줄을 긋기 어려워한다. 기존 회원인 '사자'는 이미 답을 알고 있었다. 소장용 책과 메모용 책을 두 권 사면 된다고 조언한다. 이보다 바람직한 해법은 없다. 저자, 출판사 직원, 서점 직원 모두 흐뭇해할 일이다. 흔적을 남기기 싫을 정도로 좋은 책이라면 선물용까지 아예 세 권을 사는 건 어떨까? 그렇게 하나둘 책 맥시멀리스트가 된다.

내가 메모와 밑줄보다도 책에 추가되지 않도록 조심하는

건 '저자 친필 사인'이다. 역시 책의 보관, 처분과 관련이 있다. 저자를 존중하지 않아서는 아니다. 반대로 저자를 위해서다. 입대, 유학, 독립, 결혼, 이사 등 인생에서 경험하는 모든 이동에서 우리는 책을 다 가지고 다닐 수 없다. 책 정리가 숙원 사업이었던 가족이 빈틈을 놓치지 않고 책을 버리거나 팔거나 기증할 수 있다.

헌책방을 방문한 고객이 책을 들춰 보다 저자 친필 사인을 발견하는 상황을 상상해본다. 그 사람은 "구환회라는 자는 작가에게 사인까지 받은 책을 왜 제대로 간수 안 하고 버린 거야? X, 디시, 스레드, 네이트판에 올려서 혼내줘야겠어"라고 생각할지도 모른다.

그래서 나는 '무덤까지 가져가고 싶은 책'에 한해서만 사인을 받는다. 내 뜻으로 받았든 선물로 받았든 사인본은 빨간 마커로 '친필 사인본'이라고 대문짝만하게 포스트잇에 써서 표지 위에 붙여놓는다. 버려지지 않고 팔리지도 않도록. 문득 사인은 띠지에 받고 띠지만 별도의 앨범에 모아도 좋겠다는 생각이 든다. 역시 정답은 띠지였다….

『익명의 독서 중독자들』 속 괴짜 회원들은 독서 지식을 한껏 과시하고 책에 대한 호불호를 분명하게 밝힌다. B급 감성으로 무장한 이들은 언뜻 사회 부적응자 집단으로 보이기도 한다. 독서 마니아를 너무 단편적으로 묘사한 것 아니냐고 항의할 필요는 없다. 책 좋아하는 사람 중 이런 개성을 가진 사람도 있다고 극적 재미를 가미해 소개한 것뿐이다.

그런데 항상 날이 서 있는 듯한 책 속 독서 중독자들도 하나의 주제에 대해서만은 따듯한 기운으로 응답한다. 애서가가 가장 반기는 질문인 "요즘 무슨 책 읽어?"다. 이 말을 들은 즉시 머리에 불이 켜지고 하고 싶은 말을 좌르륵 쏟아내는 사람. 그는 책을 좋아하는 사람이다. 서점 MD는 누구보다 책을 사랑하지만 항상 책에 포위당해 있기에 책의 소중함을 실감하지 못한다. 이런 MD도 '탐서' 본능을 깨워주는 '지금 읽는 책'이나 '인생 책'을 묻는 질문을 좋아한다. 싫어하는 질문은 "책 대체 언제 정리할 거야?"다….

업무 계획 고민 확 줄여주는
세상 공부 루틴

『나무 위의 남작』, 이탈로 칼비노, 민음사, 2004(1957)

MD는 머천다이저(Merchandiser)의 준말로 상품 관리에 특화된 일을 하는 직무이다. 오래된 농담이지만 '뭐(M)든지 다(D) 해야 하는 사람'이라고 부르기도 한다. 상품뿐만 아니라 가격, 마케팅, CS, 배송, 몰 관리까지 쇼핑의 모든 흐름에 관여하기 때문이다.

마케팅의 시작부터 끝까지 모든 단계에 걸쳐 자세한 체크리스트를 만들고 챙기기 때문에 MD를 '유통의 꽃'이라고 하는지도 모른다. 다만 모든 일을 혼자 하는 것은 당연히 아니고 각 업무 담당자와 협업하여 처리한다. 따라서 '올라운더'나 '원맨 밴드'보다는 '몰 디렉터', '마케팅 디렉터'가 더 잘 어울린다. 이 역시 약어로는 MD다.

챙겨야 할 수많은 일의 중요도가 똑같이 높다는 점이 MD 업무의 어려움을 높인다. '선택과 집중'이라는 단어는 MD 사전에 없다. "이번 노벨문학상 특별전은 과감하게 기획전은 생략하고 재고만 챙기겠다." "이 마케팅은 엄청난 고객 클레임(CS)이 발생할 것으로 예상되지만 시원하게 일단 GO 하자." 이런 말은 이토 준지 그림이 그려진 냉감 이불처럼 상상만 해도 오싹하다.

MD에게 '계획'과 '실행'은 모두 중요하나 시작은 좋은 계획이 되어야 한다. 방향을 잘 잡아야 노력이 의미 있는 결과로 연결된다. 계획을 세운다는 것은 시간, 인력, 비용 등 보유 자원을 적절하게 투입해야 할 업무를 고르고 처리 순서를 정한다는 의미다. 이 과정이 불완전하면 고객이 만족하는 마케팅을 할 수 없다.

모든 직장인은 주별, 월별로 마케팅 계획을 제출한다. 많은 직장인이 쓸 내용이 없어 괴로워한다. 반대로 MD는 '무엇을 뺄지' 고민한다. 풍부한 마케팅 아이템을 발굴하고 누수 없이 계획을 수립하기 위해 평소 '이슈'와 '트렌드'를 그물망처럼 촘촘하게 체크한 결과, 대응해야 할 사안이 무한 증식하기 때문이다. 이것도 하고 싶고 저것도 해야 하는 행복한(?) 고민 상태에 놓인다.

모든 계획의 시작은 연간 사업 계획이다. 매년 연말에는 우선 다음 해의 굵직한 계절 이슈를 정리한다. 1월 새해, 3월 신학기, 5월 가정의 달, 7월 여름휴가와 방학, 9월 신학기, 12월 연말이 약 격월 주기로 돌아오는 성수기이다.

이 사이사이에 기념일, 공휴일, 축제 일정을 끼워 넣는다. 외국의 책 소셜 미디어 계정들은 항상 밸런디인데이 시기에는 로맨스 소설을, 핼러윈 앞두고는 공포 소설을 제안한다. 여성의 날, 만우절, 식목일, 과학의 날, 환경의 날 등 다양한 기념일은 MD, 마케터라면 메모해놓아야 하는 날이다.

월드컵이나 올림픽 같은 대형 스포츠 이벤트가 예정되어 있다면 역시 대응책을 마련해야 한다. 다만 이런 사회적 열기를 독서로 연결해 책 판매를 늘리는 건 쉽지 않다. 공식 스폰서가 아닌 이상 '월드컵', '올림픽'이라는 단어를 마케팅에 쓰면 안 되고, 스포츠와 책은 가까운 사이가 아니기 때문이다. 국가적 열기 속에서도 책 읽기를 잊지 말아달라고 청하며 포인트를 주는 등 고객의 방문 지속을 유도하는 방어적 마케팅이 적합하다.

반대로 책과 관련 있는 시기에는 적극적 마케팅이 이뤄져야 한다. 4월 '세계 책과 저작권의 날', 6월 '서울국제도서전', 10월 '노벨문학상 발표일'이 서점인의 3대 축제이다. 역사는 그리 길지 않지만 4월 '도서관의 날'과 11월 '서점의 날'도 앞으로 더 독자에게 알려져야 할 출판 관련 기념일이다. 끝으로 전 국민이 우리 한글의 소중함을 생각하는 10월 '한글날'에 특별전을 열지 않으면 아쉽다.

분야별 특성을 반영하면 소설 MD는 이상문학상, 젊은작가상, 대산문학상, 부커상 등의 주요 문학상 발표 일정을 체크한다. 탄생 100주년, 서거 100주기 등 거장 작가의 탄생 연도와 사망 연도 또한 조사한다. 작가를 조명하는 특별전을 열거나 리커버 특별 에디션을 기획할 때도 있다.

취업/수험서 MD는 주요 자격증과 시험 일정을, 참고서

MD는 연중 학사 일정을 파악한다. 예술/대중문화 MD는 아카데미 시상식, 그래미 어워드, 칸 영화제 등 권위 있는 예술 문화 시상식과 음악 페스티벌 일정, 해외 인기 뮤지션들의 내한 공연 일정을 표로 만든다. 그리고 분야와 무관하게 언론을 달구는 정치, 경제, 사회문화의 굵직한 뉴스와 이슈는 모든 MD가 꿰고 있어야 한다.

　이러한 '시즌'과 '사회' 이슈 위에 '상품' 이슈를 겹쳐 올리면 필수 마케팅 스케줄이 얼추 완성된다. 연말 연초에 주요 일간지는 새해 출간될 기대 신작을 모아 기사를 낸다. 이 외에도 출간 여부와 출간일이 확실하지 않거나 대외적으로 아직 밝히면 안 되는 비공개 신간이 있다. MD는 이런 책의 정보도 따로 수집해 출간 캘린더에 적어둔다. 목적은 물론 최상위 신간이 나올 때 최대한 미리 준비해 차별화된 '단독' 마케팅을 하기 위해서이다.

　신간이 아닌 구간도 예정된 이슈 수집이 필요하다. 소설, 만화 MD라면 원작이 있는 영화, 드라마, 애니메이션 공개 일정을 수시로 업데이트한다.

　2020년대만 해도 〈작은 아씨들〉, 〈파친코〉, 〈듄〉, 〈삼체〉, 〈보건교사 안은영〉, 〈귀멸의 칼날〉, 〈슬램 덩크〉, 〈룩 백〉 사례에서 보듯 영상화는 책의 2차 흥행을 이끄는 강력한 요인으로 작용했다. 지금은 종류가 다양해졌다. 개봉 영화에 더해 다수 사업자 간 경쟁이 격화된 OTT 시장을 중심으로 스도리의 영상화 사업이 활발하게 지속, 확대되고 있다.

이상은 '어떤' 이슈와 트렌드를 살펴야 하는가에 관한 'WHAT'의 영역이다. 다음은 '어떻게'(HOW), '언제'(WHEN) 모니터링할지에 대한 방법론으로서 몇 가지 개인 경험을 공유한다.

첫 번째는 종합 일간지 구독하기다. 주로 금요일과 토요일에 게재되는 북섹션을 주목하라는 말인가, 생각할 것이다. 서평란은 기본이다. 기왕 산 신문, 모든 지면을 다 확인하자. 기자처럼 사회 이슈를 빠르게 포착해 소개하는 직업은 없다. 지금 당장의 그리고 앞으로 예정된 주요 현안과 현상을 자연스레 파악하게 된다. 이런 세상의 목소리가 반영되어 만들어지는 것이 바로 책이다.

신문을 많이 보면 도서 추천 기획전 소재가 마구 튀어나온다. 게임 〈포켓몬 고〉가 선풍적인 인기를 끌 때는 '포켓'에 넣고 다닐 만한 작지만 알찬 책을 모으는 '포켓문고' 특별전을 해봐야겠다는 아이디어가 떠올랐다.

또한 신문 기사는 한정된 지면 안에서 핵심만 정제하여 게재되는 논리 표현의 집약체이다. 기사문을 매일 읽으면 글로 밥 벌어 먹고사는 출판·서점인의 문장 체력 또한 강화된다. 온라인보다는 종이 신문으로 읽는 것이 더 좋다. 언론사가 한 번 선별하여 온라인에서 잘 보이게 배치한 기사를 읽으면 내 관점을 평평하게 고르기 어렵다. 모든 지면을 처음부터 끝까지 살피며 눈에 들어오는 기사를 정독, 스크랩하면 '아이템 창고'가 풍부하게 채워진다.

지금은 '테스트 힙' 열풍이 불며 글 읽는 행위가 멋지게 비치기도 한다. 시집, 철학 책, 세계문학전집을 읽는 것도 좋으나 종이 신문을 읽으면 더 멋지다. '지하철에서 줄 이어폰 끼고 종이 신문 읽기' 챌린지를 유행시켜보고 싶다.

종이 신문 다음 순서는 종이 잡지다. 도서관 정기간행물실에 가면 이렇게 다양한 잡지를 통해 지식의 업데이트가 이뤄지고 있다는 사실이 지적 조바심을 주기도 한다. 신문 기사가 그렇듯 잡지의 특별 기획도 살짝 변형해 도서 기획전으로 만들기 좋다. 언젠가 문득 인문·교양, 사회 분야에서 눈에 띄는 새 저자가 적다는 생각이 들었을 때다. 《기획회의》 통권 300호 특집 기획인 '한국의 저자 300인'이 떠올랐다(무려 2011년 기획이다). 고객이 아는 저자가 적다면 '이제부터는 이 저자를 알아두시라'고 먼저 목록을 제시해도 되지 않을까? 언젠가 진행할 기획전 후보로 저장해두었다.

그리고 뉴스레터는 최근 몇 년 사이 지식과 뉴스를 공급하는 대세 파이프라인으로 자리 잡았다. 나는 아직 뉴스레터에 당혹감과 복잡함을 느낀다. 언젠가 날 잡고 유명 뉴스레터들을 정리한 뒤 한꺼번에 구독 신청했다. 얼마 후 실제로는 읽지 않았으면서 '읽음으로 표시' 처리를 하며 메일함을 정리하는 나를 보니, 결국 밀릴 걸 알면서도 학습지를 새로 신청했던 고등학생 시절이 떠올라 기분이 그리 상쾌하지는 않았다.

메일이 왔을 때 열어보는 레터는 한국출판문화산업진흥원

웹진 '출판N'과 조선일보 'WEEKLY BIZ'밖에 없다. 가판대에 놓인 신문을 보면 종류별로 다 읽고 싶다는 생각이 드는 것과는 반대다. 이유를 곰곰이 생각해봤다. 신문, 잡지는 정기 구독까지는 하지 않고 내가 읽고 싶을 때만 사서 읽는다. 반면 뉴스레터는 운영자가 내게 발송한다. 메시지가 흐르는 방향이 다르다. 지금 다른 일을 하고 있고, 레터를 읽고 싶은 환경이 아닌데, (그리고 아직 안 읽은 레터가 쌓여 있는데) 메일이 불쑥 찾아온다는 사실에서 느껴지는 부담감이 있는 것 같다.

절충안을 찾았다. 대부분의 레터는 별도 모아보기를 제공한다. 게시판을 북마크해놓고 내가 보고 싶을 때 찾아가 읽는 방식이 내게는 더 잘 맞는다. 물론 나와 달리 뉴스레터를 바로바로 열어보고 잘 활용하는 사람이라면, 메일을 통해서 빠르고 폭넓게 시사 정보를 확보할 수 있을 것이다.

'캐럿', '폴인', '롱블랙' 등의 지식 서비스는 뉴스레터와 비슷하면서도 약간 다르다. 전문을 보려면 유료 결제가 필요하다. 구독료가 부담이라면 '이슈와 트렌드 탐지기'로만 사용해도 좋다. 기사 제목과 미리보기 부분으로 확인한 오늘의 토픽을 따로 검색해서 공부해도 흐름과 유행을 파악하기에 충분하다. 물론 신세 많이 지는 서비스라면 입금하여 응원하자.

다음으로 책, 문화·예술, 소비, 기술, 커머스, 마케팅, 콘텐츠, 트렌드, 스타트업, 시사·경제 관련 온갖 주요 블로그, 게시판, 차트를 모조리 즐겨찾기 한다. 나는 모바일 '삼성 인터넷'은 아예 이슈 모니터링 전용 브라우저로만 사용한다. 주소창 '빠른 실행'으로 URL을 저장하면 접근이 매우 편하다.

언젠가부터 다양한 대형 커뮤니티에서 '교보' 키워드로 검색하는 것이 습관이 됐다. 가끔 내가 한 마케팅을 좋게 말하는 글을 보면 신기하기도 뿌듯하기도 하다. 가끔은 심장이 떨어질 듯한 비난과 욕설을 접하기도 한다. 어쨌든 날것 그대로의 고객 반응이므로 소중한 자료다. 은근슬쩍 정신력이 강화되는 효과도 있다.

그리고 팔로하는 소셜 미디어 계정을 계속 늘려보자. X, 틱톡, 스레드, 페이스북, 인스타그램이 메인이다. 링크드인도 있다. 기업과 단체가 아닌 개인 계정으로는 유용한 정보를 많이 소개하거나 내가 롤 모델로 삼고 싶은 '업계 네임드'들을 구독하고 지식과 식견을 공짜로 공부해도 좋다.

'개인적으로' 좋아하지 않는다는 이유로 소셜 미디어를 사용하지 않는 사람도 많다. 다만 MD와 마케터라면 '업무적으로' 사용하는 모니터링 계정은 반드시 있어야 한다. 이는 업무 누락 방지와 성과 창출을 도와주므로 결국 '개인적'인 효능으로 돌아온다.

마지막으로, 정말 중요하고 이미 우리 일상의 한 부분이 된 유튜브는 아주 짧게만 언급한다. 구독할 유튜브 채널을 모으는 방법은 매우 간단하다. 베스트셀러 목록에서 새롭게 눈에 띄는 책이 있다면 유튜브에서 검색해본다. 만약 이 책의 판매를 띄운

영상을 찾는다면 그 채널을 구독한다. 이렇게 하나둘 추가하다 보면 충실한 구독 목록이 생성된다.

그러면 '이슈와 트렌드' 모니터링은 언제(WHEN) 하면 좋을까? 대중교통 안에 있을 때가 적당하다. 출퇴근 시간이 길다면 자거나 책을 읽거나 영상을 보는 것 모두 괜찮은 선택이긴 하나, 세상 따라잡기에 시간을 쓰는 것도 좋아 보인다. 스마트폰이 있으면 일상 속 자투리 시간만 활용해도 충분하다. 데스크톱 PC 앞에 정좌하고 따로 시간 내 조사할 필요 없다.

이렇게까지 하루를 업무로 꽉꽉 채워야 하나 생각할 때도 있다. 물론 휴식과 충전 없이 일만 하면 안 된다. 다만 나는 이렇게 공부하고 새로운 걸 알아가는 과정이 재미있고 좋다. 그런데 더 부담스러운 사실이 있는데, 이렇게 열심히 '공부'하는 것만으로도 충분하지 않다는 것이다. 고객과 교감하려면 MD는 '놀기'와 '즐기기'도 잘해야 한다.

예를 들면 잘나가는 영화, 드라마, 애니메이션은 모두 직접 보면 최고이지만 그러지 못할 경우 줄거리, 적어도 제목이라도 알아야 한다. 앞서 예술 MD가 파악해두어야 할 일정에서 말한 것처럼 페스티벌, 전시회, 팝업 스토어 같은 현장 방문도 도움된다. 음원 사이트 상위권과 유튜브 '음악' 채널의 인기 차트에 어떤 곡이 올라와 있는지도 봐두면 좋다.

예능도 주요 체크 대상이다. 〈흑백 요리사: 요리 계급 전쟁〉이 인기를 끌면 MD는 참가자 중 책을 낸 사람이 있는지 확인한다. 앞으로 책을 낼 참가자는 누구일지도 점쳐본다.

어떤 MD, 마케터가 그렇지 않겠냐마는 특히 도서 MD에게 '세상과의 긴밀한 호흡'은 중대하게 요구되는 자질이다. 책만큼 세상 모든 이의 관심을 아우르는 상품은 없기 때문이다. 서점의 베스트셀러 코너는 '지구 뉴스룸'의 축소판이다. 모든 이슈가 책의 소재이다. 어떤 화제의 인물이 책을 낼지 모른다.

그래서 도서 MD의 일은 매력적이기도 하다. 근무 시간에 '더현대 주술회전 팝업 스토어'에 가도 된다. 동료들이 '오아시스' 내한 공연 예매에 도전한다고 해서 예정된 회의를 연기한 적도 있다. 결과는 전원 실패했지만(엉겁결에 합류한 나는 로그인도 못 했다). 〈왕좌의 게임〉을 정주행했다고 하면 MD 소질이 있다는 말을 듣는다. 문구, 잡지, K-POP, 게임 등 모든 '덕후'는 환영받는다.

소설 담당자인 나는 연관 분야 콘텐츠에 대한 최소한의 감이라도 유지하려고 신경 쓴다. 인기 웹툰과 웹소설은 초반 10회만이라도, 인기 단행본 만화는 첫 1권이라도 보려고 한다. 이런 '콘텐츠 찍먹' 일정을 세우는 나를 보고 누군가는 "남들은 시키지 않아도 재미있으니까 알아서 즐기는 것들을 고시 공부하듯 챙기고 있으니 희한하다"라는 반응을 보이기도 했다.

적고 보니 이상적인 MD의 모델이 정리된다. '아는 것도 많고 잘 노는' 사람이다. 비유하면 일본 학원 만화에 나오는 '공부 잘하는 4번 타자 에이스'가 연상되다(외모는 만화 같지 않아도 된다). 조금 더 비즈니스적으로 정리하면 '왕성한 지적 호기심을 바탕으로 세상만사와 예술·문화 이슈를 빠르게 흡수하고 영감을 업무에 적용하는 생동감과 실행력 있는 MD'가 내가 설정한 롤 모델이다.

이 이상향에 가까워지면 일과 생활이 '균형'에서 더 나아가 '조화'를 이루게 된다. 따라오는 장점. 우선 주간 업무 계획에 무엇을 적을지 고민이 줄어든다. 자신이 유식해지고 성장한다는 느낌이 든다. 그전에는 몰랐던 똑똑한 이들의 지식과 뛰어난 문화·예술 작품을 폭넓게 접하게 된다. 이건 단점일지도 모르는데, 장바구니에 담게 되는 책이 늘어난다.

이렇게 세상에 발신된 다양한 신호를 따라가는 과정에서 '인생 책'을 발견하기도 한다. 내게는 이탈로 칼비노의 『나무 위의 남작』(민음사)이 그랬다.

언젠가 세계문학전집 기획전을 준비하며 연령대별로 많이 구매한 작품을 분석한 적이 있다. 10~20대는 『데미안』을, 30~40대는 『위대한 개츠비』를, 50대 이상 독자는 『그리스인 조르바』를 많이 읽었다는 결과가 나왔다. 주 독자와 주인공의 연령대가 비슷하다. 그만큼 동질감을 느꼈기 때문이리라. 반면 10대 소년 시절부터 노년기에 이르기까지 자신만의 매력을 간직하며 계속 모험하는 『나무 위의 남작』의 '코지모'는 모든 나이의 독자가 두루 호감을 느낄 만한 인물이다.

열두 살 소년 코지모 디 론도는 아버지의 권위와 위선을 거부하기로 결심한다. 그 상징인 달팽이 요리를 먹지 않겠다고 저항하며 나무 위로 올라가버린다. 현실과 떨어져 있는 덕분에 오히려 현실을 있는 그대로 바라본다. 자신의 이상을 발현하여 공동체의 문제를 해결하고자 멈춤 없이 공부하고 실행한다.

한마디로 코지모는 '꿈꾸는 현실주의자'이다. 그는 '계획'과 '실행' 둘 다 잘한다. 단순한 계획도 아니고 평생 나무 위에서 살겠다는 원대한 계획을 이행한다. 이를 위해 지식 탐구를 쉬지 않고, 독서하고 공부하며, 사람과의 소통을 이어간다. 앞서 설정한 이상적인 MD 모델과 딱 맞아떨어진다. 개인으로서도 직업인으로서도 닮고 싶다.

코지모의 시선이 자신과 주변에만 머물지 않고 사회로 넓게 뻗어 나간 점도 고양감을 준다. 루소와 나폴레옹의 등장에서 보이듯 『나무 위의 남작』은 파란의 시대였던 18세기 유럽의 역동성을 긍정한다. 코지모는 자신만의 작은 왕국을 건설한 후에도 곳곳에서 벌어진 혁명에 적극 가담한다. 이를 보면 서점 직원은 세계의 진보에 간접적으로 기여한다고 말해도 될 듯하다. 『나무 위의 남작』과 같이 바람직한 인간형을 고찰하며 역사의 후퇴에 단호히 반대하는 책을 독자에게 소개하기 때문이다. 책이 아니라 '책이 담은 가치'를 유통하는 사람이라고 도서 MD를 정의하는 것도 멋져 보인다.

소년은 결국 언젠가는 지상에 내려올까? 독서의 즐거움을 위해 결말부를 읽고 직접 확인하기를 권한다. 코지모가 마지막 순간까지도 현역으로 활동했다는 점을 대신 강조한다. 나도 영원한 현역으로서 재미있게 그리고 주도적으로 일하고 싶다. 동감하는 사람이라면 자신만의 세상 공부 루틴 만들기와 『나무 위의 남작』 읽기부터 시작해봐도 좋겠다.

모든 것이 불확실했던
팬데믹 시대의 밝은 밤

『밝은 밤』, 최은영, 문학동네, 2021

"어머! 깜짝이야!"

비명이 대형서점 안 카페에 울려 퍼졌다. 어떤 사람이 우연히 먼저 발견한 지인을 놀라게 한 건가 싶었다. 나도 깜짝 놀랐다. 알고 보니 한 남자가 옆 테이블에서 책을 읽고 있던 여자에게 말을 건 상황이었다. 자리가 가까워 어쩔 수 없이 두 사람의 대화를 들을 수밖에 없었다. 이어폰은 그대로 두고 노트북 음량을 0으로 줄였다.

남자: "○○ ○○○을(를) 좋아하시나 봐요."
여자: "네. 관심이 있어서요."
남자: "○○ ○○○이(가) 좋으시면 □□□□도 괜찮아요."

미셸 오바마와 버락 오바마 부부, 현충일 등의 화제로 대화가 이어졌다. 약 5분 후, 어색함 때문인지 시간이 다 되어서인지 여자가 먼저 일어나 발걸음을 옮겼다. 나가면서도 "이 책 정말 좋으니까 읽어보세요"라고 권하는 걸 잊지 않았다. 훌륭한 자세다. 남자는 미동 없이 물끄러미 카페 벽을 쳐다봤다. 나는 볼륨을 다시 키웠다.

새로운 친구를 만나고 싶은 사람은 서점을 찾는다. 그 친구는 책일 수도 있고 사람일 수도 있다. 특히 서점에서 '사람 친구'와의 만남을 추구하는 일이 많아졌던 시기, 팬데믹 초기의 여름이었다. 집합 금지 명령이 내려지며 사람들은 모여서 어울리지 못했다. 그 전과는 완전히 달라진 텅 빈 밤거리가 약간 낯설고 무서웠다.

2020년 9월 9일 오후 5시 40분에 사무실에서 내가 느낀 기분은 기이하기까지 했다. 어떤 동료는 휴가 중, 어떤 동료는 외근 중, 어떤 동료는 회의 중이었다. 나머지 동료는 집에 있었다. 우리 팀에서 나만 '유일하게' 자리를 지키고 있었다. 코로나19 예방을 위한 사내 조치로 순환 재택근무가 시행되고 있었기 때문이다. 전체 팀원이 절반씩 돌아가며 출근하던 때였는데, 주변에 아무도 없었던 건 그때가 처음이자 마지막이었다.

신입 MD 시절부터 나는 '세상의 흐름을 이길 수는 없다'라고 생각했다. "MD는 1을 100으로 만들 수는 있어도 0을 1로 만들 수는 없다"라고도 자주 말했다. 판매 잠재력이 있는 책을 홍보·마케팅을 통해 훨훨 팔려나가게 할 수는 있지만 팔릴 이유가지 직접 만들어내지는 못한다는 뜻이다. 개인기만으로 단독 베스트셀러를 만드는 '괴물 MD'도 있긴 하나 아주 가끔 나온다. '평범 MD'에 속하는 나는 대세만 열심히 쫓아다녔다.

   나의 대세영합주의는 거부를 허용하지 않는 최강 대세인 코로나19가 출현하며 더 굳어졌다. 2020년대가 열렸으나 과거에 상상했던 〈블레이드 러너〉 같은 미래 사회가 펼쳐지지는 않았다. 대신 사람들이 마스크 위로 눈만 내놓고 다녔다. 팬데믹이 끝나고 마스크를 벗은 한 출판사 영업자를 만났을 때 나는 몰라봤다.

   2020년을 떠올리면 모두 코로나 팬데믹만 말하지만 실은 비도 엄청나게 쏟아졌다. 물에 완전히 잠긴 한강 공원의 모습이 영화 같았다. 그해 봉준호는 〈기생충〉으로 아카데미 4관왕의 위엄을 달성했다. 백희나는 아스트리드 린드그렌상을 받았다. 이제 그 어떤 상식에도 사로잡히지 않아야겠다고 생각했다. '유일하게 확실한 건 아무것도 확실하지 않다는 사실 하나뿐이다.' 내가 2020년에 얻은 교훈이다.

   모든 것이 불분명했다. 모든 것이 변했다. 일터 풍경부터 바뀌었다. '아침에 일어나면 회사에 출근해야 한다.' 한 번도 의심하지 않았던 믿음을 수정해야 할 만큼 격변이 일어났다. 실리콘 밸리에서나 하는 줄 알았던 재택근무를 처음 해봤다. 나는 적응이 잘 안 되어서 '환경 동기화'를 했다. 업무 시작 시간에 PC 앞에 앉기 전 청소기를 꼭 돌렸다. 최대한 출근할 때와 비슷하게 입고 양말도 신고 일했다.

일하는 환경과 방식이 변화한 것처럼 책이 판매되는 양상도 크게 요동쳤다. 전년 대비 판매가 두드러지게 증가한 상품군은 네 가지였다.

첫 번째 대세는 역시 '재테크'다. 코로나19 확산에 따른 주가 대하락, 이에 대응하는 저금리 기조 유지와 유동성 확대, 벼락처럼 나타난 '벼락 거지' 프레임, 나만 정체되고 싶지 않다는 포모(FOMO) 심리 등이 복합 작용해 투자 열풍이 불었다. "나도 내 재능이 무서워. 내가 산 주식이 너무 많이 올라…. 전업 투자자로 나갈까 진지하게 고민 중이야…." 신종 농담을 즐기는 직장 동료가 하나둘 생겼다.

투자 열기가 그대로 서점으로 전달되었다. 경제/경영 MD가 바빠졌다. 재테크 분야 신작을 베스트셀러에 올린 투자·주식·부동산 전문가 저자의 연속 특강을 진행했다. 행사 이름은 '재테크 랜선특강'이었다. '재테크'와 '랜선'을 결합한, 팬데믹의 시대상을 잘 보여주는 타이틀이다. 주식 투자서와 재테크 책은 계속 폭발적 판매 고공 행진을 이어갔다. 교보문고 '실시간 베스트'의 상위 12종 중 11종이 비즈니스 분야 책이었던 적도 있다.

결국 2020년 교보문고 종합 연간 베스트셀러는 '돈', '부', '성공', '주식', '투자' 키워드의 책이 상위권을 독식했다. 1위 책은 '부와 행운의 비밀을 집대성했다'고 역설한 『더 해빙(The Having)』(수오서재)이었다. 직전 해인 2019년의 1위 책은 무엇이었나? 2020년에 판매가 가장 크게 꺾인 분야인 '여행'이 제목에 들어간 『여행의 이유』(당시 문학동네)였다. '여행에서 (집에서 하는) 재테크로'. 불과 1년 사이 세상이 얼마나 달라졌는지 극명하게 드러내는 대조다.

2020년에 왕좌에 앉은 두 번째 상품군은 '고전문학과 세계문학전집'이다. 유례없이 높은 성장을 이뤘다. 서점인의 본방 사수 프로그램이었던 tvN 지식 예능 〈요즘책방: 책 읽어드립니다〉의 영향이 컸다. 살면서 한 번은 들어봤고 읽고 싶은 마음도 있지만 시도할 엄두가 나지 않았던 교양서를 알기 쉽게 소개한다는 콘셉트가 대중의 지적 욕구와 독서 욕구를 자극했다. 특히 코로나19 현실과 겹친다는 반응을 얻은 알베르 카뮈의 『페스트』를 소개한 후에는 책이 날개 단 듯 팔려나갔다. 『페스트』 외에도 『멋진 신세계』, 『신곡』, 『데미안』, 『햄릿』, 『호밀밭의 파수꾼』, 『동물농장』과 같은 여러 '한국인이 사랑하는 고전'이 〈요즘책방〉의 도움을 받았다.

다만 단지 방송 프로그램 하나가 커다란 고전 읽기 유행을 이끌었다고 보기는 어렵다. 초유의 감염병 사태 때문에 사회가 불안에 잠겼고 개인의 내면도 흔들렸다. '불확실함'의 시대, 기왕 책을 읽는다면 오랜 세월에 걸쳐 검증이 완료된 '확실한' 책을 읽고자 하는 심리가 커졌다. 같은 돈과 시간을 쓴다면 이왕이면 본전을 보장하는 책을 선택했다. 또한 위기가 거세질수록 더욱 철저하게 자기를 관리한 성찰자들에게 고전문학은 듬직한 수양의 도구가 되어주었다.

　세 번째로 '청소년 소설'이 급성장했다. 등교는 안 해도 공부는 멈춤 없이 계속되어야 하기 때문이다. 마침 '한 학기 한 권 읽기' 확대 시행 덕분에 청소년이 읽어야 하는 책이 많아진 시기였다. 그런데 빌려서 볼 수는 없고 꼭 구매해서 봐야 하는 상황이 벌어졌다. 팬데믹 때문에 도서관이 휴관에 들어갔기 때문이다. 청소년 독자의 필독서이자 어른 독자 또한 두루 읽은 『아몬드』(당시 창비)가 2020년 교보문고 소설 분야 연간 베스트셀러 1위를 차지했다. 청소년 대상 소설로는 처음 있는 일이었다.

　끝으로 2020년과 2021년에는 '장소명이 제목에 들어간 감동 힐링 소설' 바람이 거세게 불었다. 아직 코로나가 마수를 거두지 않은 2021년에는 『달러구트 꿈 백화점』(팩토리나인)이 연간 소설 1위이자 종합 1위에 등극했다. 영미 소설 분야의 『미드나잇 라이브러리』(인플루엔셜), 그리고 다음 2022년에 종합 1위를 차지할 『불편한 편의점』(나무옆의자)도 함께 치고 올랐다. 세 소설은 백화점, 도서관, 편의점이 배경이라는 공통점이 있다. 서점, 기차역, 식당, 세탁소, 부엌 등 온갖 공간에서 펼쳐지는 소설이 잇따라 출간되었다. 하나같이 따뜻한 감성의 일러스트를 표지에 내세웠다.

　역병의 시대, 우리는 착한 이야기의 소설을 읽으며 '위로'를 구했다. 표지의 건물 그림을 보며 어렴풋이 저 안은 '안전'할 것이라고 느꼈다. 나는 연관 소설을 모아서 '나를 위로하는 공간'이라는 제목의 기획전을 열었다. 행사 도서를 추리다가 중요한 책 하나를 보고 경의를 표할 수밖에 없었다. 2012년에 나왔던 『나미야 잡화점의 기적』(현대문학)이다. 히가시노 게이고 선생님, 대체 얼마나 앞서간 것입니까….

　이처럼 삶의 리듬이 바뀌어도 사람들은 책을 읽었다. 네 상품군뿐만 아니라 온라인 채널의 전반적인 판매가 증가했다. 사회적 거리두기와 외출을 자제하는 경향의 영향으로 그 전에 비해 신간 영업과 마케팅 활동이 제한적으로 이루어진 걸 생각하면 역설이다. 일상 업무 중에는 일단 업체 미팅이 뚝 끊겼다. 모든 소통은 전화와 메일로 진행했다.

　말할 것도 없이 사인회, 강연회, 북토크와 같은 작가 만남 행사는 모두 중단되었다. 지식·문화 상품인 책은 저자의 목소리를 직접 듣는 시간의 의미가 크다. 온라인 MD에게도 오프라인 행사는 독자, 작가와 호흡하고 온·오프 마케팅 경험의 균형을 맞출 귀중한 기회다. 내가 현장에 나갔던 행사만 계산하면 2020년 1월을 마지막으로 2022년 12월까지 약 3년 가까이 대면 행사가 멈춰 섰다.

　이런 언택트 상황에 대한 대응으로 우리 서점은 '랜선 팬사인회'라는 행사를 기획했다. 코로나 시기에 유행한 여러 비대면 문화 중 하나다. 인기 저자와 유튜브 라이브로 실시간 대화를 나누고 도서를 구매한 고객에게는 친필 사인본으로 발송하는 콘셉트였다. "나는 다 계획이 있구나." 의욕적으로 행사를 준비했다.

그러나 동시에 대유행의 힘이 얼마나 센지 체감했다. 원래는 한국일보 한소범 기자가 진행을 맡고 나는 작가에게 사인할 책을 전달하고 약간의 대화도 보태면서 행사를 보조할 예정이었다. 행사 당일에 사무실 같은 층에서 확진자가 발생했다. 밀접 접촉자가 된 나는 스튜디오에 갈 수 없었다. 집에서 원격으로 지원했다.

첫 번째 랜선 팬사인회의 주인공은 신작 『밝은 밤』을 내놓은 소설가 최은영이었다. 전작 『쇼코의 미소』와 『내게 무해한 사람』(이상 문학동네)은 모두 교보문고 연말 기획 '소설가 50인이 뽑은 올해의 소설'에서 1위를 차지했다. 독자 역시 2010년대의 시대정신을 정확하게 포착한 재능 있는 젊은 작가로 최은영을 인식하고 지지를 보냈다. 다만 개그가 들어간 이야기를 좋아하는 나는 순도 100퍼센트로 진지한 최은영 작가의 두 작품을 머리로만 좋아하고 가슴으로 사랑하지는 못했다.

첫 장편소설 『밝은 밤』은 달랐다. 내 취향과 잘 맞는 작품이었다. 제한된 분량 안에 이야기를 담아야 하는 중단편과 달리 서사의 시공간을 확장한 장편의 규모감이 좋았다. 최은영식 대하소설이다. '시간'은 일제 강점기부터 현재까지 100년 동안 이어진다. '공간'은 개성, 대구, 서울, 가상 도시인 희령과 일본을 오간다. 두 축의 중심에는 '증조모-할머니-엄마-나' 4대가 있다.

그들은 모두 폭력적이거나 이중적인 남자를 만났다. 그런데 네 여성 사이의 관계 역시 순탄하지는 않았다. 오히려 주인공 지연을 가장 아프게 한 존재는 엄마다. 엄마는 힘들다고 우울증

약을 먹는 건 옳지 않다고 말한다. 욕설을 내뱉는 아빠와는 다른 방식으로 상처를 준다. 그런 엄마 역시 모친(지연의 할머니)과 절연했다. 갈등은 치유될까? 실마리는 '어깨를 내어주는 마음'에 있다. 나에게 기꺼이 의지하라고 말하는 순간 회복은 시작된다.

화해에는 용기가 필요하다. 용기를 낸 엄마는 오래 간직해 온 사진을 꺼내 책장에 올려둔다. 100년의 시간 위에 흐른 슬픔과 아픔과 사랑이 한 장의 사진에 담겨 온기로 전환되는 결말은 전율에 가까운 감동을 준다. 소설에서 접한 최고의 엔딩 중 하나다. 근현대사를 다룬 내용이 큰 비중을 차지하는 『밝은 밤』을 쓰면서 최은영은 박경리와 박완서의 소설을 참고했다고 한다. 두 대가의 작품이 그렇듯 『밝은 밤』도 몇 년 후 교과서에 실릴 것임을 예감한다. 단정하고 따뜻하고 단단한 문장이 마음에 뿌리내리는 동시대 걸작이므로.

우여곡절을 거쳐 진행된 제1회 최은영 랜선 팬사인회는 다행히 잘 마무리되었다. 라이브 판매를 열자마자 수량이 종료되었다. 작가를 모셨는데 고객 참여가 적으면 어쩌나 마음 졸이던 내 모습이 애처롭다. 겨우 30부를 준비해놓고 그런 염려를 했다니. 그 후에도 지속된 랜선 팬사인회 행사 중에는 스무 배가 넘는 판매를 올린 날도 있다.

최은영 다음으로 초대한 작가는 한강이었다. 지금 생각하면 '부커상 인터내셔널 부문 수상'과 '노벨문학상 수상' 사이 발표한 유일한 본격 소설이라는 어마어마한 타이틀을 지닌 『작별하지 않는다』(문학동네) 출간을 맞아 진행한 행사였다. 불의의 접촉으로 이탈했던 1회와 달리 기합 제대로 넣고 행사에 보탬이 되어야겠다고 다짐했다. 이번에는 내가 걸렸다. 그때만 해도 코로나 확진자는 격리되어 치료를 받아야 했다. 응급차를 타고 성남시의 한 생활치료센터에 입소했다. 미래의 노벨문학상 수상 작가의 라이브 행사를 휴대전화로 혼자 시청했다. 코로나에 맞서는 묘수로 야심 차게 기획한 행사에서 두 번 연속 코로나에 발목을 잡힌 셈이다. 역시, '대세'를 거스른다는 건 이처럼 쉽지 않다.

    이후 랜선 팬사인회는 교보문고의 시그니처 기획으로 자리 잡았다. 북토크와 사인회 같은 작가 만남 행사는 주로 서울에서 많이 열리는데 '랜선팬싸'는 어디서든 참여할 수 있어 특별하다. 지방에 거주하는데도 작가 사인본을 구매하여 기쁘다고 남긴 독자 댓글을 인상 깊게 기억한다. 코로나 위기에 대처하는 과정에서 이룬 진전인 셈이다. 시선을 세계로 넓혀봐도 2010년대까지 상상 못 했던 기술과 생활의 혁신이 팬데믹 기간에 일어났다. 마이크로소프트 CEO 사티아 나델라는 "2년 걸릴 디지털 전환이 코로나 때문에 2개월 만에 이뤄졌다"라고 말하기도 했다.

    그렇다고 밝은 면만 바라보며 '코로나 덕분에', '코로나 그까짓 거' 같은 말을 해선 안 된다. 팬데믹 때문에 얼마나 많은 사람이 아팠고 괴로워했는가. 그리고 얼마나 많은 사람이 죽었는가. 자가 검사 키트에 줄이 몇 개 뜨는지 결과를 기다리던 삶은 몇 분은 얼마나 가슴을 졸이게 했던지…. 그리고 나는 겨우(?) 확진과 격리만 겪었을 뿐이다. 동료의 격려를 받으며 업무를 재개했다. 출판사 미팅이 중단되고 마케팅은 제약되었지만 책은 계속 팔렸다. 상당 기간 이어진 사회적 거리두기를 지금 씁쓸한 웃음이라도 지으며 회고할 수 있는 사람은 결국 '살아남은 자'다.

반면 팬데믹은 약자에게는 더욱 매서운 얼굴로 다가갔다. 『우리의 상처가 미래를 바꿀 수 있을까』(동아시아)는 똑같은 위기 상황에서 더 모질게 구석에 몰렸던 '이주민, 장애인, 노동자, 아동, 여성'의 목소리에 귀 기울인 책이다. 코로나의 그늘이 특히 짙게 드리워졌던 사각지대를 비판적으로 돌아본 책은 여러 권 있었으나 재테크 책, 힐링 소설, 세계문학전집처럼 많이 읽히지는 않았다. 이해한다. 악몽에서 깬 직후에는 다시 그 꿈을 기억하기 싫은 법이다.

그러나 우리가 통과한 재난을 망각하지는 않으면 좋겠다. 코로나 팬데믹 비상사태를 벗어난 이후에도 또 다른 재난과 참사가 찾아왔다. 일상에서도 위험과 불안은 매일 반복된다. 앞으로 또 위기가 닥칠 때, 우리는 어떠한 배제도 소외도 없이 서로 연대할 수 있을까? 『밝은 밤』에 공감한 사람이라면 그럴 것이다. 그래야 할 것 같다. 밤 같은 어둠 속에서도 다른 사람을 사랑한 밝은 사람을 조명한 이야기니까.

좋은 책의 재발견을 도와주는
리커버 마케팅

『열광금지, 에바로드』, 장강명, 연합뉴스, 2014

"환희 씨. 이 표지 어때. 디자인을 예쁘게 바꾸고 새로 리커버판을 냈어."

10년 넘게 뵈었지만 아직도 나를 '환회'가 아닌 '환희'라고 부르시는 출판사 부장님이 미팅 시간에 하신 말씀이다. 역시 10년 넘게 사랑받아온 장기 스테디셀러가 곧 개정 출간된다는 소식이었다. 나는 바로 답했다.

"정말 깔끔하고 좋아요. 하지만 저는 웬만하면 정든 기존 표지를 유지하는 것이 좋더라고요."

업무에서든 삶에서든 내가 좋아하는 단어는 '효율'과 '가성비'다. 싫어하는 말은 '중복', '낭비', '동어 반복', '과도한 의미 부여' 등이 있다. '안 해도 되는 일은 안 한다. 해야 할 일은 간략하게'가 좌우명인 『빙과』(엘릭시르)의 주인공 오레키 호타로의 에너지 절약주의에 공감한다. 책도 오탈자 수정이나 잘못된 정보 정정이 아니면 정보와 요소를 최후의 최후의 최후까지 바꾸지 않는 것을 선호한다.

내가 정한 '변경 자제 항목' TOP 3의 1위는 ISBN이고 2위는 정가다. '표지'가 3위다. "오래 보아야 사랑스럽다"라는 시구도 있듯이 책도 계속 같은 얼굴로 만나면 좋지 않을까? 그러나 언젠가부터 새 표지를 입는 책이 많아졌다. 이 추세에 가장 큰 영향을 준 사람 중 한 명은, 반대 철학을 지닌 MD인 나였다.

2016년 1월이었다. 소설 분야에서 자주 협업했던 전사 마케팅 부서 P님이 기획안 하나를 보여주었다. 고전 문학의 표지를 바꿔 특별 에디션을 만드는 내용이었다. 마침 셰익스피어 타계 400주년을 맞는 해였다. 기획을 이어가 '셰익스피어 4대 비극'을 한 책으로 합쳐서 새 표지를 입히기로 했다. 론칭 시점은 4월 '세계 책의 날'로 잡았다. 적절한 일정이었다. 4월 23일이 책의 날로 정해진 건 그날이 셰익스피어와 세르반테스의 기일이기 때문이다.

민음사에 함께 만들어보자고 제안 메일을 보냈다. 『셰익스피어 4대 비극』에 더해 탄생 200주년을 맞은 샬럿 브론테의 『제인 에어』도 함께 진행하자는 회신을 받았다. 두 책을 '책의 날의 책'으로 선정하고 특별판 디자인을 시작했다. 어느덧 에디션을 선보일 날이 가까워졌다. 출시 전 내부에서는 매력 있는 디자인이라 평가했다. 하지만 처음 시도하는 기획이어서 독자와 시장은 어떻게 받아들일지 궁금했다.

두 특별판은 빠르게 매진되었다. 세련된 디자인, 민음사 세계문학전집의 강력한 브랜드, 서점과 출판사가 동시 집중한 초기 홍보 덕분이었다. 프로젝트의 이름은 '리커버:K'였다. '리커버'라는 말이 처음으로 국내 출판 시장에 데뷔한 날이었다. 이때부터 리커버, 특별판, 기념판, 한정판, 리미티드 에디션 등 다양한 타이틀 아래 표지를 바꾸는 마케팅이 익숙하게 시행되었다.

'리커버:K' 에디션이 나오기 몇 달 전인 2015년 겨울, 출판사 열린책들은 『창문 넘어 도망친 100세 노인』 '크리스마스 에디션'을 판매했다. 연말을 맞아 기존 표지의 노인 캐릭터가 산타클로스로 분장한 신선한 변주였다. 이듬해 1월에는 『이상문학상 작품집』(당시 문학사상) 출간 시기가 돌아왔다. 2012년부터 이 작품집은 작가 이상의 얼굴을 배경에 깐 전통적 디자인 대신, 대상 수상 작가의 사진을 표지에 앞세우며 변화를 주었다. 나는 이상문학상 애독자라면 예전 표지를 좋아할 것 같아서 '클래식 표지'를 씌워 판매해보자고 제안했다. 상 제정 40주년을 기념하는 표지라고 의미를 붙여 홍보했다.

표지를 바꿔서 독자와 소통하는 책은 '리커버:K' 전에도 있었다. 다만 일시적인 마케팅이었고 '이름'이 없었다. '표지갈이'와 '리커버'는 어감도 직관성도 차이가 크다. '리커버'가 공식(?) 업계 용어로 상용되면서 관련 마케팅도 활성화되었다. 나부터도 『셰익스피어 4대 비극』, 『제인 에어』 리커버판 성공에 고무되어 바로 후속편을 준비했다. 봄의 민음사에 이어 여름의 문학동네, 가을의 펭귄클래식, 겨울의 열린책들까지 세계문학 리커버의 4계절을 완성했다.

　이어서 2020년에는 '디 에센셜'을 내놓았다. 표지와 외형 변화에 중점을 둔 '리커버:K'에서 더 나아가 기획 요소를 추가해 '내용도 달라진 책'을 만들어보고자 했다. 핵심 콘셉트는 세계적인 작가의 소설과 에세이 등 다양한 분야의 대표작을 한 권에 담는 것이었다. 작가 선정, 수록작 선별, 디자인과 편집까지 모든 면에서 '새 책을 만든다는 생각으로' 접근했다. 무엇보다 국내 초역작을 수록한 점이 특별했다.

　이번에도 P님이 발의하여 프로젝트를 이끌었고, 역시 첫 협업 파트너는 민음사였다. 한 작가의 작품 세계를 한 권의 책에서 총체적으로 조망한다는 기획 의도에 맞춰 정중원 작가가 그린 하이퍼리얼리즘 초상화를 표지에 확대해 실었다. 첫 번째 책 『디 에센셜: 조지 오웰』은 2021년 서울국제도서전이 실시한 '한국에서 가장 아름다운 책 공모'에 선정되기도 했다. 이후 한국 문학과 대작 외국 문학의 합본판까지 범위를 넓혀 다채로운 문학 '디 에센셜'을 소개하고 있다.

　'디 에센셜 한국문학' 첫 번째 편의 주인공은 한강이었다. 등단 30주년을 맞은 작가의 장편소설, 단편소설, 시, 산문을 묶었다. 2년 후 한강은 노벨문학상의 영예를 안았다. 이때 한강 읽기를 처음 시작한 독자에게 다양한 분야의 글을 골고루 모은 『디 에센셜: 한강』(문학동네)은 훌륭한 입문 책이 되었다. 선물하기 좋은 책이라는 반응도 많다. 한강의 책 중 표지에 작가 얼굴을 가득 채워 강조한 단 한 권이다. 한국 최초 노벨문학상 수상 작가의 솔직한 목소리가 있는 그대로 들리는 산문을 실어 뜻깊다. 책의 탄생에 관여한 사람 중 한 명으로서 나도 뿌듯함을 느꼈다.

'리커버:K'와 '디 에센셜' 사이 공통점이 하나 보인다. 모두 고전 문학 혹은 현대의 클래식을 다뤘다. 실제 리커버:K의 최초 기획 의도는 '새 표지로 다시 읽는 고전'이었다. 오랜 세월 동안 사랑받은 고전 걸작을 현대적 감각의 새로운 표지로 다시 추천하여 오늘의 독자와 연결하려 했다. 성과가 있었다고 자평한다. 초기 리커버:K 라인업에는 살만 루슈디의 『한밤의 아이들』(문학동네)도 포함되어 있었다. 완독이 쉽지 않은 벽돌책 중의 벽돌책에 도전할 독자를 1,000명이나 늘리면서 리커버의 순기능을 제대로 보여줬다.

그러나 세상은 리커버의 의의만큼, 어쩌면 그 이상으로 판매 효과에 주목했다. 리커버 유행이 전 출판계에 확산될 때, 내가 만든 말은 아니어도 '리커버'라는 용어가 널리 확산해 흐뭇했다. 그런데 고전, 구간, 스테디셀러가 아닌 신간(!)이 표지 변경 마케팅의 중심이 되어 의외였다.

리커버 마케팅이 빠르게 인기를 끈 건 표지, 디자인, 만듦새 등 책의 물성이 독자가 책 선택 시 고려하는 중요한 요소이기 때문이다. 공급자 관점에서도 이미 한 번 베스트셀러에 올랐거나 독서가들의 추천을 받아 판매 검증을 마친 책이라면, 리커버는 독자를 다시 모을 수 있는 타율 높은 마케팅 수단이다. MD인

나도 잘 팔리는 이슈 도서가 없을 때 매출 보충을 위해 리커버판을 기획하기도 했다(팔리는 책이 없으면 팔 책을 만든다). 출판사도 마찬가지일 것이다.

결국 이 또한 출판 불황의 영향을 받은 현상이다. 증쇄 찍는 신간이 늘어나고 시장 전체의 생동감이 커지면 리커버 카드를 꺼내 들 필요성도 줄어든다. 그러나 한 권이라도 더 판매를 늘려야 하는 급박한 순간은 매일 이어진다. 최적의 마케팅 방안이 리커버밖에 없는 상황이라면 역효과와 리스크를 줄이기 위해 최대한 균형 있게 진행해야 하겠다. 나는 세 가지 원칙을 세웠다.

첫 번째 원칙은 '구간을 한 번만'이다. 나는 가급적 출간 후 3년이 지나지 않은 책은 리커버에서 제외한다. 리커버를 통한 '좋은 책의 재발견'은 신간보다는 구간 양서에 잘 어울린다. 그리고 과도한 신간 리커버는 팔리는 책만 계속 팔리게 하는 부작용을 낳는다. 베스트셀러 순위는 자연스러운 순환이 일어나야 한다. 그런데 계속 표지를 바꾸고 있는 '올드보이 신간'이(이런 말도 안 되는 단어가 있다니) 차트에 누워 있으면 그만큼 새 책이 주목받을 기회가 줄어든다. 신간 리커버의 범람은 독자에게도 피로감을 준다.

같은 책을 한 차례 이상 리커버판을 제작해 판매하는 것도 피한다. 리커버에 자주 동반되는 단어는 '특별판'이다. 좋아하는 작가의 책을 나오자마자 구매했는데 불과 석 달 만에 '특별판'이 나오면 독자는 혼란스럽지 않을까? 나아가 "어차피 곧 리커버판이 나올 것 같아서 초판은 흘려보내고 기다렸다가 리커버판을 구매했는데 또 2차 리커버판이 나오다니" 하며 허탈해하는 독자가 나오지 않으리라는 법도 없다.

결국 끝까지 버텨 '특특특특특별판'을 산 사람이나 세상에 나온 모든 판본을 다 모은 사람이 최종 승자가 될 것인가. 실제로 내용은 같은데 표지만 네 번 바꿔 에디션을 낸 책을 안다. 더 안 세서 모를 뿐 이후로 또 나왔을지도 모른다.

두 번째 원칙. 당연히 특별판은 일반판보다 멋진 만듦새여야 한다. 기존 일반판 도서의 판매를 잠시 멈추고 새 판본을 내세우는 건 간단한 일이 아니다. 이를 감수하고 리커버를 진행할 만큼 중요한 책이라면 세밀한 부분까지 공들여서 만들어야 한다. 최선을 다해 성의 있게 팔아야 한다.

언젠가는 한 외국 작가의 대표작을 단독 리커버판으로 판매하자는 출판사 제안을 받았다. 유수의 문학상을 받은 유명 작가였고 다시 한번 독자의 관심을 끌어낼 만한 타이틀이었다. 의욕적으로 준비를 시작했다. 얼마 후 출판사에서 표지 시안을 보내왔다. 기존 일반판과 비교해서 차별점이 없었다. 몇 차례 수정 시안이 오고 갔으나 디자인이 더 나아지기 어려워 보여 협의 후 진행을 취소했다. 이와 달리 초기 단계부터 디자인 콘셉트와 스토리에 관해 MD, 마케터, 디자이너가 긴밀히 소통하며 표지 작업을 진행한 경우에는 그만큼 '역대급 디자인'이 탄생할 가능성이 높아졌다. 물론 디자이너가 가장 중요한 열쇠를 쥐고 있다.

반대로 정말 멋진 결과물이 나왔는데 포장이 아쉬웠던 책도 있다. 심혈을 기울여 제품 사진을 찍고 상품 상세 이미지, 이벤트 페이지, SNS 게시글을 제작해야 독자는 그 멋짐을 인식한다. 그런데 출판사에서 직접 찍어 전달한 사진은 품질이 떨어졌다. 책의 실제 비주얼에 못 미쳤다. 아쉬운 마음에 내가 다른 업체에 추가 촬영을 의뢰해 상세 이미지를 보충했다. 이 에디션은 공개 후 반응이 좋아 금세 다 팔렸다.

마지막 원칙. 리커버 책은 빨리 판매하고 종료해야 좋다. 한정판은 본래 그런 것이니까. 대량 제작한 리커버판이 빨리 소진되지 않으면 학교를 떠나지 않고 3년마다 졸업 앨범에 실리는 공포 영화 캐릭터처럼 무서운 일이 발생한다. 미회전 재고가 남는다. 잘 나가는 신간이 아닌 '지금 잘 이야기되지 않는 뛰어난 구간을 다시 부각하기 위해' 리커버판을 만드는 시도는 아름답다. 하지만 좋은 의도가 받아들여지지 않아 책이 팔리지 않을 위험도 그만큼 크다.

'우리의 모던 클래식' 소개를 목적으로 2010년대 대표 한국 작가의 작품을 연달아 단독 리커버판으로 만들던 때였다. 작가 열 명을 추리고 추천할 작품을 하나씩 골랐다. 황정은의 『백의 그림자』(당시 민음사)로 산뜻하게 출발했다. 정유정의 『7년의 밤』(은행나무), 구병모의 『위저드 베이커리』(창비), 김영하의 『빛의 제국』(당시 문학동네) 같은 굵직한 동시대 걸작을 소장 가치 높은 표지로 단장해 무난히 완판 행진을 이어갔다. 추후 '디 에센셜' 에디션 작가로 꼽힌 한강, 김연수까지 여섯 명은 바람대로 진행한 셈이다.

　아쉽지만 한국 문학 연속 리커버는 여섯 명에서 중단했다. 남은 작가 네 명은 한정판답게 조기 매진해버릴 책을 찾지 못했다. 다만 리커버할 후보 도서를 읽는 과정에서 『열광금지, 에바로드』(연합뉴스)를 만난 것은 큰 행운이었다. 소설 담당자이면서도 존재를 잘 몰랐던 책이다. 지금은 가장 좋아하는 2010년대 한국 소설이 무엇인지 누가 물으면 『열광금지, 에바로드』라고 답한다.

　이야기의 주인공 박종현은 불우한 환경에서 성장했다. 그가 유일하게 좋아한 것이자 그를 유일하게 위로한 것은 애니메이션 〈신세기 에반게리온〉이었다. 20대 역시 낙관과 희망에서 멀리 떨어진 채로 보낸 그는 어느 날 〈에반게리온〉 공식 홈페이지에서 만화보다 더 만화 같은 공지를 본다. 2012년 〈에반게리온〉 신극장판의 세 번째 영화인 〈에반게리온: Q〉의 개봉을 맞아 제작사 스튜디오 카라가 벌인 홍보 이벤트의 안내문이었다.

　바로 '에반게리온 월드 스탬프 랠리'다. 프랑스, 미국, 일본, 중국에 차린 부스에 정해진 시기에 맞춰 방문해 스탬프를 찍으면 선물을 준다는 내용이다. 상품이 무엇인지 공개하지 않아 더욱 황당한 이벤트에 29세 청년 박종현은 도전하기로 마음먹는다. 우울했던 자신의 20대에 보내는 선물로서.

　작가가 모티프를 얻은 실화와 마찬가지로 박종현 역시 완주에 성공한다. 세계에서 단 한 명뿐인 완주자다(오덕이여 신화가 되어라). 성지순례 과정을 담은 다큐멘터리도 혼자 직접 제작한 박종현의 과거와 현재를 시사 주간지 기자인 '나'가 서술하는 방식으로 소설은 전개된다. 취재기의 형식을 취한 덕분에 사실감이 높다. 적절한 〈에반게리온〉 패러디, 진지한 표정으로 개그를 던지는 깨알 같은 주석의 사용, 속을 읽을 수 없어 현실적이고 입체적인 엉뚱한 등장인물들이 큰 웃음을 준다.

빠듯한 일정에 거액을 들여 4개국을 돌아야 하는 미션을 어떤 사람은 오타쿠의 돈과 시간 낭비라 폄하한다. 그러나 에바로드 종주는 『신들의 봉우리』(리리)에서 하부 조지가 감행한 에베레스트 남서벽 동계 무산소 단독 등반이나 『와일드』(페이지2)에서 셰릴 스트레이드가 95일에 걸쳐 4,285킬로미터를 통과한 도보 여행과 다를 바 없다. 그 끝에서 기다리는 것이 '치유'라는 점에서.

박종현도 작은 안식을 얻는다. 이를 통해 삶이 극적으로 바뀌기를 바란 것은 아니다. 그저 '자신이 좋아하는 작품이라는' 이유로 무모한 모험에 투신하는 것. 꼭 〈에반게리온〉 때문이 아니어도 내 의지대로 내 몸을 움직여 내가 하고 싶은 일을 한다는 것. 각박한 경쟁 사회에서 남과 무리가 아닌 나의 내면을 들여다보는 것. 이 모든 결정이 소중하다고 소설은 가리킨다.

작중 화자 장휘영과 소설가 장강명은 박종현의 분투기를 '곤궁한 고립 청년의 열혈 성공담'으로 다듬어 쉬이 감동을 끌어내지 않는다. 오히려 이 점이 사골처럼 진한 감동을 자아낸다. 상투적인 표현이지만 독자는 '내 이야기 같다고' 공감한다. 어쩌면 명쾌하게 해석하기 유독 어려운 〈신세기 에반게리온〉은 불확실성이 크고 기승전결이 뚜렷하지 않은 우리의 인생을 많이 닮았을지도 모른다.

책을 읽으며 꼭 리커버판을 만들고 싶다는 생각이 들었다. 〈에반게리온〉 마니아를 위시한 서브 컬처 애호가와 소설 독자 다수에게 이 책이 '더 읽혀야 할 숨은 걸작'임을 알리고 싶었다. 표지 디자인도 단박에 떠올랐다. 〈에반게리온〉 초호기의 상징색인 보라와 초록을 메인 색상으로 깔고 작품 특유의 서체로 제목을 처리하면 되겠다 싶었다. '열광금지'는 한자로, '에바로드'는 영어로 단정하게 휘갈겨서. 어디까지 티 안 나게 베끼면 저작권 침해에 안 걸리는지 알아보다가 결국 단념했다. 초판 2,000권을 다 팔 자신이 없었다. "까짓것 한번 해보죠"라고 말할 기합이 내겐 부족했다.

괜찮다. 리커버가 책을 추천하는 필수 수단은 아니다. 옵션일 뿐이다. 우선순위는 언제나 일반판에 있다. 『열광금지, 에바로드』도 오리지널 표지로 언젠가 꼭 띄워볼 계획이었다. 때가 왔다. 마침 2025년과 2026년은 〈에반게리온〉 콘텐츠를 재마케팅하기에 최적의 시기다. TV판 〈신세기 에반게리온〉 1회는 1995년 10월 4일 방영되었다. 30주년을 기념하여 다양한 기념 행사가 진행되고 있다. '월드 스탬프 랠리' 같은 충격 발표가 또 나오지는 않을지 기대 중이다. 예를 들면 『열광금지, 에바로드』 애니메이션화라든지. 그러면 이를 계기로 리커버 특별판을 만들 수 있으니까…?

할까 말까 고민될 땐 일단 안 하는

MD의 사건·사고 예방 수칙

『리틀 라이프』, 한야 야나기하라, 시공사, 2016(2015)

내가 일하는 사무실은 파티션이 없다. 격앙된 목소리로 사고 수습 통화를 하는 동료의 목소리가 가끔 귀에 와 꽂힌다. "구환회 님은 왜 절규하는 일 없이 항상 차분하세요?" 이런 말을 하는 이는 나를 잘 모르는 사람이다. 큰일난 걸 확인하면 난 소리 없는 비명을 지른 후 휴대전화를 들고 아무도 없는 회의실로 향한다. "선생님. 살려주세요"라고 읍소하기 위해서….

출판사 무제의 '듣는 소설' 시리즈 1편인 『첫 여름, 완주』의 북토크가 열렸을 때다. 예매 경쟁이 치열했다. 온라인서점마다 같은 수량이 배분된 표가 순식간에 매진되었다. "오. 역대급인데"라고 혼잣말하며 최종 구매자를 확인한 나는 혼비백산하여 비명을 질렀다.

배분받은 수량보다 많은 티켓이 팔렸다. 이대로면 선착순 100명 이후의 고객 주문은 취소 처리해야 했다. 휴대전화를 들고 아무도 없는 회의실에 들어갔다. 항상 이메일로만 소통했던 출판사 대표님에게 처음으로 개인 전화로 연락했다. 자초지종을 설명한 뒤 모든 고객이 행사에 참여할 수 있도록 배려해주실 수 있는지를 간곡히 여쭤보고 싶어 늦은 시간에 그리고 휴대전화로 죄송하지만 연락을 드렸고 어쩌고저쩌고 횡설수설했다.

알아보고 연락하겠다고 한 '박정민 대표'에게 몇 분 후 전화가 왔다. 다른 서점에 양해를 구했고 행사장 정원을 넘기지는 않아서 모든 구매자를 모셔도 된다고 했다. 사람의 목소리에도 후광이 깃든다는 걸 처음 실감했다. 그날 이후로 영화 〈타짜〉 시리즈의 최고작은 3탄이라고 내 마음 깊은 곳에 고정해놓았다. 아직 4편이 나오지 않았지만 바뀔 일은 없다.

덕분에 마포중앙도서관 마중홀을 꽉 채운 독자가 '첫 여름, 완주 출간 기념 북토크'를 행복하게 즐겼다. 지금도 이 북토크 상품 페이지에는 "안 갔으면 아쉬웠을 만큼 너무 좋았어요!"라는 독자 후기가 남아 있다. 행사 현장에서 왠지 교보문고에서 구매하고 왔다는 고객이 많다고 느꼈다면 기분 탓은 아니다.

행사는 성공리에 끝났으나 미스터리가 남았다. 왜 판매가 초과되었을까. 휴먼 오류일까. 시스템 오류일까. 이유가 무엇이든 간에 '판매 제한 오류'로 분류되는 사례다. 말 그대로 팔아도 되는 수량보다 고객 구매가 더 많이 일어나는 상황인 판매 제한 오류는 온라인서점 MD가 가장 겪기 싫어하는 시고 중 하나다. '피해야 할 3대 위험'에 속할 정도다.

저자 친필 사인본, 표지나 사양이 일반판과 다른 에디션, 부록이나 특전이 포함된 이벤트 도서는 공급받기로 출판사와 확약한 수량만큼만 팔아야 한다. 책뿐만이 아니다. 강연 티켓, 사은품 등 모든 한정 상품이 관리 대상이다. 어떤 경우이든 MD는 판매 제한을 철저하게 건다.

언젠가 한 출판사에서 탄탄한 마니아 팬이 있는 작품의 특별판을 출간했다. 출판사는 예약 판매 시작일인 '금요일'에 도서 정보를 신간 등록 부서와 MD에게 메일로 보냈다. 바로 판매가 열렸다. 직무태만 MD는 메일 확인도 안 했고 당연히 판매 제한도 걸지 않았다고 한다. 책은 '주말 내내' 신나게 팔려나갔다. 우리 서점에 배정된 수량을 훌쩍 뛰어넘어서.

월요일 아침 출근 후 실상을 파악한 나는 역시 조용히 휴대전화를 들고 아무도 없는 회의실로 향했다. 전혀 조용하지 않은 음성으로 수량을 추가해달라고 출판사 담당자에게 호소했다. 추가 배분도 추가 제작도 불가하다는 답이 돌아왔다. 결국 입금순으로 늦게 구매한 고객에게 눈물의 사과 메시지를 보내고 주문을 품절 처리했다. 엄청난 고객 항의가 쏟아졌다.

세계적 석학 애덤 그랜트는 『오리지널스』(한국경제신문)에서 때로는 미루는 것이 창의성에 더 도움이 된다고 말했다. 거래처 메일은 절대 미루지 말고 실시간으로 열어봐야 한다는 말을 개정판에 추가하길 바란다.

판매 제한 사고를 막기 위해서는 출판사의 도움 역시 절실하다. 처음 알려준 것과 정확히 같은 수량을 공급하는 일이 무엇보다 중요하다. 간혹 소통 오류가 생기거나 다른 사정이 생겨서 '이미 매진된 후인데' 최초 협의한 수량보다 적게 보내겠다고 말하는 출판사도 있다. 이럴 때는 마치 인류 멸망의 발걸음 소리가 들리는 듯하다.

그리고 한정 도서의 판매 등록을 요청하는 메일을 서점에 보낼 때 [중요], [필독], [시급], [판매제한], [한정], [꼭 읽어주세요] 같은 말머리를 제목에 넣고, 본문에는 글자 크기를 50으로 확대 후 볼드 처리한 빨간색 글씨로 판매 제한을 강조해 적어주면 좋다. 동시에 MD에게 전화를 걸어 빨리 판매 제한 걸라고 알려주면 더 좋다. 통화가 안 될 경우 MD 휴대전화로 연락해 당장 판매 제한 걸라고 호통치면 최고다.

MD를 너무 번거롭게 하는 건 아닐까? 전혀 아니다. 사고를 막을 수 있으므로 MD는 마음 깊이 고마워한다. 귀찮은데 이렇게까지 해야 하나? 그렇다. 대량 품절이 발생하면 고객이 서점에만 항의하지 않는다. 출판사에 전화하거나 소셜 미디어 계정에 글을 남기기도 한다. 작가에게 직접 항의할 때도 있다. 판매 제한 사고든 다른 사고든 클레임 방지에 너, 나 구분 없다. 사고가 발생하는 데는 10초밖에 안 걸리지만, 사고를 수습하는 데는 100일이 넘는 시간이 들기도 한다(실제로 겪은 일).

이 같은 '클레임 처리'는 MD가 매일 하는 일은 아니다. 사과 문자를 보내거나 거래처와 해결책을 논의해야 하는 수준의 업무가 매일 하는 일이 되면 큰일 난다. 매일 해야 하는 일은 고객 항의를 '예방하는' 것이다. 또한 지금은 구설수가 생기면 소셜 미디어를 타고 과거보다 몇 배 빠른 속도로 확산한다. 부득이하게 사고가 발생했다면 최대한 빠르고 정확하게 '대응해야' 한다.

'예방법과 대응법'을 자세히 설명하기에 앞서, 클레임 사례 유형을 몇 가지 더 나눠보고자 한다. 참고로 아래의 사건, 사고 모두가 내가 저지르거나 내 주위에서 일어난 일은 아니다. 타 업계나 타 업체 일도 있다. 실화를 약간 윤색한 내용도 있음을 밝힌다.

놀랍게도 '대량 품절'은 위험성 3위 정도의 사고다. 2위는 '부적절한 마케팅 메시지 작성'이다. 이벤트 페이지, 소셜 미디어 게시물, 광고 문안, 모바일 알림 등의 메시지에는 단 한 명이라도 불편함, 불쾌감, 분노를 느낄 단어나 표현, 서술이 들어가면 안 된다. 나는 이벤트 기획안을 만들거나 마케팅 문구를 짤 때 '문제 안 될까?', '무해한가?', '누군가는 기분 나빠하지 않을까?'를 계속 생각하고 동료에게도 물어본다.

특히 신중하게 다뤄야 할 사항은 다섯 가지 'ㅈ'이다. 우선 '종교, 정치, 젠더, 지역'이 주제인 책을 소개할 때 표현의 균형을 잡지 않으면 항의가 들어올 가능성이 높다. 다섯 번째 'ㅈ'은 '저자'다. 다음은 모두 가정이다. 구환회라는 사람의 『독서를 영업합니다』라는 책이 읽을 만하고 내용도 논란거리 없이 무해해서 'ㄱ서점' 직원 'A'의 눈에 띈 상황이다. A는 추천하는 글과 함께

『독서를 영업합니다』를 크게 노출한다. 그런데 알고 보니 책 내용과 다르게 구환회는 평소에도 인성 불량으로 유명했으며 최근 심각한 사회적 물의까지 빚은 자였다. 독자는 왜 하필 이런 저자의 책을 추천하느냐고 비판할지도 모른다(다시 한번 말하지만 가정이다).

하나의 'ㅈ'을 덧붙인다면 '저작권' 확인 역시 중요하다. 정확히 부르자면 '지식재산권'이며, 이 외에도 필수 법적·제도적 요건을 분명하게 숙지해야 한다. 예를 들어 대형 스포츠 이벤트 개막이 다가오면 커머스 업체는 대응 프로모션을 기획하기 마련이다. 이때 '올림픽'이나 '월드컵' 같은 단어는 사용하면 안 된다. 대회명, 로고 등은 상표권으로 보호받으며 공식 스폰서십 계약을 맺은 기업, 단체만 마케팅에 사용이 허용된다. 뉴스 등 보도 목적이 아닌 TV 예능 프로그램이 '올○픽'이나 '월드○'이라고 돌려서 언급하는 이유다.

단순히 글로 표기만 해도 문제가 되는데 사진을 무단 사용하면 안 되는 것은 물론이다. 한 출판사가 연예인 사진을 넣은 이벤트 페이지를 보내온 적이 있다. 이미지 파일을 처음 봤을 때 삼도천을 건너는 뱃사공의 노 젓는 소리가 들리는 듯했다. 허락받지 않은 상업적 용도의 사용이므로 '초상권', '퍼블리시티권' 위반에 해당한다. 누군가 촬영한 작업물인 사진을 사용했으므로 '저작권' 위반까지 추가될 수도 있다. 공인, 연예인 사진으로 카드뉴스를 만들어 책을 알리는 콘텐츠 마케팅도 위험하다.

책 본문의 사용도 간과하기 쉬운 부분이다. 소설이든 시든 '단 한 문장도' 저작권자의 허락 없이 수익 창출이 목적인 행위에 사용되어서는 안 된다. 노래 가사를 잘못 쓰면 배상금을 내야 하는 것과 같다. 해당 책을 홍보하는 이벤트 페이지가 아닌 연관성이 없는 기획에 사용하거나 인용 분량이 많을 때 사전 허락을 반드시 받아야 한다.

3위 '판매 제한', 2위 '마케팅 메시지'를 합친 것만큼이나 중대함이 큰 관리 요소 1위는 단연 '고객 개인 정보'다. MD라면 누구나 인쇄 오류 등의 문제가 생겨 책을 일괄 교환해야 하는 일을 가끔 겪는다. 어떤 출판사 담당자는 내게 "구매 고객의 이름, 주소, 전화번호를 전달해주면 연락을 드려 사과한 후 직접 교환을 처리하겠다"라고 메일을 보냈다. 최선을 다해 CS를 처리하겠다는 선의의 제안이었다. 그러나 순간 나는 지옥의 문을 지키는 머리 셋 달린 개의 숨소리가 들리는 듯했다. 고객의 개인정보는 '반드시 고객의 동의를 얻은 다음' 출판사 등 외부 업체에 전달할 수 있다. 도서 구매자, 이벤트 당첨자, 오프라인 행사 참여자 등 어떤 유형이든 마찬가지다.

드라마 〈이상한 변호사 우영우〉에는 해킹에 따른 개인정보 유출 사건 때문에 법정에 선 뒤 억울함을 호소하며 청산가리를 삼킨 온라인 쇼핑몰 CEO 이야기가 나온다. 이처럼 불안전한 개인정보 취급은 치명적 사태로 이어질 수 있다. 개인정보를 다룰 때는 다른 업무는 모두 멈추고 조심 또 조심해야 한다.

마지막으로 'TOP 3' 요소는 아니나 기본 중 기본에 해당하는 일을 추가한다. MD는 추천의 '적합성, 맥락, 설득력' 확보를 위해 노력한다. 단적인 예로 건강 기능 식품이나 의약품 마케팅에는 굉장히 까다로운 광고 기준이 적용된다. 고객의 건강, 나아가 수명까지도 관련 있는 제품이므로 허위나 과장이 들어가면 안 되기 때문이다. 건강 분야 '책'도 같다. 건강 상식과 배치되는 내용을 과도한 확신을 담아 주장하는 책이 있다면 노출과 홍보에 주의해야 한다.

문학, 인문 등 단행본 분야의 책 또한 적절하지 않은 추천은 리스크로 연결된다. 한번은 큰 기대를 모은 신작이 나왔다. 저자의 유명세, 수상 이력, 예상 판매량 모두 화려했다. '오늘의 책'에 올리려고 메모했다. 내용이 너무 잔인해 보여서 점검 차 꼼꼼히 읽어보았다. 끝까지 읽기 힘들었고, 유해성이 크다고 판단했다. 결국 오늘의 책 후보에서 제외했고, 노출과 홍보도 하지 않았으며, 기본 재고 관리만 했다. 얼마 후 그 책은 청소년 유해간행물로 지정되었다.

내용이 해롭지는 않지만 책을 조심스럽게 추천해야 하는 경우도 있다. 내게는 『리틀 라이프』(시공사)가 그랬다. 스포일러를 감수하고라도 상세하게 줄거리를 파악하고 다른 독자의 반응을 살핀 뒤 읽을지 말지 결정하는 것이 좋은 책이다. 어떤 내용인 줄 모르고 읽었다가 포기하는 사람도 있다. 나는 소설의 '괴로움 지수'를 정할 때 『리틀 라이프』를 100으로 두고 비교하여 매긴다.

친구에게라면 이 책을 "야 그거 멘털 다 털릴 수 있으니 잘 생각하고 봐라"라고 솔직하게 설명하겠으나, 고객에게는 어떻게 소개할지 확신이 안 든다. 수위 높은 웹소설, 웹툰은 이 작품에는 트라우마를 유발할 수 있는 내용이 포함되어 있으니 유의하라고 안내하고 시작한다. 책도 비슷한 경고 문구를 책 소개 상단에 표기하는 건 어떨까. 실제 이 정도 주의를 추가하지는 않았지만 '역주행 화제작', '필독서'와 같은 수식어를 붙여 『리틀 라이프』를 홍보하는 건 삼가고 있다.

영아였을 때 버려져 쓰레기 더미에서 발견된 주인공 주드. 고난과 학대의 나날을 거쳐 기적처럼 대학에 입학하고 기숙사에 도착한다. 전 재산을 가방 하나에 모두 넣어 온 자신처럼 빈털터리인 친구도 있고, 반대로 가지지 않은 것이 없어 보이는 친구도 있다. 인생에서 처음으로 평범한 각양각색의 사람을 만나며 교류라는 것을 시작한다. 대학을 졸업하고 세상에 나가는 주드는 아픔을 치유하고 남 같은 행복을 맛볼 수 있을까? 예상은 비관적이다.

책을 읽으며 〈첩혈속집〉이 떠올랐다. 영화에서 주윤발은 병원에서 총격전을 벌이기에 앞서 신생아실의 모든 아기의 귀를 솜으로 막아준다. 총소리에 놀라지 않고 청력이 상하지 않도록. 이처럼 허구인 이야기 속이어도 인간에 대한 예의가 필요하다. 아무리 창작이라고 할지라도 한 사람의 인생을 가혹한 수난으로만 채운 작품은 경계하는 편이다.

『리틀 라이프』가 윤리적으로 옳은 작품인지 고민이 많았다. 옹호할지 말지 결정 내리는 것도 어려웠다. 지금은 '우호적 중립'에 가깝다. 2015년 부커상 최종 후보에 오른 이력의 영향이 컸다. 그리고 분명 고통스러운 책이기는 하나, 읽기를 지속하게 하는 아름다움 또한 들어 있다.
　주드도, 주드를 돕는 주변 인물도 투명할 정도로 순수하다. 제목을 『주드와 순수한 사람들』이라고 바꿔도 어울리겠다고 생각한다. 그들이 완벽한 존재라는 뜻은 아니다. 각자 연약하고 약점이 있다. 너무 감정에 솔직해서 쉽게 허물어지기도 한다. 그러나 모두의 내면은 진심으로 가득 차 있다. 『리틀 라이프』를 좋아하는 사람도, 싫어하는 사람도, 끝까지 읽은 사람도, 도중에 멈춘 사람도 있을 것이다. 각자 다른 견해로 책을 변호하거나 비판할 것이다. 하지만 한 가지 사실에는 모두 공감할 것 같다. '세상에는 천사, 악마, 인간이 있고 그들은 서로 삶의 일부를 공유하며 살아간다.' 이 사실을 『리틀 라이프』는 일깨운다. '추천할 책을 고르는 일'과 '추천 문구를 작성하는 일' 모두 조심스럽게 그리고 성의를 다해 임해야 한다는 사실과 함께.
　서점이든 출판사든 고객을 상대하는 모든 회사는 마케팅 활동 중에 발생하는 사고 사례를 수집하고 체계화해서 대응안을 만들 필요가 있다. 단, 매뉴얼 작성은 완료가 아닌 시작일 뿐이다. 오가작통법으로 마을의 치안을 다스린 선조의 지혜를 빌려 동료끼리 서로의 일을 크로스 체크하며 안전제일의 업무 내재화를 이뤄야 한다.

피곤할수록 판단력이 흐려져 실수할 확률도 높아진다. 조직 차원에서 업무를 적절하게 배분하고 팀원의 컨디션을 관리하는 건 사건, 사고를 차단하는 핵심 조치 중 하나다. 시스템 개선도 필요하다. 휴먼이 다 할 수는 없다. 인공지능의 도움도 받자. 돈 좀 들어도 기술의 힘을 적극 빌리는 것이 남는 장사다.

예방을 위해 모든 사항을 꼼꼼하게 체크했는데도 돌발 상황이 벌어지기도 한다. 예를 들면 팬데믹 시기에 작가 만남 행사가 갑자기 취소되기도 했다. 이처럼 천재지변이나 불가항력 사유로 인한 일이든, 내게 귀책 사유가 있는 일이든 불편을 겪은 고객에게 사과·양해 메시지를 보내는 건 MD의 주요 업무 중 하나다.

나는 지금까지 동료가 쓴 사과문을 많이 첨삭해주었다. '노벨 사과문상' 같은 것이 있다면 영국 도박업체가 나를 유력 후보로 올렸을 것이다. 그만큼 긴 MD 생활에 걸쳐 사과문을 많이 써봤기 때문이다. 이 말이 뜻하는 것은 즉…(더 말하면 괴로우므로 생략).

자신의 담당 분야가 있고 마케팅 결과물을 세상에 공개하는 MD의 일은 언뜻 화려해 보이기도 한다. 그러나 겉으로 드러나는 일이 전부가 아니다. 고객이 감정과 금전과 시간의 손해를 입지 않도록 보이지 않는 곳에서 통제해야 하는 일이 많다. 간혹 사고가 나면 수습을 위해 전전긍긍하며 잠을 못 이룰 때도 있다.

"할까 말까 할 때는 해라." 새로운 시도와 도전을 마주하면 일단 응하라는 뜻이다. 동의한다. 반면 리스크 차단에 있어서는 조금이라도 불확실하다면 나는 "하지 마라"를 택한다. 안전하다는 확신이 들어야만 실행한다.

'위험 최소화 법칙'을 금과옥조처럼 따르는 세 가지 이유. 우선 겁이 많아서다. 사고가 나면 수습이 힘들어서다. 나 중심의 사고를 내려놓고 생각하면, 고객이 피해 겪는 일이 적으면 적을수록 좋은 것이 당연하기 때문이다.

알고 보면 재미있고
2억 원도 아껴주는 독서의 쓸모

『링컨 차를 타는 변호사』, 마이클 코넬리, 알에이치코리아, 2015(2005)

매일 책과 글을 읽는 온라인서점 MD는 글도 수시로 쓴다. 책을 소개하는 글, 광고 메시지의 문구, 거래처에 보내는 메일, 이벤트의 제목과 카피 등. 모든 MD가 그렇듯 나도 모든 글을 간결하고 정확하게 쓰고 싶다. 특히 내 포트폴리오나 다름없는 이벤트 페이지 속 마케팅 문구는 최대한 좋은 감각으로 적기를 원한다. 그러나 '카피 쓰기'는 가장 어려운 일 중 하나이다. 개발자가 가장 힘들어하는 일도 네이밍, 즉 이름 짓기라고 한다.

이벤트의 콘셉트와 내용은 다 정했는데 최상단에 올릴 행사명과 소개 글을 정하지 못해 고민할 때가 많다. 하루는 회사 앞 인도로 나가 머리를 쥐어짜며 서성이는 나를 보고 "너 뭐 하냐?"라고 물은 사람도 있다. 번뜩이는 센스로 완벽한 카피를 일필휘지로 써 내려가는 비결은 무엇인가? 오래 궁리한 끝에 두 가지 결론을 얻었다. 하나는 갈고닦은 언어 감각과 세상에 대한 호기심이다. 또 하나는 잘 베끼는 기술이다.

나는 일상에서 웃기거나 멋진 언어 사용이 눈에 띄면 전화기 메모장에 적어놓는다(지금 열어보니 '출근길 9호선 급행에 앉아 가는 기분', '트렌드 셔터', '인간 혐오 걸릴 지경' 같은 정체 모를 말들이 저장되어 있다). 그리고 나중에 적당히 수정, 편집해서 쓴다. 야비한 표절 아니냐고? 전문 카피라이터도 아닌데 순수 창작에 집착할 필요는 없다. 모든 마케터가 인기 유행어를 살짝 틀어서 사용한다. 드라마 〈SKY 캐슬〉 시청률이 매회 지붕을 뚫을 당시에는 '~하셔야 합니다', '~을 들이십시오' 표현이 들어간 광고가 페이스북에 너무 많이 떠서 지겨울 정도였다.

좋은 카피만이 아니라 나쁜 카피도 틈틈이 메모한다. 표현상으로는 문제없지만 너무 많이 사용되어서 진부한 피해야 할 카피를 모은다. 예를 들면, 나는 '우리가 사랑한 ○○'이라는 문구는 절대 쓰지 않는다(다만 '○○부터 □□까지 △△△한 ◇◇◇을 ▽▽하세요' 구성은 템플릿처럼 자주 소환하기는 한다). 언젠가 '절대 쓰지 말아야 할 표현'으로 추가한 카피가 있다. '넷플릭스보다 재미있는 책', '유튜브보다 시간 훅 가는 책'이다. OTT, 동영상, 엔터테인먼트 콘텐츠와 비교해 책의 우월성을 강조하는 표현은 삼간다.

특정 기업의 상호가 들어가기 때문인가? 넷플릭스가 교보문고의 경쟁사이기 때문인가? 실제 책이 넷플릭스보다 재미없기 때문인가? 모두 아니다. 사람들이 책은 넷플릭스보다 재미없다고 '생각하기' 때문이다. 언제나 고객은 옳다. 고객이 그렇다고 하면 MD든 작가든 편집자든 맞춰서 일해야 한다.

　나도 MD로 일한 처음 몇 년 동안은 책이 넷플릭스뿐 아니라 그 무엇보다 재미있을지 모른다고 생각했다. 학생 시절 집, 학교, 도서관만 왕복했기 때문인지 사회생활을 시작한 뒤에도 집, 회사, 카페에서 책만 보고 일만 했다. 사람도 잘 안 만나고 최신 유행이라는 건 전혀 몰랐다. 〈아바타〉도 안 봤고, 크리스토퍼 놀란 영화를 극장에서 본 적이 한 번도 없다. 마블 영화는 〈블랙 팬서〉, DC 영화는 〈조커〉 딱 하나만 봤다. 음악도 잘 안 들어서 〈썸〉을 모른다고 했다가 인터넷 안 터지는 원양어선 타다 왔냐는 말을 듣기도 했다(〈썸〉은 2014년 멜론 '연간' 1위 곡이다). 이 밖에도 내가 한 번도 안 본 것 리스트에는 깜짝 놀랄 이름이 많다.

　세상에 눈과 귀를 닫고 책만 본 MD. 100점이 아니라 빵점 MD다. 고객이 좋아하고 관심 있어 하는 것을 모르면서 어떻게 고객에게 책을 팔고 마케팅할 생각을 했는지 모르겠다. 한동안 나는 '책만 아는 바보'였다. 그러나 사람은 변한다. 나도 바뀌었다.

　첫 번째 변화의 계기는 2018년 방송된 음악 예능 〈프로듀스 48〉이었다. 너무 재미있어서 매일 봤다. 본방은 당연히 알람 맞춰놓고 챙겼다. 본방이 끝나자마자 바로 시작되는 재방을 틀어놓고 잠이 들었다. 케이블 채널의 특성상 같은 프로그램이 매일 재방송되었는데 집에 있을 때는 채널을 엠넷으로 고정해놓았다. 출퇴근길 통근 버스 안에서는 모든 참가자의 자기소개, 직캠 등 개인 영상을 빠짐없이 예복습했다.

〈프로듀스 48〉은 문화 원시인인 내게는 규칙이 굉장히 복잡했다. 그러나 시청을 포기하지는 않아도 될 적당한 난도를 유지했다. 여기에 눈을 떼지 못하게 하는 악마성이 촘촘하게 삽입되어 있었다. '어떻게 하면 대중의 관심을 붙잡을 수 있는가?'에 대한 백과사전 같은 프로그램이라고 느꼈다. 역시 방송국 사람들은 일반인과 다른 도사님들이구나 경외감까지 들었다.

자연스레 가지를 뻗쳐 다른 예능 프로그램도 보게 되었다. 내가 생각해도 웃긴 말인데 TV, 유튜브, OTT의 위력을 뒤늦게 실감했다. '세상에 이렇게 재미있는 즐길 거리가 쌓여 있는데 왜 사람들은 책을 읽는 거지?' 이 생각이 문득 머리를 스쳤다. 우리 서점 초기 화면에 백기를 올려야 하는 건가 회의도 들었다(책은 이제 항복하겠습니다). 책 말고도 재미있는 것이 이렇게 많은데 책을 읽어주시는, 그것도 도서관에서 빌려서가 아니라 서점에서 돈을 지불하고 구매하는 독자에게 큰절이라도 올리고 싶었다. 이 생각은 지금도 변함없다.

동시에 한 가지 의문도 피어올랐다. 『나를 찾아줘』(푸른숲), 『13.67』(한스미디어), 『잘린 머리처럼 불길한 것』(비채) 같은 소설은 정말 환상적으로 재미있다. 이런 책이 주는 재미는 어떻게 설명해야 할까? 분명 책에는 재미가 들어 있는데 왜 대중은 책이 재미없다고 여길까? 책의 재미는 TV·유튜브·넷플릭스의 재미와 무엇이 다를까? 질문의 해답은 몇 년 후 수강한 지식 콘퍼런스에서 찾을 수 있었다.

2020년 6월 한국출판문화산업진흥원은 '포스트 코로나 시대, 출판산업의 전략'이라는 이름의 웹 콘퍼런스를 개최했다. 발제자 중 박현영 다음소프트 생활변화관측소 소장은 '빅데이터로 살펴본 독서소비문화의 변화'를 주제로 현실을 진단했다. 〈프로듀스 48〉에 이어 책과 세상을 바라보는 나의 관점을 바꾼 두 번째 계기가 된 시간이었다.

　당시는 코로나19라는 사상 초유의 충격을 맞아 전 세계인의 일상이 크게 흔들린 시기였다. 그래도 '적응의 동물'인 인간은 중단 없이 친목을 시도했다. 소셜 미디어에서 유행한 여러 챌린지가 증거다. '북커버챌린지'도 큰 인기를 끌었다. 책의 내용은 언급하지 않고 표지 사진만 올리는 방식이어서 누구나 쉽게 참여할 수 있었다. 발제자는 여러 독서가의 호기심을 자아낸 이 유행에서 발견된 재미있는 현상을 하나 소개했다.

　'북커버챌린지'라는 말과 함께 검색된 단어 중에는 '명상', '운동', '글쓰기' 같은 자기 관리, 자기 성찰과 연관된 키워드가 많았다는 것이다. 이는 대중이 독서를 '나의 발전을 도와주는 행위'로 인식한다는 사실을 증명한다. 아무리 재미있고 오락적인 '책'을 읽는다고 해도 주위 사람은 고상하고 지적인 취미 활동을 한다고 생각한다.

　즉, 가장 대중적인 책과 가장 학구적인 넷플릭스 다큐멘터리 중 후자가 더 재미있을 것이라 느낀다. 넷플릭스와 책은 다른 영역에 속한다. 노는 물이 다르다. 같은 '콘텐츠' 상품이 아니다.

'넷플릭스보다 더 재미있는 책'이라는 카피를, 과욕을 부려서든 실수로든 쓰면 안 되는 이유다. 책으로 엔터테인먼트 영역에서 예능, OTT와 경쟁할 생각을 했다니 내가 잘못했다. 큰 실수를 할 뻔했다.

그러나 책도 희망이 있다. 많은 전략 이론서와 자기계발서는 약점을 보완하기보다는 강점을 극대화하라고 말한다. 독서의 엄청난 강점과 우월성 또한 박현영의 강연에서 드러났다. 단돈 1만 5,000원만 내면(혹은 도서관에서 빌리면 무료로) 건강을 지키고 자기 수양을 할 수 있다니 독서는 '가성비' 최고의 취미 활동이다. 가장 학구적인 넷플릭스 다큐멘터리보다 가장 오락적인 책이 '성장'에 더 큰 도움을 준다고 사람들은 '느낀다'. 이 오묘한 오해와 독서 효능감에 주목하여 출판 관계자는 책을 만들고 팔고 독서 정책을 세워야 한다.

예를 들면 최근 몇 년 '저속노화' 열풍을 일으킨 노년내과 의사이자 베스트셀러 저자인 정희원은 현대인에게는 '꿀잼'보다 '노잼'이 필요하다고 말했다. 노화를 늦추고 건강을 지키는 삶을 사는 데 있어 식단, 운동만큼 마음 관리가 중요하기 때문이다. 그는 이른바 '노잼' 활동이라 여겨지는 독서, 명상, 글쓰기, 공부가 스트레스를 줄이고 뇌 건강을 지켜준다고 주장한다. '디지털 디톡스'와도 연결되는 말이다.

누군가는 '그걸 누가 모르나. 어렸을 때부터 귀가 닳게 들은 말이다'라고 생각할 것이다. 원래 옳은 말은 공감을 얻기 힘들다. 그래서 충격파를 살짝 가미한 문학적 과장이 필요하다. 다시 정희원의 표현을 빌리면 몸 관리를 잘하는 것은 '20억 원'을 아끼는 경제적 효과가 있다고 한다. 쉽게 생각해도 병원비, 약제비, 간병비가 안 들어간다. 독서 역시 건강한 일상의 영위를 도와주므로, 열심히 책을 읽으면 20억까지는 아니더라도 2억 정도는 아낄 수 있다고 말해도 되지 않을까? 오늘 밤 술 약속 취소하고 책 읽으면 돈 버는 것이다.

"독서는 다이어트다"라는 말이 있다. 내가 만든 말이다. 둘 다 해야지 해야지 생각은 하지만 실천은 잘 안 하게 된다는 점에서 비슷하다. 성공하면 당연히 기쁘고, 노력하고 시도하는 것만으로도 뿌듯하다. 중압감이 느껴지므로 이 카피를 실제 마케팅에서 쓴 적은 없지만, '독서하면 2억 이득'이란 메시지는 꼭 사용해보고 싶다. '독서하면 2억 이득'까지는 글꼴 크기 100으로 쓰고, 바로 뒤에 '(될 수도 있음)'이라는 말을 글꼴 크기 1로 작게 추가해서.

그러나 안타깝게도 '독서-건강-2억'의 연결 고리를 끊어놓는 강력한 훼방꾼이 출현했다. 정희원이 '운동·독서·명상'과 대비되게 도파민 분비를 촉진하고 뇌를 지치게 한다고 경고한 '숏폼'이다. 공감하지만 개인의 노력만으로 숏폼을 끊거나 줄이는 건 불가능에 가깝다. 지구에서 가장 똑똑한 사람들이 숏폼과 동영상과 OTT 서비스를 운영한다. 넷플릭스 창업자 리드 헤이스팅스는 "우리의 경쟁 상대는 인간의 수면 시간"이라고 말했을 정도다. 제발 잠 좀 재워가며 장사하자.

거대 기술 기업의 무차별적 공세 앞에서 독서 산업의 취약성이 고스란히 노출되고 있다. 숏폼 시청은 이미 우리 일상에 깊이 자리 잡았다. 해악과 부작용을 예방할 실효성 있는 대응책을 찾기 위해서는 많은 고민과 지면이 필요하다.

다만 '숏폼은 곧 나쁜 콘텐츠'라고 생각하는 것은 경계해야 한다. 나도 정희원의 주장을 쇼츠로 자주 보고 배움을 얻기도 했다. 책이라고 모두 좋은 콘텐츠는 아닌 것과 같다. 책과 숏폼(동영상)은 각자 다른 재미와 효용이 있다. 시간, 장소, 상황에 따라 적합하게 즐기면 될 것이다.

예를 들어 사람으로 꽉 찬 출근 시간 9호선 급행열차에 겨우 몸을 끼워 넣은 채로 『단테의 신곡(합본판)』(열린책들)이나 『총, 균, 쇠』(김영사), 『코스모스』(사이언스북스) 같은 벽돌책을 읽는 것은 있어서는 안 될 일이다. 단테도 이 꼴을 보면 혀를 찰 것이다. 어떻게든 책을 손에 쥐고 보려면 묘기를 부려야 하고 육중한 양장본 모서리에 옆 사람 머리가 찍히면 손해배상을 해야 할지도 모른다. 한 손이라도 자유롭다면 스마트폰을 붙잡고 숏폼이나 인터넷을 즐기는 것이 낫다. 꼭 독서하고 싶다면 스마트폰으로 전자책을 읽을 수도 있다! 그리고 힘겨운 하루가 지나고 퇴근길에 올랐다. 이미 녹초가 된 나의 뇌에 어떤 정보든 추가로 더 들여보낼 여유가 없다면? 영상 보고 커뮤니티 게시글 보며 웃고 스트레스 푸는 것도 훌륭한 선택이다.

20년 전만 해도 콘텐츠가 다양하지 않아 사람들은 책을 자주 읽었다. 지금은 즐길 거리가 너무 많다. 재미있는 것이 많다는 사실 자체는 긍정할 일이다. 독서의 입지가 축소된 건 아쉽지만 과거로 돌아가자거나 영상과 인터넷 서비스를 법으로 규제하자고 말해선 안 된다. 서로 침범하지 않는 책과 영상 고유의 영역을 인정하되 '책과 읽기'만의 강점을 극대화할 방법을 찾아야 한다.

비유하면 책은 토마토이고 영상은 수박이다. 둘 다 맛있으나 그 맛은 서로 다르다. 책은 '성장'의 맛이 강하고 영상은 '재미'의 맛이 강하다. 독서는 '나를 건강하게 만들고 성장하게 하는 가장 손쉬운 방법'이다. 이처럼 귀중한 책의 장점이 있는데도 잘 꿰어 독자에게 내세우지 못했다고 생각하니 영업자로서 '위기'와 '불황'이라는 말을 입에 담는 것이 송구할 정도이다. 동시에 출판의 밝은 미래를 느낀다. 모든 사람은 본능적으로 '더 나은 나'가 되기를 원(하고 2억 원도 벌기를 원)한다. 그러니 독서는 중단되지 않는다.

이쯤에서 적절히 글을 맺어도 되겠지만 그러자니 왠지 원통(?)하다. 자세를 한껏 낮춰 '책은 재미없다'는 전제를 깔고 글을 이어갔으나 이건 '인식'의 문제이지 '사실'은 아니다. 시간 가는 줄 모르고 읽게 되는 재미있는 책이 너무 많다. 내가 담당한 소설 분야는 더욱 그렇다. 이를 어여삐 여겨 매우 긴 추신이자 역대급 '꿀잼' 소설(정희원이 경계하라고 말한 '꿀잼'과 다름 주의) 추천 글을 덧붙인다.

'미국적이고, 미국인이 사랑하며, 미국에서만 일어나는 이야기를 쓰는 작가' 마이클 코넬리는 범죄 전문 기자로 일한 경력을 살려 쓴 데뷔작 『블랙 에코』(알에이치코리아)로 장대히 펼쳐지는 스타 작가의 긴 여정을 시작한다. 이후 30년 넘게 흥행 중인 '해리 보슈 시리즈'는 향락과 타락의 도시 LA의 치안을 책임지는 형사 해리 보슈의 활약과 고난을 그린다.

보슈의 이복동생을 내세운 파생 시리즈 '변호사 미키 할러 시리즈'는 다소 결이 다르다. 형과 동생은 범죄와 가까운 곳에서 일한다는 공통점이 있다. 그러나 우직하고 정의를 좇는 형과 달리 동생은 돈만 아는 속물 변호사이다. 그래서 더 웃긴다. 그가 가장 두려워하는 건 결백하고 죄가 없는 의뢰인의 사건을 맡는 것이다. 형량 거래를 할 수 없으니 돈이 안 되기 때문이다.

미키 할러는 오늘도 수단과 방법을 가리지 않고 합법과 불법의 경계에서 아슬아슬하게 곡예를 부리며 승승장구 중이다. 위기는 갑자기 들이닥친다. '적당히' 타락한 듯 보였고 그래서 이상적이라 여겼던 의뢰인 루이스 룰레가 실제로는 '완전' 타락한 악마였기 때문이다. 천방지축 변호사, 까불다가 된통 잘못 걸렸다.

그래도 미키 할러는 변호사의 책임을 다해 사건을 승소로 이끌기 위해 발버둥 친다. 동시에 룰레가 가하는 전방위적 위협에서 벗어나야 한다. 거액을 챙기는 것도 물론 놓칠 수 없다. 불가능해 보이는 세 가지 임무를 모두 완수할 수 있을까? 흥미로운 할리우드식 엔터테인먼트 소설 정도라고 느낀 도입부를 지나

치열한 법정 다툼이 벌어지는 후반부로 질주할 때, 긴장감이 너무 커 손을 덜덜 떨면서 책장을 넘겼다. 이렇게 재미있는 소설을 먼저 읽었으면서도 아직 나에게 추천하지 않은 사람들을 속으로 저주했다.

한번 손에 쥐면 도저히 끝까지 놓기 힘든 극상의 몰입도를 지닌 명품 스릴러. 매슈 매코너헤이가 주연을 맡은 동명의 '영화'도 엄청난 히트를 기록했다. 잠깐! 짚고 넘어가야 한다. 책보다 훨씬 크다고 한 영상의 재미는 사실 책에 큰 빚을 지고 있는 것 아닌가? 아마존 OTT 서비스인 프라임 비디오의 터줏대감 콘텐츠 〈보슈〉 역시 '해리 보슈 시리즈'가 원작이다. 〈해리 포터〉, 〈반지의 제왕〉, 〈대부〉 모두 소설 덕분에 영화관에 걸렸다. 꼭 원작의 영상화 사례가 아니어도 지금까지 문학은 수많은 영화, 드라마에 상상력을 흘려보낸 원천으로 존재했다. 온라인서점 초기화면에 백기를 올릴 필요는 앞으로도 없을 듯하다.

좋은 베스트, 나쁜 베스트, 이상한 베스트

『나미야 잡화점의 기적』, 히가시노 게이고, 현대문학, 2012(2012)

저서를 여럿 보유한 작가가 라디오에 출연해 최근 낸 신작을 소개했다. 그는 책이 '전체 1위'에 올랐다는 말을 강조했다. 매일 아침 8시 30분, 온라인서점 베스트셀러를 꼼꼼하게 확인하는 나는 알고 있었다. 그 책이 1위에 올랐던 날은 단 하루밖에 없다는 것을…. 그러나 틀린 말은 아니다. '일간' 1위는 1위다. 일생에 한 번 경험하기 힘든 일이다. '베스트셀러' 그것도 '1위'라는 강력한 홍보 요소가 생겼다면 당연히 활용해야 한다. 저자는 오래 공들여 쓴 책을 최대한 많은 사람에게 전파할 의무와 권리가 있다. 저자도 MD도 출판사 직원도 매일 베스트셀러의 꿈을 꾼다.

베스트셀러가 베스트셀러인 이유는 베스트셀러이기 때문이다. 베스트셀러라는 타이틀은 책을 더 '베스트'하게 '셀링'되게 만든다. 높은 순위를 보고 독자가 책을 사면 책의 순위는 더 높아진다. 효율 높은 눈덩이 효과이자 최고의 영구 기관이다(다만 후

술할 '나쁜 베스트셀러'에 해당하는 책이라면 효과는 길게 지속하지 않는다).

따라서 중요한 신간이 나오면 온라인서점 MD는 일간 1위 공략부터 시작한다. 문자, 앱 푸시 메시지를 보내 판매 첫날 순위를 최대한 높게 올린다. 한번 상승한 판매와 순위가 급락하지 않고 유지되도록 다음 날에도 관리한다.

눈치 싸움(?)도 필요하다. 온라인서점 주문량은 월요일이 높고 뒤로 갈수록 낮아진다. 쉽게 말해 같은 판매량이면 주초보다는 주말 순위가 더 높다. 일요일에 홍보 화력을 집중해서 1위를 만들어놓고, 월요일에 서점에 방문한 독자가 순위표를 보게 하는 전략도 주효하다. 만약 초대형 신작이 내일모레 예약 판매를 시작한다면? '일일천하'라도 거머쥐기 위해서는 오늘 당장, 늦어도 내일까지는 타깃 메시지 발송을 마쳐야 한다.

천신만고 끝에 한번 1위를 찍으면 바로 해야 할 일은 베스트셀러 화면 캡처하기다. 출판사는 유튜브 영상 섬네일, 서점과 소셜 미디어 광고 문구, 이벤트 페이지 등 모든 홍보 영역에 1위 사실을 도배해야 한다. 여기에 추가 마케팅을 이어가면서 눈덩이가 계속 크게 굴러가기를 기원한다. 판매가 유지되면 '주간' 베스트에 들어가고, 더 지속되면 '월간' 베스트에 오르며, 운 좋으면 '상반기' 베스트를 거쳐서, 사회적 현상이 될 만큼 존재감이 확산하면 '연간' 베스트에 등극한다. 이 모든 성공의 시작은 '일간' 1위다.

사실 '일간'도 길다. '실시간'까지 쪼개기도 한다. 음원 차트

실시간 순위처럼 온라인서점도 한 시간 순위가 있다. 여기서 급상승하면 역시 캡처해서 온갖 데 사용하는 것이다. '종합'도 아니고 '분야'도 아니고 분야 내의 '소분류', 예를 들면 '인문' 분야 안의 '독서/글쓰기' 중분류 하위의 '글쓰기' 소분류에서 TOP 10에 든 책이라는 걸 내세워 알리기도 한다. 내가 지금까지 본 가장 재미있는 광고 카피는 '무라카미 하루키 신작을 실시간 검색 순위에서 이긴 책'이었다. 실시간 '판매' 순위도 아니고 '검색' 순위에서 잠깐 하루키를 앞선 모양이었다.

이렇게 다양한 일화를 아는 건 매일 서점별 베스트셀러를 모니터링하기 때문이다. 지금 어떤 책이 잘 팔리는지, 요즘 베스트셀러 경향이 무엇인지 궁금하다면 확인 방법은 간단하다. 아침마다 베스트셀러 순위를 확인하고, 이 책의 순위가 왜 올랐는지 이유를 찾아 정리하면 된다. 나 역시 다년간의 차트 분석 끝에 베스트셀러 탄생 배경을 파악할 수 있는 능력을 갖추게 되었다. 지금 출판 시장에서 특히 큰 영향력을 미치는 요인은 '저자, 유튜버, 추천, 입소문(스테디셀러), 마케팅' 다섯 개이다.

가장 강력한 요인은 물론 '저자'다. 한강, 김영하, 유발 하라리의 신작은 출간 소식을 알리기만 해도 자연스럽게 베스트셀러 1위에 오른다. 감독을 보고 극장에 가고 아티스트를 보고 음원을 듣듯 독자는 '믿고 보는 저자'의 신작이 나오면 무조건 구매한다. 무라카미 하루키 신작 『도시와 그 불확실한 벽』이 일본에서 출간되었을 때 서점 앞에서 진을 치던 팬들은 자정이 되자마자 책을 사서 읽었다.

아쉽게도 이런 최상위 파워 작가의 수는 줄고 있다. 스타 소설가의 신작이 출간되었는데 판매량이 전작만큼 안 나올 때가 많다. 그렇다고 새로운 흥행 작가가 탄생해 세대 교체가 이뤄진 것도 아니다. 인문, 교양 등 다른 분야도 마찬가지다. 해당 분야의 연간 베스트셀러 목록을 연도별로 확인하면 판매와 사회적 의제의 형성 양 측면에서 저자 파워가 전반적으로 약화했음을 느끼게 된다.

반면 전업 작가가 아닌 저자의 책이 주목받는 일은 늘어났다. 두꺼운 지지층을 보유한 정치인, 본업에서 확고한 지위에 오른 '업계 네임드', 소셜 미디어의 유명세를 바탕으로 저서를 낸 셀럽, 방송과 기고를 통해 먼저 이름을 알린 지식인 등이 예다. 이 중에서도 특히 큰 파급력을 증명하며 부상하고 있는 그룹은 단연 '유튜버'다.

새롭게 베스트셀러에 오른 책이 있으면 과거에는 포털 사이트에서 검색하며 이유를 찾았다. X나 인스타그램도 뒤져봤다. 지금은 유튜브가 1순위다. 거칠게 요약하면 '유튜버가 쓴 책, 유튜버가 추천한 책, 유튜버가 초청한 저자의 책'이 크게 움직인다.

첫 번째 유형은 유튜버가 자신의 채널에서 쌓은 콘텐츠를 갈무리하거나 자신의 인생 이야기를 쓴 책이다. 이런 책은 판매 예측이 힘들다. 예상보다 너무 안 나가기도 하고, 역대급 판매를 보이기도 한다. 다만 초기 반응이 폭발적이어도 판매가 오래 지속되는 책은 많이 보지 못했다. 구독자라는 고정 팬덤에서 일반 대중으로의 독자층 확장이 어렵기 때문이다.

유튜브 베스트셀러가 특히 다수 포진한 분야는 비즈니스이다. 과장하면 지금 '경제경영', '자기계발' 책은 유튜브의 선택을 받느냐 아니냐 여부가 성패를 가를 정도이다. 내가 좋아하는 유튜버가 추천하는 책이라면 팬은 일단 신뢰한다. 특히 돈벌이, 성장, 건강, 자기계발 등 직접적인 효능감을 강조하는 책이라면 속는 셈치고 사보고 싶다.

자연히 영상 콘텐츠는 출판 마케팅의 핵심으로 자리를 굳혔다. 재미있게도 전문 책 추천 채널보다는 일반 교양, 자기계발 채널에서 소개된 책의 판매가 뛰는 경우가 더 많다. 책을 읽기 싫어 보는 유튜브에서 책 이야기를 보는 것이 싫어서일지 모른다. 똑같은 책인데 누가 어떤 포맷으로 어떻게 권하느냐에 따라 독자의 반응이 다르다니 책 추천은 쉬운 듯 어렵다.

세 번째 키워드는 '추천'이다. 정확히는 권위 있는 인물이나 매체가 추천한 책이다. 지금은 대다수 추천이 유튜브에서 이뤄지므로 앞서 다룬 '유튜버' 키워드와 연결되는 요소다. 다만 아직도 TV, 라디오, 일간지 같은 레거시 미디어 그리고 개인이 운영하는 블로그, 소셜 미디어에 올라온 추천이 힘을 발휘할 때도 있으므로 별도로 언급해도 될 것이다. 영화, 드라마, 애니메이션 공개와 함께 원작 판매량이 급증하는 일도 넓게는 추천이 적중한 사례라고 분류할 수 있다.

다음은 '입소문'. 가장 이상적인 베스트셀러 유형이다. 독자의 '입소문'을 타고 사랑받은 뒤 계속 높은 판매를 유지해 스테디셀러에 안착하는 책이다. 가까운 오프라인 친구나 온라인 친구가 읽고 있다는 건 최고의 구매 유인이다. 오랜 시간 읽히고 검증받았으므로 (물론 예외는 있지만) 양서일 확률도 높다. 온라인서점이 베스트셀러 페이지에서 함께 운영하고 있는 '스테디셀러' 목록을 주목해보자.

마지막은 다소 모호한 말인 '마케팅'이다. 마케팅은 거의 모든 책에 수행되는 것 아닌가? 여기서는 '유명 저자가 쓴 책도 아니고, 유명인이 추천한 책도 아니며, 독자가 먼저 알아보고 자연스럽게 화제가 된 책도 아닌데' 순위가 높은 책을 한정해 말한다. 다른 어떤 요소보다도 마케팅의 영향력이 압도적으로 큰 책이다. 그만큼 투자비를 많이 들여 판매를 끌어올리는 방식이다.

지금까지 베스트셀러를 분석할 때 먼저 체크해야 할 다섯 항목을 정리했다. 그 외 요인까지 더해 수없이 많은 변수가 작용해 베스트셀러는 탄생한다. 단 하나의 요인이 영향 준 책도 있고, 여러 요인이 조금씩 반영된 책도 있다. 각각의 구체적 사례를 들자면 끝없이 나열해야 한다.

베스트셀러의 배경 말고도 또 하나의 기준을 적용해 베스트셀러를 들여다볼 필요가 있다. '좋은 베스트셀러, 나쁜 베스트셀러, 이상한 베스트셀러' 중 어디 해당하느냐는 것이다. 지금까지 오직 판매 논리로만 베스트셀러를 분석했는데 내용과 의의를 따질 차례다.

좋은 베스트셀러의 조건은 '좋은 책'의 조건과 같다. 간단히 말하면 '재미도 있고 감동도 있고 도움도 되는 책'이다. 혹은 '지금 필요하고, 신뢰할 수 있으며, 만듦새가 훌륭한 책'이다. 내 식으로 말하면 '세상의 아름다움을 담은 책'이다. 이 조건에 부합하는 책이 많이 팔리고 베스트셀러 상위권에 올라 있다면 바람직한 상황이다.

나쁜 베스트셀러는 좋은 베스트셀러와 반대되는 책이다. 내용이 미흡한 책. 왜곡된 시선으로 세상을 바라보는 책. 성의를 다하지 않고 대충 만든 책. 잘 만든 다른 책을 교묘하게 카피하거나 출판 윤리를 위배하는 책. 그런데 모든 책이 아름다운 책일 수는 없다. 사회적으로 합의된 윤리의 하한선 아래로 떨어지지 않는다면 모든 저자와 편집자에게는 표현의 자유가 있다. 이런 나쁜 책이 무시당하거나 나쁜 책 취급 당하는 건 괜찮다. 나쁜 책이 마케팅과 다른 여러 수단, 방법의 도움을 받아 좋은 책으로 둔갑해 베스트셀러가 될 때 문제가 발생한다. 여기서 MD의 근심도 시작된다.

나쁜 책을 만든 출판사는 고민하지 않는다. 되돌아볼 필요도 없다. 비판을 감수하고 만든 책이므로 책을 극찬하는 내용으로 출판사 서평과 마케팅 메시지를 만들고 홍보하면 된다. 그런데 앞서 말한 '좋은 책'의 조건을 줄줄이 꿰고 있을 정도로 책의 평가 기준을 자주 생각하는 MD는 '안 좋은 책을 좋은 책인 듯 포장해서 팔아도 될지' 머뭇거리게 된다. MD가 게이트키핑을 해도 될까? 당장 이번 달 목표 달성을 위해서는 매출 100원이 아쉬운 상황인데.

나는 소심하게 타협적 저항을 한다. MD는 평론가도 아니고 기자도 아니고 유통인이므로 '이 책은 해로운 책', '이 책을 읽지 마시오'라고 제한하지 않아도 된다고. 대신 마법의 단어 '독자의 선택'을 꺼내 든다. 아무리 봐도 장점이 안 보이는데 여기저기서 주목받고 잘 팔리는 책이라면 그냥 독자에게 맡긴다. 반응을 살피면서 '내가 발견 못 한 장점'을 찾아본다.

이런 책을 소개하는 카피를 쓸 때는 개인적 감상과 평가는 적지 않고 출판사 공식 서평을 적당히 요약하여 올린다. 반면 정말 좋은 책이라고 판단한 책은 주접을 떨어서라도 강력 추천하며 한 명에게라도 더 알려지도록 홍보에 힘쓴다.

'좋은 베스트셀러'와 '나쁜 베스트셀러'는 알겠는데 '이상한 베스트셀러'는 대체 무엇일까? 왜 베스트셀러에 올랐는지 전혀 파악이 안 되는 책이다. 아무리 뒤져봐도 실마리조차 안 나온다. 출판사 영업자에게 전화를 걸어 물어봐도 의문이 해소되지 않는다. 비밀 유지 서약서를 쓸 테니 영업 비밀을 나한테만 슬쩍 알려주면 좋겠다.

외국 서점가의 상황은 어떨까? 영국 런던을 방문했을 때 눈에 띄는 점이 있었다. '워터스톤스', '포일스' 등 대형 오프라인 서점 체인과 '던트북스' 같은 유서 깊은 독립 서점 모두 베스트셀러 코너가 없었다. 직원에게 이유를 물어보고 싶은 마음이 굴뚝같았으나 영어를 서울 강북에서만 배워 다른 지역에서는 영어 회화가 불가능해 결국 말을 꺼내지는 못했다. 나중에 확인하니 법으로 금지된 건 아니고, 독자를 향한 영국 서점 특유의 큐레이션 철학이 반영된 결과라고 한다.

베스트셀러를 분야별로 나누고 또한 실시간부터 연간까지 상세하게 구분하여 집계하는 우리의 서점 풍경과 많은 점이 달랐다. 국내 출판계는 베스트셀러 순위에 과도하게 집착한다는 베스트셀러 비판이 떠올랐다. 심도 있는 추천은 설 곳을 잃고 마케팅이 획일화된다는 지적도 설득력이 있다.

과감하게 베스트셀러 집계를 중단하고 온오프라인 베스트셀러 코너도 없애버리면 어떨까? 극단적인 생각이다. 문제점이 있다고 폐지하기에는 베스트셀러는 흥미로운 이야기 주제를 많이 제공한다. 그러잖아도 출판 시장에 활기가 부족한데 베스트셀러 순위 다툼을 구경하면서라도 책이 사람들의 입에 오르내리게 하는 편이 좋겠다.

어차피 베스트셀러는 양서의 인증서가 아니다. 독자도 잘 알고 있다. 목록 자체를 맹신하지도 폄하하지도 말고 가치 판단 없이 중립적으로 바라보고 활용하는 것이 실용적이다. 사회와 세상을 반영하는 이처럼 훌륭한 거울은 별로 없다. 많이 팔린 책을 되돌아봄으로써 그 시점에 어떤 시대적 화두가 발현했는지 알 수 있으므로 베스트셀러는 의미 있는 사료이자 자료이다.

게다가 좋은 책, 아름다운 책이 베스트셀러에 등정한 경우는 당연히 있다. 베스트셀러 하면 일단 '못 볼 책' 취급하는 사람에게 『나미야 잡화점의 기적』을 읽어보라고 권하고 싶다. 적어도 지금까지는 21세기 한국 출판 시장에서 가장 큰 족적을 남긴 경이로운 베스트셀러이다. 독자로서 뽑은 히가시노 게이고의 최고작은 『백야행』(재인)이지만, MD로서 꼽은 가장 소중한 책은 『나미야 잡화점의 기적』이다.

『나미야 잡화점의 기적』은 내가 소설 분야를 맡은 2012년 연말에 출간되었다. 『용의자 X의 헌신』을 위시한 다수의 흥행작으로 2010년대를 지배하기 시작한 히가시노 게이고의 인기에 초강력 엔진을 달아준 메가 히트작이다. 사실상 출간 첫해인 2013년을 시작으로 2018년까지 6년 연속 교보문고 '연간' '종합' 베스트셀러 TOP 10에 들었다. 전무후무한 기록이다. 당연히 2010년대 10년간 가장 많이 판매된 소설로 빛나고 있다.

책이 나왔을 당시 거창한 프로모션을 하지는 않았다. 유튜브에서 추천된 책도 아니었다. 베스트셀러의 다섯 요소 중 저자의 명성과 독자 입소문을 원동력 삼아 한 시대를 풍미했다. 히가시노 게이고가 가장 잘 내는 두 맛인 매운맛(미스터리)과 단맛(휴머니즘)을 최상으로 배합하여 요리한 결과이다. '재미'를 당연히 좇지만 '교훈'과 '드라마' 또한 곁들여지기를 바라는 국내 독자의 취향에 정확히 맞아떨어졌다. 덕분에 세기에 한 번 나올까 말까 한 기념비적 타이틀들을 싹쓸이했는데, 만약 베스트셀러 코너가 없었다면 어땠을까. 트로피만 있고 진열장이 없는 꼴이다. 상상하자니 왠지 허전하다.

베스트셀러가 주목받는 건 자연스러운 일이고 문제 될 것 없다. 베스트셀러'만' 주목받는 것이 문제이다. 나도 담당 분야가 아닌 분야에서 읽을 책을 찾을 때 당혹스러운 경험을 했다. 서점에서 일하므로 책을 좀 안다고 생각했는데도 베스트셀러 페이지에서 하염없이 스크롤을 내리는 것 말고는 책을 찾을 길이 없었다. 베스트셀러 코너는 그대로 두되, 독자가 책을 고를 때 참고할 '베스트셀러 코너가 아닌' 추천 영역의 존재가 절실하다.

이 고민에 대한 해답 역시 런던 여행 중에 들른 한 음반 가게에서 찾았다. 그곳은 '가장 많이 팔린 음반' 목록과 함께 '직원이 뽑은 베스트 음반'을 나란히 보여주고 있었다. 미국 아마존 역시 독자가 많이 산 '베스트셀러'와 에디터가 선정한 '베스트 책'을 함께 업데이트한다. 우리의 베스트셀러 페이지에도 판매량 기반의 베스트셀러와 함께 서점의 관점이 가미된 큐레이션 목록을 함께 노출할 필요가 있다. 한 주에 하나, 한 달에 하나 추천 목록을 만들고 꾸준히 축적하는 건 크게 부담되는 일은 아니다. 그런데도 활발하게 실행하는 곳이 바로 떠오르지 않는 것을 보면 책 추천은 쉬운 듯 어렵다.

책을 역주행으로 이끄는
의외로 간단한 시도들

『파친코』, 이민진, 인플루엔셜, 2022(2017)

한국계 미국인 소설가 이민진의 대표작 『파친코』는 2022년 4월 2주 차 순위에서 '처음으로' 교보문고 종합 베스트셀러 1위를 차지했다. 책이 우리나라에서 번역 출간된 건 2018년 3월이었다. 미국에서 먼저 얻은 높은 명성에 비하면 국내 초기 반응은 잔잔한 편이었다. 그러다 4년 만에 판매가 뛰어올라 첫 1위를 기록했으니 '역주행 도서 만신전'에 입성할 자격이 충분하다.

그러나 애석하게도 베스트셀러 코너에 『파친코』는 진열되지 못했다. 판매가 치솟아 재고가 동이 난 데다가, 책을 추가 제작할 수 없었기 때문이다. 며칠 후에는 그나마 있는 재고조차 빼야 하는 날이 되었다. 기존 문학사상 출판사의 판권 계약이 종료되어서다. 이때 처음으로 '절판' 마케팅이란 걸 해봤다. "『파친코』 구매할 수 있는 마지막 기회!"라는 문구를 넣어 마지막 공식 판매일까지 대량 홍보 메시지를 반복해 발송했다.

판매 중단 상황은 곧 종료되었다. 다른 출판사에서 출간 계약을 맺었다는 소식이 공개되자마자 이번에는 '재출간 예고 이벤트'를 벌였다. 넉 달 후인 2022년 8월, 인플루엔셜판 『파친코』는 출간 직후 다시 한번 베스트셀러에 올랐다.

뒤늦게 차트의 정점에 오른 책이 바로 절판 처리가 되고, 반년도 안 되어 번역과 출판사가 바뀌어 재출간된 후, 다시 베스트셀러에 올랐다. 한국 출판 베스트셀러 역사의 전대미문 사건이다. 웬만한 베스트셀러 사례는 다 겪어봤다고 생각했던 나조차 현실감이 없다고 느꼈다. 그러나 책 속 이야기만큼이나 파란만장한 『파친코』를 둘러싼 사연은 여기서 끝이 아니다.

우선 4년이나 지난 책이 베스트셀러에 등극한 이유. 'Apple TV+' 오리지널 시리즈 덕분이다. 드라마는 높은 완성도 덕분에 평단과 시장에서 고르게 높은 평가를 받았다. 원작 소설도 신드롬이라 할 만큼 크게 흥행했다. 그런데 소설 『파친코』가 판매 역주행을 달린 건 이때가 처음이 아니었다. 그로부터 몇 년 전에는 애국심을 고취하는 유튜브 채널에서 이민진의 강연과 『파친코』의 내용을 요약하여 올린 동영상이 폭풍 공감을 얻으며 입소문을 탔다.

『파친코』는 한국에서는 '역주행' 혹은 '지각 흥행'했지만 미국 현지에서는 제때 사랑받았다. 애서가로 유명한 버락 오바마 전 미국 대통령이 소셜 미디어를 통해 추천했다. 일본 주재 미국 대사를 지낸 캐럴라인 부비어 케네디도 극찬했다. 《뉴욕 타임스》와 BBC 등 해외의 여러 유력 매체가 호평하고 '올해의 책'으로 선정했다.

『파친코』의 흥행 타임라인을 시간순으로 다시 배치하면, 유명인과 언론의 '추천', '유튜브' 소개, '영상화'가 차례로 이어졌다. 흔치 않은 절판/재출간 알림 이벤트부터 일반적 프로모션인 굿즈 이벤트까지 '마케팅'에도 힘을 쏟았다. 두 권을 특별 합본판으로 묶은 '리커버' 에디션이 판매되기도 했다.『파친코』는 책이 베스트셀러에 오르는 여러 가지 배경을 한꺼번에 알려주는 효율적인 사례다.

그중 영화나 드라마 공개는 원작 소설을 독자의 시야 안에 다시 들여놓는 전통적인 주요 루트다. 2019년 연말에 나는 2010년대를 결산하며 지난 10년 동안 영화 덕을 가장 많이 본 소설은 무엇인지 집계한 적이 있다. 영화 개봉 직전 대비 개봉 직후에 얼마나 판매가 많이 뛰었는가를 확인했다.

3위는 영화 〈버닝〉의 원작인 무라카미 하루키의「헛간을 태우다」를 수록한『반딧불이』(문학동네)였고, 2위는『먹고 기도하고 사랑하라』(민음사)였다. 1위는 무려 21.7배나 판매가 증가한『메이즈 러너』(문학수첩)였다. 영화 산업 종사자는 자신의 업무에 따라서 영화를 '쉽게' 혹은 '재미있게' 혹은 '짧게' 만들라고 각기 다르게 요청하지만, 오직 원작자만 '제발' 만들라고 애걸한다는 농담이 설득력 있게 다가온다.

영화가 아닌 '드라마셀러'의 레전드는 2014년 방영된 〈미생〉이었다. 드라마가 방영될 때마다 원작 만화책이 폭발적으로 팔려나갔다. 정가 99,000원의 고가 세트가 대란을 일으켰으니 판매 효과 면에서 큼직한 발자국을 남긴 역주행이었다.

원작은 아니지만 드라마 속에서 대사로 읽거나 아예 극중 줄거리에 녹여 책을 알리는 간접 광고(PPL)가 한때 유행하기도 했다. 런던 도서전 준비를 위해 내한한 영국의 출판인과 대화를 나눴을 때다. 그는 왜 나온 지 한참 지난 소설인 『자기 앞의 생』(문학동네)이 베스트셀러 코너에 진열되어 있는지 물었다. 최근 드라마에 소개되었기 때문이라 답하자 정말 참신한 발상이라며 흥미로워했다. 'K-드라마' 시청의 참신한 재미였던 '책 PPL'이 지금은 거의 안 보여서 아쉽다.

애니메이션도 자주 위력을 떨친다. 이 분야의 3대장은 〈너의 이름은.〉, 〈귀멸의 칼날〉, 〈슬램덩크〉이다. 극장판 〈너의 이름은.〉 열풍에 힘입어 다수의 연관 도서를 낸 대원씨아이는 '2017년 교보문고에서 책이 가장 많이 판매된 출판사' 타이틀을 얻었다. 애니메이션 〈귀멸의 칼날〉은 20여 편의 원작 만화가 베스트셀러 순위에 줄지어 이름을 올렸다. 2022년 개봉한 〈더 퍼스트 슬램덩크〉는 1990년대의 상징 『슬램덩크』(대원씨아이)를 다시 한번 만화의 왕좌에 앉혀주었다.

다만 모든 영상화가 원작의 판매를 끌어올리지는 않는다. 일본 소설이 원작이었던 한 한국 영화는 예고편이 공개된 후에는 책 판매가 활기를 띠었으나 정작 개봉 후에는 놀랍게도 모든 관심이 한순간에 사라졌다. 영화가 좋은 평가를 받지 못해서다. 판매가 오르리라 예측하고 미리 확보해놓은 원작 책의 재고가 너무 많이 남아서 소진을 위해 특별 관리를 해야 했다.

지금 포털 사이트에서 '스크린셀러'라는 단어로 검색하면 2008년 12월 기사가 가장 오래된 것으로 확인된다. 그만큼 영화와 소설은 오랜 세월 서로 밀어주고 끌어주며 우정을 나누었다.

하지만 언젠가부터 유튜브가 '책의 절친' 자리를 대신하기 시작했다. 베스트셀러가 만들어지는 데에 미치는 유튜브의 막대한 영향력 중에서 두 가지 중요 유형만 살펴보겠다.

유튜브 추천의 첫 번째 경향은 '콘텐츠 큐레이션'이다. 유튜버나 출연자가 존재를 드러내고 책을 소개하는 것이 아니라 카드뉴스 이미지로 스토리텔링하여 책을 소개하는 방식이다. 대표 서비스로는 '책끝을 접다'가 있다. 초창기에는 카드뉴스 이미지 파일로만 구성했다. 이후 소리를 입히고 영화 느낌을 내는 동영상으로 제작해 유튜브를 통해 확산시켰다.

가장 크게 터진 책은 『돌이킬 수 없는 약속』(북플라자)이다. 2017년에 출간된 이 책은 교보문고 2018년 '종합 연간' 베스트셀러에서 무려 8위까지 점프한다. '역주행의 전설'이다. 여태껏 보지 못한 마케팅에 감탄한 작가 야쿠마루 가쿠는 일본의 출판 관계자들에게 기회가 될 때마다 한국에는 이런 기법이 있다고 알려줬다고 한다. 뒤이은 『봉제인형 살인사건』(북플라자)을 비롯해 많은 '깜짝 스타'가 '책끝을 접다' 덕분에 탄생했다. 도저히 결말을 확인하지 않고는 못 배길 만큼 극적 긴장감을 한껏 끌어올린 쫀득한 연출이 비결이었다.

다음으로 두 번째 경향은 '숏폼'이다. 쇼츠, 틱톡, 릴스가 바람을 잡은 '숏폼 셀러'는 이미 대세가 되었다. 유형은 다시 둘로 나뉜다. 2-1은 이미 공개된 TV 프로그램이나 유튜브 영상 중 책 소개 부분을 그대로 잘라 약간의 편집만 더해 올리는 영상이다. 2-2는 창작자가 추천 영상을 직접 제작해 올리는 경우다. 숏폼은 워낙 길이가 짧으므로(제작이 쉽다는 뜻은 아니다) 유형은 2-3, 2-4, 2-5… 그 이후까지 무한히 늘어날 것이다.

2-1에 해당하는 『스토너』는 김영철과 홍진경이, 2-2에 해당하는 『면도날』(민음사)은 문가영이 강력 추천한 책이었다. 두 책 모두 숏폼 영상으로 만들어질 만한 소재가 이미 갖춰져 있었다. 모든 크리에이터가 그렇듯 숏폼 제작자 역시 '먹힐 만한 이슈'를 발견하면 누구보다 발 빠르게 영상을 제작해 올린다. 이 사실은 흥미로운 시사점을 전한다.

"요즘 쇼츠, 릴스 추천이 잘 통한다는데 영상을 어떻게 만들어야 하지?" 궁금한 출판 마케터라면 영상을 직접 만들어도 되고 제작비를 들여 의뢰해도 된다. 이보다 앞서 공들여서 해야 할 일은 숏폼 제작자의 눈에 띌 만한 이슈 만들기를 꾸준히 시도하는 것이다. '○○○이 강추한 책', '작가 ○○인이 뽑은 최고의 책', '해외 ○○○○에서 화제가 된 책' 등 귀를 솔깃하게 하는 추천 재료를 최대한 늘리자. 요청하지 않았는데도 어느새 추천 영상이 유튜브에 올라와 있을지도 모른다. 노력이 쌓이면 행운으로 전환된다.

두 추천 방식 중 카드뉴스 이미지 중심의 '콘텐츠 큐레이션'은 지금 힘이 다소 약해졌다. 대신 '숏폼'으로 유행이 이동했다. 이러한 대세 전환이 의미하는 건 단순히 이제는 광고비를 숏폼에 써야 한다는 것만은 아니다. '고객을 사로잡는 추천의 형식은 계속 변한다'는 사실을 포착하는 것 그리고 숏폼 다음은 무엇이 올지도 생각해보는 것이 중요하다. 숏폼 추천도 언젠가는 쇠퇴할 것이다.

그날을 내다보며 깊은 고민과 다양한 시도를 하여 아예 '나만의 추천 패러다임'을 만든다면 더할 나위 없이 훌륭하다. "트렌드를 따르지 않고 트렌드를 만들라." 멋진 말이다. 그러나 선지자가 될 자신이 없다면 패스트 팔로어라도 되면 충분하다.

일단 지금 유행하는 추천 방식을 민감하게 파악, 흡수해야 한다. 적어도 그런 게 있는지조차 모른다면 곤란하다. 두 가지 경로만 붙잡고 공부하면 된다. 말이 반복되긴 하지만 '유튜브' 그리고 '모바일'이다.

지금 책을 추천하는 콘텐츠는 '유튜브로 소개되는 것'과 '그 외 경로로 소개되는 것'으로 나뉜다. 둘 중 무엇이든 고객의 눈에 들어올 때는 '모바일'을 거치게 된다. 레거시 미디어를 절대 얕보면 안 되는 이유다. 저력이 예전만큼 크지 않아 보이나 착시다. 신문, TV, 라디오는 죽지 않는다. 자신을 위협하던 적인 유튜브와 뉴 미디어의 힘을 빌려 존재감을 유지하고 영향력을 확장하고 있다.

과거에 TV가 책에 두 번째 호흡을 불어넣은 사례로는 책 토크쇼 〈달빛 프린스〉의 『꾸뻬 씨의 행복 여행』(오래된미래) 편이 먼저 떠오른다. 이보영 배우가 마치 친구에게 이야기를 들려주듯 친근하고 진심 어린 어투로 권했고, 보편적 공감을 모으기 쉬운 인생과 행복에 관한 책이어서 특히 반향이 컸다. 『꾸뻬 씨의 행복 여행』은 2013년 연말 발표한 교보문고 종합 연간 베스트셀러에서 『멈추면, 비로소 보이는 것들』(수오서재) 바로 다음 자리인 2위까지 수직 상승했다.

지상파가 아닌 케이블 채널 중에서는 tvN의 활약이 대단했다. 〈비밀독서단〉, 〈책 읽어주는 나의 서재〉, 〈요즘책방 : 책 읽어드립니다〉, '알쓸' 시리즈, 〈유 퀴즈 온 더 블록〉과 같은 프로그램을 통해 평소 책 안 읽던 사람을 독서로 이끌었다.

지금은 책만 전문적으로 소개하는 TV 프로그램은 줄어들었다. 그래도 패널들이 부담 없이 입담을 풀어내는 지식·교양 프로그램에서 추천한 책이 베스트셀러에 오르는 일은 왕왕 있다. 갈수록 TV 시청 인구가 줄어든다는데 어째서일까? '유튜브에 업로드된 클립'을 보기 때문이다.

영상 매체인 TV가 아닌 라디오도 마찬가지이다. 라디오를 안 들으며 라디오를 좋아하지 않는다고 생각하는 사람도 실제로는 라디오를 접한다. 역시 '유튜브'를 통해서다. 별 관련 없어 보이는 조정래와 마이클 샌델은 《김어준의 뉴스공장》에 출연해 책을 알렸다는 공통점이 있다. 판매 순위도 치솟았다.

꼭 청취율 1, 2위를 다투는 라디오 프로그램이 아니어도 좋다. 재테크, 건강, 자기계발, 경력 관리 등 인생 전반의 문제에 대해 직접적인 솔루션을 제시하는 책을 다루며, 방송분을 유튜브에 올리는 프로그램이라면 소개된 책의 판매 증가를 기대할 만하다.

영상 자료도 음성 자료도 아니어서 유튜브에 올려질 수 없는 신문 기사는 어떨까? 예를 들면 저자의 책과 인생 이야기를 담은 인터뷰라면? 앞서 설명했다. 세상이 주목하는 핫이슈라면 '소재 발굴의 초고수' 유튜버, 숏폼러들이 알아서 영상으로 만들어준다. 혹은 대중이 개인 소셜 미디어와 커뮤니티를 통해 퍼 나른다. 인쇄된 종이 신문이 아니라 '모바일'을 통해 온라인 지면의 기사가 전파된다.

점점 늘어나는 숏폼러, 숏폼 채널의 수와 달리 아쉽게도 책만 정통으로 추천하는 파워 책·지식 셀럽은 적다고 느낀다. 소설 MD로 일하며 '리즈 위더스푼 강력 추천'이라는 말을 '뉴욕 타임스 베스트셀러'만큼이나 너무 많이 들어 나중에는 신뢰도가 하락할 지경이었다. 리즈 위더스푼 외에도 버락 오바마, 빌 게이츠, 오프라 윈프리가 본인 이름의 힘을 적극 활용하는 해외의 책 인플루언서이다.

우리나라에서는 이동진, 김영하, 유시민이 3대장 자리를 지켜왔다(아쉽게도 구환회는 없다). 각자 '이달의 최고의 책', '김영하 북클럽', '알릴레오'라는 정기 기획을 통해 이름을 내걸고 책을 추천했다. 그러나 파워 추천가의 수는 아직 적다. 책 권하는 사람은 많으면 많을수록 좋다.

책 좀 좋아하는 사람 중 내향인 비중이 높아서일까? 존재감을 드러내기를 망설이는 사람이 많은 것 같다. 마케터로서든 개인으로서든 '역주행 청부업자' 랭킹 1위에 적극 도전해보길 바란다. 유튜브, 뉴스레터, 인스타그램 등 도구는 무엇이든 좋다.

날이 갈수록 독자는 줄고 출판 불황의 골은 깊어지고 있다. 그러나 『파친코』의 사례를 다시 살펴본다면, 책을 흥행으로 이끄는 방법은 의외로 간단해 보인다.

① 책을 처음부터 영어로 쓰고 미국에서 먼저 출판한다.
② 《뉴욕 타임스》에 찾아가 올해의 책에 뽑아달라고 한다.
③ 버락 오바마에게 전화를 걸어 '여름 휴가철 추천 도서'로 페이스북에 올려달라고 한다.
④ '넷플릭스'나 '애플tv+'에 메일을 보내 영화나 드라마로 만들어달라고 한다.
⑤ 해외 반응을 강조한 홍보 문구를 띠지에 넣어 한국어 판본을 출간한 뒤, 애국 유튜브 채널에 영상 제작을 의뢰한다. 쇼츠도 만들어달라고 한다.
⑥ '파이아키아'에서 다뤄달라고 'B tv'에 요청한다.

⑦ 교보문고에서 온라인 광고를 집행한다.

참 쉽다. 이야말로 '콜럼버스의 달걀'이다. 한 가지 간단한 조건이 필요한데, 책의 완성도가 『파친코』만큼 뛰어나기만 하면 된다. 추천도 많이 받고 드라마로도 만들어지고 유튜브에도 소개되다니 이민진은 참 좋겠다 생각할 수 있다. 그러나 행운은 노력이 있는 곳을 찾아간다. 작가는 대학교 3학년 시절에 일본 거주 조선인에 대한 강연을 듣고 작품 구상을 시작한다. 이후 무려 30년에 걸쳐 준비하고 집필한 결과물이 『파친코』다.

"역사는 우리를 저버렸지만, 그래도 상관없다." 훗날 『파친코』를 『안나 카레니나』나 『이방인』처럼 '첫 문장이 유명한 명작' 리스트에 오르게 할, 담담하나 기백 있는 한 줄로 책은 시작한다. 이어지는 최소로 절제하고 많은 것을 함축한 문장들은 격조 높은 대서사시를 지탱한다.

80년의 세월 동안 '민족'과 '나' 사이에서 실존적 고민을 부여안고 사는 이민자 가족의 연대기는 "바꿀 수 없는 운명은 끌어안고 살겠다"라는 '4대' 솔로몬의 다짐으로 마무리된다. 첫 문장과 연결되는 이 말은 순응적 체념이 아닌 단호한 의지의 표명이다.

『파친코』는 한국계 외국인 작가 혹은 외국 거주 한국인 작가가 한국을 바라보며 쓴 소설 중 왜곡된 시선을 가장 완전하게 덜어낸 작품에 속한다. 불필요한 오해와 편견은 제거하고 세계에서 공감을 보낼 만한 폭넓은 울림을 채워 넣어 '현대의 고전'을 완성했다.

드라마든 유튜브든 소설의 외적 요소가 『파친코』의 흥행을 '도왔다'라는 말은 틀린 것 같다. 거꾸로 작품이 지닌 근원적 생명력에 수많은 역주행 인자가 붙들렸다고 해야 옳다. 시기가 언제가 되었든 결국은 독자를 만나고 마음을 사로잡을 운명을 지닌 책이었다.

아이디어만으로 '단독왕' 되기를 꿈꾸는 MD의 바람

『디디의 우산』, 황정은, 창비, 2019

2024년 가을. 한강 작가가 한국인 최초 노벨문학상을 받은 가슴 벅찬 충격이 채 가시지 않은 어느 날이었다. 한강의 책을 보유한 한 출판사 영업자에게 나는 넌지시 말했다.

"혹시라도 한강 작가님을 모시는 강연이나 북토크 행사를 한다면, 한 서점에서 (   ) 진행하는 건 지양하는 게 어떨까요?"

괄호 안의 말을 잘 듣지 못한 영업자가 내게 되물었다. 괄호에 들어갈 말은 '단독으로'다.

"아. 교보문고 말고 '다른 서점에서' 단독으로 행사를 진행하지 않았으면 한다는 거죠?"

"아니요. '저희 서점'도 포함해서요."

진심이었다. 물론 노벨문학상 수상 소식을 들었을 때, 예전처럼 한강을 내 기획 이벤트에 섭외할 날은 이제 오지 않으리라고 예감했다. 그래도 혹시라도 만에 하나 기적처럼 서점에서 단

한 차례라도 한강이 독자를 만나는 자리가 마련된다면? 한 서점이 아닌 여러 서점에서 공동으로 진행하면 좋겠다고 생각했다.

평소 내 행실에 비춰보면 이해하기 힘든 발언이다. MD와 기자에게는 공통점이 세 가지 있다. 하나는 '독자를 바라보며 일한다'이다. 또 하나는 '타이밍이 생명'이라는 것이다. 마지막으로는 '단독'에 예민하다. 만들면 기쁘고, 뺏기면 우울한 것. 바로 '단독'이다.

MD가 단독에 집착하는 이유는 특별하지 않다. 자본주의 시장 경제 체제 아래의 직장인이라면 누구나 단독과 승리를 좋아한다. MD와 MD, 회사와 회사가 치열하게 단독 경쟁을 벌이면 그만큼 고객의 만족은 커진다. 혜택과 서비스가 진일보한다.

그런데 왜 한강 작가와 관련해서는 약한 모습을 보였을까. 물론 나도 안다. 한강 북토크를 내가 단독으로 따낸다면 이보다 더 황홀한 일은 없으리라. 잠깐 기절 후 깨어날 것 같다. 그런데 나는 항상 최악의 상황을 동시에 생각하는 버릇이 있다.

만약 그 행사를 다른 서점에서 단독으로 진행한다면 내가 감당할 수 있을까? 반대로 '한국인 최초 노벨문학상 수상 작가'라는 범접 못 할 차원으로 올라선 작가 초대 행사를 나만 진행했을 때 다른 서점 관계자가 겪게 될 고통과 괴로움은 얼마나 클까? 두 경우 모두 상상조차 하고 싶지 않다(혼자 별생각을 다 한다).

그래서 혹시 성사되더라도 서점 연합 행사로 치르면 좋겠다고 말한 것이다. 세상은 이런 나를 소심하다고 말할지도 모르지만 나는 모두의 평화와 공공선을 보장하는 '신사협정'이라 말하고 싶다.

이만큼 특수한 사례가 아니라면 MD는 항상 단독을 쫓아 헤맨다. 다만 단독은 '수단'일 뿐이다. 단독 마케팅을 통해 이루고자 하는 궁극의 '목적'은 베스트셀러 최다 확보와 매출 최대 증대이다. 출판사 직원이 책 순위를 최대한 높이길 원하고, 작가가 문학상을 받길 원하는 마음과 같다. 너무 셈만 아는 사람으로 보인다면 '책이 지닌 가치와 효용을 보다 많은 독자와 연결하기 위해서'라고 둘러서 말하긴 한다.

모든 단독 중의 최고 단독은 역시 '단독 판매'다. 인기 상품을 오직 자사에서만 판매하는 것이다. 치열한 입점과 소싱 경쟁은 커머스 업계에서는 일반화된 일이다. 다만 상품의 공공성이 강조되는 출판의 특성상 책은 거의 모든 상품이 거의 모든 유통 채널에서 똑같이 판매된다. 특정 도서를 한 서점에서만 파는 일은 매우 드물다. 사회 공헌을 강조하며 소량 한정 판매 노선을 취했기에 한 서점에서만 유통했던 '올재 클래식스' 시리즈 정도가 예외다.

단독 '예약' 판매 정도가 '낮은 단계의 단독 판매'에 해당한다. 정식 출간은 모든 유통처에서 같은 날에 하지만, 사전 예약 판매를 특정 온라인서점 한 군데에서만 진행하는 마케팅이다.

외국어 MD 시절 『시원스쿨 기초 영어법』(당시 엘도라도)의 단독 예약 판매를 진행한 적이 있다. 저자의 팬들이 열성적으로 구매했다. MD 인생에서 처음으로 책을 하루에 1,000권 이상 판매해보는 경험을 했다. 더 나아가 처음으로 신간을 출간 첫 주에 교보문고 종합 베스트셀러 1위에 올리는 '핫 샷 데뷔'를 만들어 보기도 했다. 예약 판매 기간 쌓인 주문 수량이 한꺼번에 고객에게 발송되며 첫 주 판매 데이터로 '한 방에' 반영되었기 때문이다.

출판사는 '출간 즉시 종합 1위'를 강조해 일간지에 전면 광고를 냈다. 이 일련의 과정은 초보 MD가 '장사란 무엇인가'를 배우는 중요한 계기가 되었다.

그러나 단독 예약 판매는 출판사 입장에서는 위험도 따른다. 특히 독자층이 한정된 책이라면 선예약 판매 기간에 구매가 다 끝나버릴 수도 있다. 정식 출간이 되었을 때 다른 유통처에서 판매가 이어질 수요가 남지 않는다. 사실상 단독 판매인 셈이다. 다른 서점 MD는 아쉬운 마음을 표현할 것이다.

한번은 출판을 처음 시작하는 신생 출판사의 영업자가 내게 단독 예약 판매를 제안했다. 저야 물론 좋긴 하지만 출판사의 첫 책이니만큼 여러 서점에서 함께 판매하면서 무난한(?) 첫인상을 만드시는 게 어떻겠냐고 조언했다. 알려줘서 고맙다는 말을 남기고 돌아간 그는 바로 다른 서점에서 단독 예약 판매 이벤트를 오픈했다…. 야수성이 결여된 나의 영업 DNA를 원망했다.

'낮은 단계의' 단독 판매인 단독 예약 판매와 별개로 '변형된' 단독 판매도 존재한다. 전용 리커버판, 특별판 에디션을 만들어 파는 일이다. 나는 보통 출간된 지 오래된 양서와 스테디셀러를 다시 알리기 위해 리커버판을 기획한다. 이런 시도는 '모두 같은 책을 파는' 출판 마케팅에 예외적인 재미를 더한다.

'독점 판매' 다음으로 강력한 단독 요소에 해당하는 건 '할인'이(었)다. 10퍼센트를 초과하여 할인 판매해도 되던 시절에는 '특가', '초특가', '반값' 판매를 위한 거래처와의 협상이 수시로 이뤄졌다. 그러다 2014년 11월 도서정가제가 개정 시행되며 책의 판매 가격은 평준화되었다. 결제 할인 추가나 포인트 제공 정도를 제외하면 MD가 영업력을 발휘해 가격 혜택에서 우위를 차지할 여지는 거의 사라졌다.

'서비스'도 온라인서점에 있어 중요한 차별화 요소다. 검색부터 결제까지 사이트 이용 전반에 관한 사항은 물론이고 배송, CS 등 고객이 서점을 이용하는 모든 과정에서 매끄러운 경험을 하도록 살펴야 한다. 더 나아가 신규 고객을 유인하기 위해 강력한 특화 서비스를 도입하기도 한다. 옴니채널 화두가 부각되기 시작한 2010년대 초반 교보문고가 선보인 '바로드림' 서비스가 여기에 해당한다.

MD의 주 업무는 상품 관리이지만 이 같은 신규 서비스 프로젝트에 참여할 때도 많다. 그러나 서비스 기획자로 전직하지 않는 이상 MD가 '서비스' 업무를 주도할 일은 자주 생기지는 않는다. 물론 앞서 말한 '단독 소싱(판매)'과 '단독 할인'도 MD의 주요 일상 업무는 아니다.

단독을 놓고 벌이는 MD의 진검 승부가 가장 격렬하게 펼쳐지는 영역은 '추천'이다. 훌륭한 추천이 도서 MD의 핵심 과업이라고 생각한다(비슷한 수준의 중요도를 지닌 과업으로는 '재고 관리' 정도가 있다). MD 업무의 주요 결과물인 기획전을 포함해 회원 관리, 메시지 발송, SNS 소통, 콘텐츠 생산 등 모든 고객과의 접점에서 행하는 마케팅의 설득력이 높아야 한다는 말이다.

보통 '마케팅' 하면 연관 검색어처럼 따라다니는 말이 '예산'이다. 퍼포먼스 마케팅을 하려면 광고 예산이 확보되어야 하며, 단순 추첨 이벤트를 하려 해도 경품 구매 비용이 필요하다. 그러나 도서 MD는 모든 마케팅에 예산을 사용하지는 않는다. 비용 대비 효과를 고려해서이기도 하다. 더욱 큰 이유로는 지식, 정보, 가치를 담은 도서라는 상품의 특성상 혜택(이 중요하긴 하지만 그)보다는 타깃 고객에게 정확하게 초점을 맞춘 추천과 제안이 더 효과가 높다는 판단이 배경에 깔려 있다.

나는 이렇게 자원이 한정된 환경에서 마케팅하는 것이 싫지만은 않다. 정확히는 상관없거나 오히려 좋다고 받아들인다. "돈을 못 써서 책을 못 팔았습니다." 이렇게 핑계 댈 거리가 생겼기 때문은 아니다. 아무것도 없는 상황에서 아이디어만으로 독자 눈을 사로잡을 만한 주제의 프로모션을 여는 일이 불가능하지 않다고 생각한다.

비결은 지금 고객이 가진 문제를 해결하는 추천 테마를 시의적절하게 뽑아내고 적합한 책을 충분한 근거와 함께 권하는 것이다. 그렇다고 "이 책을 추천합니다"라고 몇 줄 적어서 올리면 될 만큼 간단한 일은 아니다. 한 편의 연극을 올리기 위해 긴 과정과 많은 연습이 필요하듯, 규모 있고 중요도가 높은 추천 기획전을 열기 위해서는 몇 달 이상의 준비가 필요하기도 하다. 고객이 원하는 책을 알기 위해 데이터 분석도 해야 하고, 정교하게 추천 목록도 만들어야 한다.

공들여 준비한 기획전이 오픈되면 다음은 알릴 차례다. 소셜 미디어, 포털 사이트 등 매체별로 유료 광고가 있으므로 이젠 정말 돈을 쓸지 말지 결정할 때다. 최상위 중요 책과 이슈에 관한 이벤트라면 나도 광고비 사용 결재를 올린다. 그러나 역시 비용은 최소한으로 쓰고 싶다. 가급적 기획전이 자연스럽게 알려지도록 유도한다.

방법은 이렇다. 우선 배너 게시, 대고객 홍보 메시지 발송, 자체 SNS 홍보, 보도자료 배포 등 회사 내부 자원을 활용해 행사를 알린다. 그러고는 입소문이 퍼지게 해달라고 기도한다. 정확히는 이벤트 시작 단계부터 '고객이 알아서 퍼 나를 만한 흥미로운 콘텐츠'를 지향하며 기획한다.

'부탁하지 않았는데도 독자가 먼저 소셜 미디어와 커뮤니티에 올리고 전파하는 기획.' 추천 기획전의 성공 여부를 판가름하는 기준이다. 스마트폰을 통해 항상 남과 연결되고 모두와 소통하는 시대가 된 지 오래다. 콘텐츠가 뛰어나다면 화제가 된다. MD가 나의 '작품'을 대규모로 알릴 기회는 널려 있다. 신선한 추천, 기상천외한 추천, 도파민을 가득 충전하는 재미있는 추천, 감성 온도 높은 추천, 내게 도움을 주는 추천을 보면 사람들은 기꺼이 공유한다.

나는 내가 올린 기획전을 두고 누군가 (다소 과격한 표현을 사용한다고 해도) 감탄사를 동반해 올린 반응을 확인하는 것을 좋아한다. 한번은 페이스북 친구가 내가 연 기획전을 혹평하는 글이 타임라인에서 눈에 띄었다. 어쨌든 '1 관심' 획득했다는 뜻이니까 기분이 나쁘지는 않았다.

소개한 도서의 판매 증가와 이벤트 페이지를 본 사람의 수 이상으로 추천 기획전의 성공을 인증하는 기준은 '캐릿', '뉴닉', '롱블랙' 같은 지식·트렌드 미디어나 『트렌드 코리아』(미래의창)에 소개되느냐의 여부다. 혹은 업계에서 벤치마킹 사례가 될 정도로 커다란 인상을 남겨야 한다. 이 중 내가 성공한 것은 아직 없는 것 같지만 꽤 인상적인 바이럴을 일으킨 적은 있다. 2024년 봄에 연 '독서율을 높이자! 1탄: 스테디셀러 100' 기획전이다.

그해 4월 발표된 역대 최저 성인 독서율 43.0퍼센트를 반등시키고자 그럼에도 불구하고 '꾸준히 많이 읽힌' 책은 있다는 사실을 알리는 것이 목적인 행사였다. 직전 5년 동안 교보문고에서 매월 100권 이상 판매된 도서를 뽑아봤다. 정확히 100종이 나왔다. 이 기획은 되겠다는 예감이 들었다. 2004년 11월부터 234달(19년 6개월) 연속으로 기록을 이어온 압도적 1위 『호밀밭의 파수꾼』을 포함한 최종 목록을 공개했다

서점 내외부 반응은 뜨거웠다. 언론에서 스무 건 가까이 기

사화되었다. 여러 온라인 커뮤니티에서 인기 게시물에 오르며 총합 50만 회에 가까운 조회수를 기록했다. 행사를 부정적으로 평가하는 반응은 다행히 없었다. 완전히 다른 성향의 커뮤니티 이용자들이 댓글을 통해 '책에 대해서만' 이야기했다는 사실이 고무적이었다. 이처럼 나의 작업을 수십만 명, 수백만 명에게 보여줄 수 있다는 것은 분명 서점 MD 일이 지닌 커다란 매력이다.

내가 관여한 또 하나의 영향력 있는 추천 기획은 '교보문고 특별기획 소설가 50인이 뽑은 올해의 소설'이다. 우리 서점의 콘텐츠 제작 부서에서 2016년 연말에 처음 진행하여 히트를 쳤다. 말 그대로 한국 소설가 50인이 그해 나온 소설 중 추천하는 작품을 취합해 발표하는 행사다. 첫 회부터 입소문을 탔고 기사로 소개되었다. 상위권 도서들은 베스트셀러에 새로 진입했다.

판매 냄새를 맡은 나는 2회차 행사부터 합류해 기획전 페이지 제작을 맡았다. '소설 쓰는 사람들이 좋아하는 소설?'이라는 키 카피를 잡는 중요한 어시스트를 했다. 이 행사는 매년 지속되며 올해의 책을 돌아보는 가장 인상적인 결산 행사로 자리 잡았다. 연말이 되면 출판사에서 목록이 언제 발표되는지 먼저 묻기도 한다.

매년 1위에 오른 작가는 동료 소설가들이 인정한 것이므로 특별하고 기쁘다는 소감을 자주 밝혔다. 형식적인 인사가 아니라 진심으로 뜻깊게 여긴다는 느낌이 전해졌다. 또한 1위 도서는 항상 판매 역주행을 이어갔다. 우선 판매가 늘어서 흐뭇했다. 좋은 책이 그에 걸맞은 평가를 한 번 더 받고 다시 독자에게 알려지는 계기를 마련했다는 사실은 더욱 의미 있었다.

작가 앙케트가 끝나고 최종 결과를 확인했을 때 가장 반가웠던 해는 2019년이다. 1위는 황정은의 『디디의 우산』이었다. 1월에 출간된 책이다. 1월에도, 여름에도, 가을에도 '올해 나온 베스트 소설'을 질문받을 때 항상 말한 책이었는데 연말 결산에서까지 1위로 인정받아 뿌듯했다.

『디디의 우산』은 2019년을 연 책이다. 또한 2019년을 넘어 '2010년대'라는 한 시대를 담은 작품이기도 하다. 책 출간 당시 황정은이 교보문고와의 인터뷰에서 전한 말은 의미심장하다.

"지난 10년 동안의 한국 사회가 어떤 사회였느냐는 질문을 더러 받아요. 저는 광장이라고 대답합니다. 많은 이들이 광장을 경험한 시간이었다고요. (…) 광장에 모인 불빛들 속에 저도 자주 있었고 이 작은 불빛들이 하는 일에 관심이 있었어요. 광장엔 '우리'도 있었지만 혐오와 배제도 있었잖아요. 사람들은 광장에서 한국 사회에 다양한 혐오와 배제가 있다는 걸 직접 보았고, 그걸 당사자로서 불편하게 여기는 사람들이 있다는 것까지도 본 거죠. 사람들이 혁명, 혁명이라고 말하는데 그걸 생각해보고 싶었어요."

『디디의 우산』은 지금껏 없었던 방식으로 '광장'과 '혁명'을 이야기한다. 묵직한 두 단어는 역사 교과서에나 등장하는 21세기 이전의 관념으로 여겨지기도 하나, 지금 여기 한국 사회에 여전히 존재한다. 개인의 방(일상)과 세상의 광장(혁명) 사이의 연결은 한시도 끊어진 적이 없고 앞으로도 그럴 것이다. 이 관계성 그리고 광장과 혁명이라는 거대담론을 누구나 소설로 쓸 수는 있다. 그러나 주제의 무게에 걸맞은 치열한 고민을 통해서 예술적 완성도까지 갖춰 완성해내는 건 쉬운 일이 아니다.

황정은은 해냈다. 『디디의 우산』에서 혁명은 성공해야 하나 '누구도 소외되지 않는 방식으로' 성공해야 한다고 작가는 냉철하게 말한다. '나' 자신에게 단호해야 '우리' 모두의 온기를 지킬 수 있다. 『디디의 우산』은 나의 사랑하는 존재, 내가 사랑해야 할 존재에게 내가 씌워줄 수 있는 우산은 무엇일지 고민하게 만든다.

'소설가 50인' 특별전에서 보이듯 나는 명확한 콘셉트를 뽑은 뒤 어울리는 책들을 선별해 공개하는 기획전을 좋아한다. 반면 이벤트 규칙을 고도로 정교하게 설정해야 하거나, 복잡한 개발이 필요한 기획전은 기대 효과를 잘 따져보고 진행한다. 돈을 많이 쓰는 이벤트도 결과에 대한 부담이 커서는 아니고, 그냥 내가 '가성비주의자'라서 신중하게 접근한다. 여기서 다른 상품 MD와 구분되는 도서 MD 일의 특성이 드러난다.

다른 상품군 MD는 할인, 쿠폰, 1+1과 같은 가격 혜택 확보가 필수다. 이에 반해 도서 MD는 혜택이 없거나 부족한 조건에서도 '기획력'만으로 판매 실적을 올리기도 한다. '독서율을 높이자!' 기획전과 '소설가 50인이 뽑은 올해의 소설' 기획전에서 내가 쓴 예산은 0원에 가깝다.

언젠가 당구장에서 사장님에게 받은 짧고 강렬한 가르침이 있다. 길이 안 보일 때 초보는 흔히 '기술'을 걸어 공을 틀어 치려 하지만, 고수는 웬만하면 각도만 잘 잡고 '정타'로 때려 해결하려고 한다. 모든 것은 기본에서 시작하고, MD에게 기본은 추천력이다. 단독왕을 꿈꾸는 MD가 꺼내 드는 수십 가지 카드 중 최강의 카드는 역시 '좋은 아이디어'가 되어야 할 것 같다.

80세까지 재미있게
일하고 싶은 MD

『푸른 묘점』, 마쓰모토 세이초, 북스피어, 2013(1959)

'집에 가고 싶다. 참, 지금 집이지.'

이런 생각을 할 정도로 회사, 집 가리지 않고 업무 폭풍에 휩싸일 때가 있다. 내가 일을 하는지 일이 나를 하는지 분간 안 되는 상태. 이럴 때면 '어떤 감정'이 몰려온다. 그 감정의 이름은 '허무'다. 이렇게 일해서 결국 내게는 무엇이 돌아오지? 더 많은 성과, 더 많은 매출, 그다음에는 무엇이 남을까?

고심 끝에 나는 어느 정도 머릿속 정리를 마쳤다. 지금은 일하는 이유로 세 가지를 꼽는다. 하나는 일하면서 느끼는 '재미'고, 다음은 일을 통해 얻는 '추억'이다. 가장 중요한 이유는 역시 '수입'이다. 매일 출퇴근하고 일하는 덕분에 나와 가족이 생계를 유지할 수 있다. 이보다 더 확실한 효능이 있을까? 재미와 추억과 수입, 그중에 제일은 수입이라. 그래서 일이 고돼 내면에 평지풍파가 이는 날에도 "난 돈만 받으면 돼" 혼잣말하며 자신을 추스르고, 매일 같은 시간 산책하는 칸트처럼 무심하게 모니터를 쳐다보며 키보드를 두드린다.

나처럼 많은 서점·출판인이 수익에 관심이 많다. 정확히는 본업에서 거두는 월급 외 '부가 수익'에. 급여 소득이든 부가 수익이든 회사 다니는 사람치고 돈 고민 안 하는 사람도 있나? 출판계는 다른 업계에 비해 평균 급여 수준이 다소 낮다는 슬픈 현실을 알면 의아함이 사라질 것이다. 내가 가입한 한 출판인 커뮤니티에는 알바, 투잡, 쓰리잡, 사이드잡에 관한 질문과 추천이 자주 올라온다. 나는 우연한 계기로 'N잡'으로 연결되는 '경력 개발'에 관심을 가지게 되었다.

MD 5년 차를 맞은 해였다. 나는 사회 생활을 시작한 이듬해 결혼을 해서 당시 아이가 어렸다. 육아 때문에 온 가족이 바쁜 나날이 이어졌다. 어느 휴일 오후, 모처럼 혼자 집에서 여유롭게 쉬며 시간을 보냈다. 집에 돌아온 아내가 무엇을 하고 있었냐고 물어서 책을 읽고 있었다고 답했다. 차라리 잠을 자는 게 낫지 않았겠냐는 답이 돌아왔다. 정말 맞는 말이었다. 조금이라도 더 에너지를 비축해놓는 것이 웃음소리 들리는 가정을 만들기 위해 분명 더 나은 선택이었다. 다만 그날 읽은 책은 도저히 손에서 놓을 수 없을 만큼 재미있었다는 것이 문제였다. 마쓰모토 세이초의 소설 『푸른 묘점』(북스피어)이었다.

소설 분야를 맡은 뒤 처음으로 만난 마쓰모토 세이초의 신간은 그 유명한 『점과 선』(모비딕)이었다. '4분의 공백'(점)에서 시작해 일본의 끝과 끝으로(선) 무대가 확장하는 신출귀몰 미스터리. 절묘한 트릭과 호쾌한 규모감이 세이초 월드 입문자인 나를 단숨에 매료했다. 잘 알려진 일화로, 추리소설 거장인 마쓰모토 세이초가 처음 받은 대형 문학상은 대중 문학상인 나오키상이 아니라 순문학상인 아쿠타가와상이었다. 특유의 문예성이 좋았다. 절제한 서술과 간결한 표현이 빚어낸 담백함이 내 취향과 잘 맞았다.

작가의 모든 책을 만족스럽게 읽었다. 『점과 선』에 이어서 다른 울림으로 충격을 준 작품은 『어느 「고쿠라 일기」 전』(모비 딕)이었다. 미스터리 장인이 미스터리 농도를 낮춰서 쓴 단편이 여럿 수록되어 있음에도 웬만한 본격 미스터리보다 무섭다. '뜻대로 흐르지 않는 인생의 가혹함'이 소스라치듯 차갑게 뼛속을 파고든다. 『점과 선』과 『어느 「고쿠라 일기」 전』은 명실공히 마쓰모토 세이초의 공인된 양대 걸작이다. 나는 여기에 내 개인 취향을 반영한 『푸른 묘점』을 추가해 비공인 3대 걸작이라 부른다.

온천으로 유명한 휴양지 하코네. 한 유명 소설가 주변에서 살인 사건이 발생한다. 그에게 원고를 독촉하러 간(벌써 재미있다) 출판사 편집자 노리코는 사건에 의문을 품는다. 이야기를 전해 들은 동료 사키노도 마찬가지. 둘은 사건을 직접 조사해보기로 결심한다. 형사나 탐정이 아닌 평범한 회사원이 추리를 펼친다는 설정에서 오는 풋풋함과 자연스리움이 매력이다. 숨겨진 비밀이 하나씩 밝혀지면서 인간의 음습한 욕망이 고발되는데도 웬

일인지 소설의 분위기는 갈수록 경쾌해진다.

작품 내내 출판계의 현실을 사실적으로 드러낸다. 출판인, 특히 작가를 상대하는 편집자라면 몰입해서 읽고 즐길 만한 흥미진진한 이야기다. 여담으로 책에는 '세계 출판 편집자 연합'에서 공식 비판 성명을 낼 만한 에피소드가 나온다. 인기 작가이자 '마감 파괴자'인 무라타니 아사코는 원고를 받으러 집에 찾아온 담당 편집자를 바람맞힌다. "원고가 늦어져서 미안해요. 이번 달은 피곤해서 그만 쓰고 싶습니다"라는 놀라운 메모를 남긴 채 휴양지인 하코네의 호텔로 도피한다. 그곳까지 찾아온 편집자에게도 마감을 하루이틀 미루다 결국 최초 약속한 분량보다 적은 원고를 건넨다. 그는 영 좋지 않은 결말을 맞는다. 글 쓰는 사람이라면 모두 1차 마감일을 철저하게 지키자. 그리고『푸른 묘점』도 꼭 읽어보자.

『푸른 묘점』은 재미 말고도 중요한 인생의 지혜를 내게 전했다. 이렇게 재미있는 책을 대놓고(?) 많이 읽기 위해서는 수입을 늘리면 되겠구나, 결론을 냈다. 책이나 영화, 영상, 음악 등 콘텐츠 산업 종사자가 자주 하는 공통 고민이다. 일을 잘하기 위해 책 많이 읽고 영화 많이 보면 팔자 좋게 노는 것처럼 보인다. '나는 왜 책을 볼 때 떳떳하지 않지? 일하는 건데.' '그래도 들어오는 돈은 똑같잖아.' '그러면 독서를 통해 실질적으로 버는 돈을 늘리면 문제 해결이네.' 이런 해괴한 생각의 연쇄 끝에 본업 외 부업의 세계를 주목하기 시작했다….

가장 먼저 떠올린 건 역시 '기고'다. 그 전에도 가끔 들어오는 청탁은 모두 수락했는데, 더 본격적으로 기고할 기회를 찾아보고 싶었다. 하루는 퇴근길에 대형 서점에 들러 나를 필요로 할 만한 잡지가 있나 살펴봤다. 최근 창간한 매거진 《언유주얼》이 눈에 띄었다. 잡지의 문화·취향 방향성이 좋고 도서 MD가 낄 부분도 있는 것 같아 콜드 메일(사전 연락 없이 수신자에게 전송되는 이메일)을 보냈다. 강남 교보타워 1층 스타벅스에서 편집장님과 한 차례 사전 미팅한 후 첫 글을 실었다. 기고 회수는 총 네 번. 이후 한동안 "신형철, 박상영, 백수린, 편혜영, 구병모'와 같은(여기까진 큰 목소리로) 잡지에 글을 실은 적이 있는(여긴 작은 목소리로) 구환회입니다"라고 자기소개를 하곤 했다.

'저자 되어보기 경험'은 매우 특별했다. 한 편의 완성된 글이 여러 개 모여 한 권의 책이 완성되는 과정을 배울 수 있었다. 무엇보다 《언유주얼》은 원고를 굉장히 꼼꼼하게 고쳤다. 단어 선택과 표현의 수정은 물론, 크게는 문단의 배치까지 포함해 교정을 자세하게 여러 차례 본다. 나는 모든 잡지, 언론사가 다 이렇게 하는 줄 알았다. 추후 겪어보니 매체마다 달랐다. 가장 기본적인 맞춤법이나 주술 호응같이 기본적인 오류만 수정해달라고 요청하는 곳도 있었다. 속도가 최우선인 주간지는 내게 공유하지 않고 직접 내용을 수정하고 제목까지 정했다.

피하고 싶었던 방식은 딱 하나였다. 아무 편집과 피드백 없이 초고가 곧 최종고가 되는 마감은 다행히 경험하지 못했다. 모든 방식이 각각 장점이 있었는데, 가장 좋은 건 《언유주얼》이었다. 우선 처음이라는 특별함이 컸다. 글 알리고, 돈 받고, 무료로 작문 수업까지 받았으니 나로서는 얻은 것만 있었다. 서점에서 일하다 보면 가끔 자신의 글은 한 글자도 못 고치게 한다는 저자의 이야기를 듣는다. 이해가 안 된다. 편집자와의 소통은 내 글을 더 좋게 만드는 가장 효율적인 방법 아닐까. 좋은 저자의 조건이 마감 잘 지키고 편집자 의견 존중하는 것임을 깨달은 건 몇 건이나마 글을 쓰며 온라인서점 DB에 등록된 저자가 되어본(지금 교보문고에서 '좋아요' 수 0을 유지하고 있다) 덕분이다.

'강연'은 직무 특성이 반영된 '트렌드 강연'으로 시작했다. 매일 책 판매 데이터를 확인하고 출판 경향과 마케팅 사례를 살펴보기 때문이다. 2019년부터 2021년까지 3년 연속 한겨레 교육문화센터에서 '출판 트렌드 특강'을 진행했다. 첫해는 대면으로, 다음 해는 비대면으로, 마지막 해는 온라인과 오프라인으로 동시 진행했다. 팬데믹이라는 시대의 격변을 체험한 셈이다.

첫해에 오프라인 강연을 하며 절감했다. 한 시간은 정말 길다. 내 강연을 100명이 들었다면 강연 시간과 왕복 60분을 더해 최소 두 시간 이상을 써야 한다. 여기에 곱하기 100명 하면 타인의 200시간을 내가 사용한 셈이 된다. 요즘 같은 숏폼 콘텐츠 시대에 직접 몸을 움직여 강연장까지 찾는 건 대단한 열의다. 수강생이 단 한 줄의 식견이라도 얻어 가고 이를 실제 업무나 생활에서 활용할 수 있도록 강연자는 철저히 준비해야 한다는 당연한 사실을 깨달았다. 얕은 지식을 말장난, 뻔한 말, 감성 멘트로 적당히 가려서는 안 된다는 사실 또한.

주로 강연은 출판인을 대상으로 진행했다. 개인 바람으로는 나와 비슷한 직장인 상대로 기업체 강연을 해보고 싶다. 급격하게 추락하고 있는 독서율 속 대면 영업을 뛰어서라도 독자를 늘려보고 싶다. 주제는 '책 읽는 이유', '독서의 효용', '한강과 노벨문학상' 등 다양하고, 지향점은 '최고 가성비'를 보장하는 강연이다. 회사 교육이라 해서 귀찮아하며 참여했는데 막상 내용이 재미있어서 책 읽고 싶은 마음이 샘솟는 가상의 직장인 A를 상상한다. 이런 생각을 하는 건 사회 초년생 시절의 나라면 상상도 못할 일이다. 여러 사람 앞에서 말하는 일은 어떻게든 피해 다녔다. 지금은 시키면 다 한다. 역시 사람은 변한다.

정말 변한다. 라이브 '방송'에 참여하는 것 역시 나로서는 딴 세상, '지구 2'에서나 일어날 만한 일이었다. 신입 MD 시절에는 생방송도 아니고 녹음 송출하는 라디오 프로그램에서 책 소개 코너를 맡아 쩔쩔맨 적이 있다. 선배 MD에게 이어받은 일이었다. 선배의 방식까지 이어받지는 말아야 했다. 선배처럼 '그냥 내 자리에서' 진행자와 통화했다. 주위 눈치가 너무 보여서 그러잖아도 작은 목소리가 아예 가루가 되었다. 몇 차례 진행 후 작가님께 메일이 왔다. 코너 개편으로 인해 다음 주부터는 방송 준비를 안 해도 된다는 내용이었다 음악에 대한 견해 차이로 활동을 중단한다는 어느 밴드의 해체 기사가 떠올랐다. 다만 부담을 느껴가며 한 '회사 일'이었기에 당시에는 별로 아쉽지도 않았다.

'그때 조금 더 잘할걸', '사무실 내 자리가 아니라 아무도 없는 회의실에서 문 걸어놓고 휴대전화로 통화할걸' 생각한 건 약 10년 후였다. 라디오를 즐겨 듣기 시작한 시기였고 특히 책 소개 코너가 재미있었다. 나도 독자 눈높이에 맞춰 알차게 소개해볼 수 있겠다는 생각이 들었다. 평소 교류하던 출판계 파워 인플루언서, 문학평론가 H에게 혹시 좋은 자리 있으면 소개해달라 부탁했고, 한 아침 라디오 프로그램에서 책을 추천하는 일을 맡게 되었다. 오전 8시 20분부터 30분 동안 진행하는 생방송 코너였다.

대망의 첫날 방송은 말 그대로 최악이었다. 1부가 끝나고 중간 노래 나가는 시간에 얼굴이 사색이 된 PD님이 스튜디오에 들어와 자연스럽게 좀 하라고 요청했다. 그날 나의 원고 낭독은 시리와 빅스비를 더한 뒤 챗GPT를 곱한 것만큼이나 비인간적이고 경직되어 있었다. 주말에 진행자님이 줌으로 특훈을 해주셔서 다행히 10년 전과 달리 광속 조기 하차를 면했다. 곧 익숙해져서 정확히 1년 동안 즐겁게 진행했다. 방송 준비를 위해 책을 읽는 것도, 원고를 적는 것도, 생방송으로 내 목소리를 들려주는 경험을 해보는 것도 모두 좋았다.

의외로 '선곡의 즐거움'을 느낄 수 있었던 것도 행복했다. PD님은 황송하게도 오늘 소개한 책과 어울리는 노래를 고를 수 있는 특권을 하사하셨다. 프랑스 미술관 여행 책 다음에는 조용필의 (루브르 박물관에 전시된 그림) 〈모나리자〉를 틀고, 학교가 배경인 『보건교사 안은영』(민음사)에 이어서는 우효의 〈스쿨버스〉를 매칭하는 식이었다. 언젠가부터 원고 준비만큼이나 선곡을 신경 썼다. 책에 더해 노래도 고르면서 바라보는 '고객'의 범위를 확장하여 재미있었다.

기고, 강연, 방송 그리고 심사 같은 다른 시도를 경험하다 보니 본업인 MD 역량도 자연스레 향상되었다. 우선 책을 소개하려면 책을 많이 읽어야 한다. 이 책의 좋은 점, 사람들이 이 책을 읽어야 할 이유를 전달하려면 많이 생각해야 한다. 정해진 지면 혹은 시간 내에 꼭 필요한 내용을 효과 있게 전달하려면 핵심만 남기고 정제하는 연습을 해야 한다. 이 과정에서 본업과 부업의 상호 상승효과가 일어난다. 그리고 값진 자기 콘텐츠와 자기 서사가 생긴다.

주의할 점! 본업과 부업 간 주객전도가 일어나지 않아야 한다. 내 '일의 본질'을 정의할 때 당연히 본업을 내 경쟁성의 원천으로 삼아야 한다. 어떤 직장에 들어가든 입사 초 몇 년 동안은 곁눈질 없이 회사 일 하나에만 깊게 몰입해서 업무 기초 체력을 키우는 것이 좋아 보인다. 그런 뒤 본업(A)에 충실하며 이에 연관된 일(A')로 가지를 뻗쳐나가거나, 나의 또 다른 재능(B) 하나를 발전시키면 될 것이다.

본업에만 충실해도 되는 행복한 사람도 있긴 하다. 다만 주위를 둘러보면 이미 이룬 성취가 많고 경력이 화려한 사람일수록 커리어 포트폴리오를 공들여 가꾸고 있음을 확인하게 된다. 배움, 성장, 자기표현은 인간의 기본 욕구이기도 하고, 순전히 재미 때문에 일을 늘리는 사람도 있다. 그리고 자의든 타의든 우리는 퇴직 후에도 20년 넘게 일해야 하는 세상을 살아야 한다. 내 목표는 80세까지 재미있게 일하기다. 조금만(?) 더 욕심내면 100세가 넘어서도 현역 영화감독으로 활약했던 마누엘 데 올리베이라처럼 길게 일하고 싶다. 기왕이면 적성에 맞고 원하는 일을 해야 좋다. 가능한 한 일찍 준비를 시작하고, 우선 본업에서 전문가가 된 뒤 회사 안팎에서 다양한 경험을 해보라고 여러 비즈니스서가 이야기한다. 관련 주제의 책으로『쿨하게 생존하라』(모멘텀)와『시대예보: 호명사회』(교보문고)를 추천한다.

　　동료 MD에게도 회사에서 갈고닦은 역량을 밖에서 발휘할 기회가 있으면 최대한 도전해보라 권장한다. 출판사 동료의 활약도 물론 보고 싶다. IT 등 다른 업계에는 자신의 지식과 경험을 적극 전파하는 사람이 많다. 반면 출판계 사람은 너무 겸손하다. 은둔 고수가 많은 것 같다. 지혜를 더 세상에 베풀어주길 바란다. 독자 수는 줄어도 내가 가진 문제를 해결해줄 지식(책)을 찾고 싶다는 인간의 욕구는 변하지 않는다. 책 추천 외에도 대중이 관심을 가질 만한 콘텐츠 아이템을 학술부터 실용까지 무궁무진하게 많이 가지고 있는 사람이 바로 글과 말로 먹고사는 지식·정보·문화 전문가인 출판인이다.

　　역시 출판인인『푸른 묘점』의 노리코와 사키노도 요즘 말로 하면 'N잡러'다. 그냥 편집자가 아니라 '추리하는 편집자'니까. 이 듀오의 본업은 편집, 부업은 탐정이다. 그런데 부업하는 목적이 요즘과는 다르다. 그저 재미있어 보여서다. 이야기의 배경은 1950년대 일본이다. 스마트폰은 당연히 없고 정보통신도 발달하지 않았던 시절이라 풋내기 두 탐정은 기차를 타고 추리 여행을 떠돈다. 이 아날로그 감성만으로도 여유가 느껴지는데 부업의 대가로 획득하는 것이 돈이나 경력이 아니라 사랑이라는 결말은 한껏 낭만성을 더한다.『푸른 묘점』이 지닌 젊음과 신선함은 첫 발표 후 반세기가 지난 지금도 휘발되지 않고 그대로 남아 있다.

사이좋게 지내야 할
종이책의 유능한 친구 전자책

『심플 플랜』, 스콧 스미스, 비채, 2009(1993)

1965년 미국 뉴저지에서 태어난 스콧 스미스가 첫 책을 발표한 건 아직 서른이 채 안 된 1993년이었다. 호러 거장 스티븐 킹이 "『양들의 침묵』 이후 최고의 스릴러"라고 극찬한 완벽한 데뷔작 『심플 플랜』이다. 13년 후인 2006년에 발표한 『폐허』(비채)까지 작가가 선보인 장편소설은 단 두 편. 미스터리 팬에게는 아쉬운 일이다. 그러나 아쉬워하지 않을 사람도 있을 것 같다. 『심플 플랜』은 스콧 스미스를 '단 한 편으로 전설이 된 소설가' 명단에 올리기에 부족하지 않은 압도적인 명작이기 때문이다.

등장인물도 압도적이다. 압도적으로 제정신이 아니다. 주인공은 사료 회사에서 일하는 행크다. 형 제이콥과 그의 친구 루는 거칠고 멍청하고 탐욕 많은 단짝이다. 세 남자는 눈 덮인 숲속을 지나다가 추락한 경비행기를 우연히 발견한다. 비행기 안에는 440만 달러가 담긴 더플백이 있다. 그들은 간단한 계획(심플 플랜)을 세운다. 6개월만 돈을 쓰지 않고 대기하다가 잠잠해지면 돈을 나누자는 것이다.

계획은 물론 헝클어진다. 형과 친구의 나사 풀린 평상시 모습을 생각하면 당연한 일이다. 집안에서 처음으로 대학을 졸업했고 유일한 사무직 노동자이자 별명이 '회계 선생'인 행크는 조금 나을까? 그는 배운 사람답게(?) 지적으로, 이성적으로 치밀하게 계획을 짜 악행을 저지른다. 그는 더 이상 사무용품을 쓰지 않고 모든 걸 총으로 해결한다. 거액을 지키기 위해 멈추지 않고 악의 구렁텅이로 떨어진다. 이런 행크까지 뛰어넘는 '악의 끝판왕'이 남아 있으니, 정체는 책을 읽고 확인하기로 하자.

소설의 배경은 인물들만큼이나 볼품없다. 끝없이 펼쳐지는 광활한 풍경은 답답한 회색이다. '거대한 시골' 미국 속 '거대한 시골 마을'의 적막감이 소설 속 인물과 소설 밖 독자를 옭아맨다. 꿈도 희망도 없는 현실. 어느 날 불쑥 끼어든 돈뭉치. 파국으로 치닫는 사태. 코엔 형제가 영화로 만들기 좋은 이야기인데 코엔 형제의 친구 샘 레이미가 연출했다는 점이 재미있다.

『심플 플랜』은 내가 '드물게' 전자책으로 읽은 소설 중 가장 좋아하는 작품이다. 종이책으로도 읽을 책이 너무 많아서 종이책을 우선 집을 뿐이지 전자책 읽기를 싫어하지는 않는다. 전자책의 장점은 무궁무진하다. 이 장점들이 『심플 플랜』을 읽을 때 빛을 발했다. 나는 비행기로 편도 열 시간 이상 걸리는 장거리 여행을 떠나기 전 이 책을 전자책으로 구매했다.

여행을 준비할 때 종이책을 챙기는 건 일찌감치 포기했다. 실물 책은 짐 가방을 많이 차지해서다. 보고 싶은 책을 주문하거나 빌릴 시간 여유도 부족했다. 누구나 그렇듯 나도 출발일을 며칠 앞두고 벼락치기 하듯 짐을 쌌다. 끝으로 어차피 비행기 안은 어두워서 종이책은 읽기 힘들다. 전자책은 이 모든 문제를 단번에 해결했다.

전자책은 보고 싶을 때 바로 구매해 배송을 기다리지 않고 다운로드할 수 있다. 스마트폰이나 전자책 단말기에 용량 제약에서 비교적 자유롭게 많은 책을 넣고 휴대할 수 있다. 주위가 밝지 않아도 액정 화면으로 읽을 수 있다. 기술 발전이 가져온 읽기의 혁명이다. 전자책을 편하게 즐길 때면 항상 초등학교 시절 겪은 정반대 불편함이 떠오른다.

어느 추운 겨울날 밤이었다. 새로 나온 홍콩 영화 비디오를 빌리기 위해 자전거를 타고 동네 비디오 대여점을 돌아다녔다. 가는 곳마다 이미 누가 다 빌려 간 뒤여서 다른 가게들을 전전했다. 겨우 비디오 테이프를 빌려 집에 돌아왔다. 추운 바깥을 떠돌다 따뜻한 집에 들어오니 너무 노곤했다. 영화를 튼 지 얼마 지나지 않아 잠이 들었다.

"네이버에서 동네 대여점 전화번호를 검색해서 비디오가 있는지 물어보고 가지 그랬냐?" 이런 말은 하지 않으면 좋겠다. 인터넷을 안 쓰던 시절이었다. 스마트폰, OTT, 영화 다운로드 서비스도 없었다. 나는 모른다고 말하고 싶지만 '으뜸과 버금',

'영화마을'이라는 상호를 기억하는 사람이 있을 것이다. 좋아하는 영화를 TV에서 방영하면 비디오 플레이어로 녹화했다. 음악도 마찬가지로 듣고 싶은 노래가 있으면 레코드 가게에 가서 실물 음반을 구매해야 했다. 친구에게 CD를 빌려서 테이프로 복사하거나 라디오에서 흘러나오는 노래를 순발력 있게 녹음하는 건 일상이었다.

모든 콘텐츠의 접근성이 획기적으로 높아진 지금은 상상 못 할 모습이다. 정식 서비스를 통해 제공되는 타이틀이라면 손만 까딱하면 즉시 즐길 수 있다. 책도 마찬가지이나 영화, 음악과는 상황이 약간 다르다. 지금도 수집가들이 블루레이 타이틀, LP, CD를 구매하긴 하지만 영화와 음악은 스트리밍 시장이 실물 상품 시장을 상당 부분 대체했다. 반면 책은 디지털 상품이 압도하지는 않는다. 아직 종이책의 시장 규모가 크다. 두 상품은 공존하고 있다.

이유를 영화, 음악과의 비교를 통해 찾아보자. 영화는 OTT 서비스, DVD, VHS 중 무엇으로 보든 '화면'으로 보게 된다. TV, 스마트폰, 태블릿 등 기기 차이가 있을 뿐이다. 음악도 CD, LP를 재생하든 스트리밍 서비스를 이용하든 같은 '소리'를 듣는다. 블라인드 테스트를 하면 내가 어떤 포맷으로 재생된 음악을 듣는지 구분하지 못하는 사람도 많을 것이다. 영화든 음악이든 느낌은 미묘하게 다르지만, 감상자에게 전달되는 '최종 콘텐츠의 형태'는 비슷하다.

책은 다르다. 종이책 독자는 지면에 인쇄된 글자를 읽는다. 전자책 독자는 스마트폰, 전자책 단말기, 노트북 등의 디스플레이를 거쳐 읽는다. 사용자 경험에서 근원적으로 큰 차이가 있다. 종이책과 전자책은 시작부터 물성이 구분된다. 이 전제에서 시작해 종이책 출판과 전자책 출판, 종이책 마케팅과 전자책 마케팅을 이해해야 한다. 영화, 음악만큼 비실물 상품이 시장 지배자가 되지 못한 출판의 현 상황은 어떤 시사점이 있는가? 통합적 성장을 가로막는 위기에 놓여 있다고 해석해야 할까?

반대로 '완벽히 다른' 두 매체의 차이에서 오는 기회 요소에 주목해야 한다. 서로 독립적이지만 느슨하게 연결된 두 시장은 상대방의 영향력을 축소하지 않으면서 각자 발전해나간다. 각자의 시장을 잠식하지 않고 상호 긍정적 피드백을 준다. '읽는 사람'을 바라본다는 핵심 공통점을 공유하고 있기 때문이다.

독서를 즐기는 방법이 다채로워 독서가는 행복하다. 일단 종이책 읽기의 장점을 받고, 전자책 읽기의 장점을 더블로 받는다. 종이책 MD로 경력을 시작한 나는 잠깐이지만 전자책도 함께 담당한 적이 있다. 예를 들면 같은 소설 작품을 두고 종이책 구매자와 전자책 구매자에게 각각 홍보 메시지를 보내는 통섭(?) 마케팅을 하던 시기였다.

당시 새롭게 전자책과 웹 콘텐츠 마케팅을 경험하면서, 종이책에는 없는 전자책만의 매력을 발견했다. 앞서 '휴대와 소장의 용이성, 바로 구매할 수 있는 즉시성, 주변 밝기에 제약받지 않는 편의성'을 언급했다. '합리적인 가격'을 추가해 더 자세히 살펴보자.

첫째. 한번 구매 후 다운로드해놓으면 스마트폰이 있는 한 언제 어디서든 읽을 수 있다. 만화책 시리즈 전권을 한 번 내 서재에 담아놓으면 내 집 침대, 혼잡한 대중교통 안, 누군가를 기다리는 약속 장소 어디든 독서 공간이 된다.

둘째. 내구성이 뛰어나다. 종이책은 언젠가는 색이 바래고 버려야 한다. 전자책은 반영구적으로 품질이 유지된다.

셋째. TTS(Text to Speech) 기능을 이용하면 운전할 때도, 운동할 때도 책을 읽을(들을) 수 있다. 초기에는 다소 부자연스럽다는 느낌도 있었으나 기술은 무서운 속도로 발전한다. 어색함은 점점 줄어들 것이다.

넷째. 종이책은 밑줄 긋고 형광펜 칠하고 메모하기가 조심스럽다. 전자책은 깔끔하게 표시된다. 밑줄과 주석을 다시 찾아 읽기도 편하다.

다섯째. 종이책보다 비교적 가격이 싸다. 제휴 할인, 구독 등 여러 방법을 활용하면 경제적 부담은 더 줄어든다.

여섯째. 내가 느낀 전자책의 가장 매력적인 강점이다. 글씨 크기를 자유롭게 조절할 수 있다. 나는 기본 크기의 몇 배 이상 확대하여 본다. 한번 이렇게 크게 본 뒤로는 다시는 작은 크기 설정으로 돌아갈 수 없었다. 종이책은 가끔 너무 작은 글자 크기로 제작되기도 한다. 이런 책은 읽을 마음이 아예 안 생긴다. 시장이 커지고 있는 큰글자책 사업과 같은 맥락에서 전자책의 이점이 분명 주목받으리라고 본다.

일곱째. 마지막은 소비자가 아닌 공급자 입장의 장점이다. 2010년 출간된 『전자책의 충격』(커뮤니케이션북스)에서 저자 사사키 도시나오가 주장하였고 15년이 지난 지금도 유효한 내용이다. 전자책은 '출판의 민주성'을 확보해준다. 기존의 어떤 권위와 관행에도 얽매이지 않고 누구나 자신의 주장과 이야기를 책으로 펴낼 수 있다. 한 아마추어 작가는 온라인으로 연재하던 작품이 입소문을 타고 인기를 끌자 전자책으로 공개한 데 이어 종이책으로도 출간해 놀라운 성공을 거두었다. 앤디 위어의 『마션』(알에이치코리아) 이야기다.

이처럼 풍부한 매력을 지닌 전자책 시장이 더욱 빠르게 성장하게 하려면 어떤 조건이 갖춰져야 할까? 첫 번째는 '출간 종수'이다. 뭐니 뭐니 해도 볼 책이 많아야 한다. 두 번째는 부담 없는 '가격'이다. 전자책도 할인에 제한이 있으나 종이책 대비 정가는 낮다. 가격 이점을 내세워 마케팅을 강화하면 분명 독자는 주목할 것이다. 세 번째는 '디바이스'다. 전자책을 스마트폰으로 읽으면 집중도가 떨어진다. 강력한 사용자 경험을 제공하는 '국민 E-ink 단말기'가 나타나기를 기대해본다. 네 번째로 '커뮤니티'가 더욱 활성화되면 좋을 것이다. 전자책 독서 경험의 활발한 교류는 전체 전자책 독서 인구의 증가로 이어진다.

웹소설은 이 모든 과제를 전자책보다 빠르고 탁월하게 완수한 산업이다. 우선 출간 종수. '종이책 중 얼마나 많은 타이틀이 전자책으로 출간되느냐'를 따지는 전제가 웹소설에는 아예 없다. 작가가 처음부터 웹소설로 창작한 콘텐츠가 곧바로 디지털 플랫폼에서 공개되기 때문이다.

그리고 가격. 물론 유료 결제 상품도 많지만 웹소설과 웹툰은 무료로 즐길 수 있다는 인식이 강하다. 또한 다양한 이벤트를 통한 할인이 추가된다.

다음으로 디바이스. 우리는 인류 역사상 최상의 기능을 지닌 전자 기기인 스마트폰으로 웹소설을 즐기고 있다. 웹소설은 분량이 짧고 몰입도가 높다. 스마트폰으로 감상해도 집중력이 떨어지지 않으므로 전용 기기가 굳이 필요 없다.

끝으로 커뮤니티. 웹툰과 웹소설 한 회차를 읽은 독자는 바로 아래의 댓글란에서 다른 이의 반응을 확인하고 소통하고 논다. 그 자체가 최고의 커뮤니티다. 나도 꾸준히 별점 1 행진을 달리는 데다 재미 또한 없는데도 댓글 읽는 맛이 쏠쏠해서 챙겨 본 웹툰이 있다.

'종이책 시장의 성숙' 다음 '전자책 시장의 성숙' 다음 '웹소설 시장의 성숙'. 2010년대 초 '인쇄되지 않은 텍스트 콘텐츠'의 미래를 상상하며 그렸던 흐름이다. 스마트폰·이동통신 기술의 발달과 스낵 컬처의 중흥 등 여러 우호적 환경이 맞물려 웹소설 시장이 먼저 급격하게 팽창했으나, 전자책 시장도 의미 있는 성장을 이어가고 있다. 전자책이 처음 등장했을 때 주 독자는 전자

책을 '종이책 다음의 읽기 방식'이라 여겼다. 태어날 때부터 스마트폰과 태블릿 PC에 둘러싸여 자란 지금의 젊은 디지털 네이티브 세대는 이런 선후 관계에 대한 인식이 없다. 동등한 선택지 중 하나일 뿐이다.

앞으로도 전자책의 성공 잠재성을 계속 긍정해도 되는 또 하나의 이유. 오늘 우리는 스마트폰과 AI가 대표하듯 유례없이 가파른 IT 혁신을 경험하고 있다. 전자책 역시 어떤 새로운 기술에 의해 파격적 도약이 더 이뤄질지 모른다. 스스로 가능성을 제한하지 말고 상품, 서비스, 디바이스 무엇이든 급진적인 발전을 상상해봐야 하겠다. 종이책에서는 꿈꾸기 어려운 시도다.

개인의 바람으로는 TTS의 재미 요소를 더 발전시켜보면 좋겠다. '스노우' 같은 카메라 앱이 다양한 필터를 제공하는 것처럼 전자책도 음성 옵션을 1970년대 고전 만화영화 성우, 1990년대 서울 사투리, 심야 라디오 내레이션 등 다양하게 설정할 수 있게 하는 것이다. 심영, 곽철용, 장첸, 펭수 같은 고품격 보이스 적용을 선택할 수 있도록 해도 재미있겠다. 음악 기획사와 협업하여 뮤지션 신곡 홍보용 음악 샘플러를 TTS 배경음으로 깔아주는 서비스가 나온다면 나는 당장 써볼 것이다.

전자책이라는 상품의 기준을 유연하게 확장하는 길도 있다. 꼭 책이 아니어도 스캔을 통해 디지털화가 가능하다면 무엇이든 아카이빙하는 것이다. 초등학생 시절 한 집지에서 부록으로 줬던 영화 소개 가이드북이 아직도 기억난다. 〈토마토 공격대〉, 〈녹색 광선〉 등 시네필이 반가워할 큐레이션을 선보였던 그 책자를 보고 또 봤다. 지금 그 책자를 다시 본다면 어렸을 적 가지고 놀던 장난감 상자를 발견한 듯 기쁘고 아련할 것 같다.

이 같은 소책자나 미술 전시회 도록, 영화제 팸플릿, 시네마테크 소식지, 심지어 마트의 세일 이벤트 전단까지도 보는 걸 좋아하고 아끼는 사람이 있다. 중요한 걸 빼놓았다. 영화 전단지를 수집하는 마니아층도 두껍다. 혹은 어린 시절의 일기, 발표회 자료, 그림 등 더 개인적인 영역의 자료는 어떨까? 이런 모든 자료를 디지털 파일로 전환해 업로드하는 서비스가 나오기를 기대한다. 소셜 미디어의 성격을 더한 디지털 아카이빙 플랫폼이라 보면 되겠다(과연 광고를 붙일 수 있을지…).

전자책에 찬사를 보낸 나와 달리 움베르토 에코는 짓궂은 생각을 했다. 2012년, 그는 루브르 박물관 2층에서 자신의 책 『장미의 이름』의 종이책과 아마존 킨들을 아래층 바닥으로 내던졌다. 킨들은 박살 났다. 종이책은 구겨지긴 했어도 읽지 못할 정도로 훼손되지는 않았다. 종이책의 영속성을 보여준 상징적 퍼포먼스였다. 눈길이 가긴 하지만 반대 관점에서 종이책의 취약성을 증명하는 사례 역시 한가득 나올 것이다. 싸움을 그만 두고 읽기를 지속하는 '독자' 수를 늘리는 것이 최우선 과제이다.

하지만 나부터도 한동안 고정관념에 빠져 있었던 걸 고백한다. 어느 퇴근길 지하철, 전동차의 첫 칸부터 마지막 칸까지 왕복해 걸어 다니며 책 읽는 사람을 세어본 적이 있다. 소설 책을 읽는 사람이 세 명, 경제 책을 읽는 사람이 두 명, 인문 책을 읽는 사람이 네 명, 외국 원서를 읽는 사람이 한 명이었다. 독서하는 사람은 모두 몇 명이었을까? 처음에는 열 명이라고 생각했다. 정답은 '모른다'이다. 스마트폰으로 전자책을 읽는 사람은 셀 수 없었기 때문이다. 최저로 떨어진 독서율 반등을 위해 이제는 '종이책이냐 전자책이냐'가 아니라 '읽느냐 읽지 않느냐'를 물어야 한다.

지하철이 아닌 기차에서 영화 〈비포 선라이즈〉는 시작한다. 책을 보고 있던 제시와 셀린은 지금 무슨 책을 읽는지 서로에게 물으며 가까워진다. 둘 중 하나라도 형편없는 책을 읽고 있었다면 대화는 중단되었을지도 모른다.

역시 '나 지금 이 책 읽는 중이야'라고 과시하기에는 아직은 종이책이 알맞다. 모히토, 발가락, 책 표지가 모두 살짝 들어오게 사진을 찍어 #휴가중 #bookstagram 같은 해시태그를 달아 인스타그램에 올리는 건 아무래도 종이책으로 할 때 멋지다. 샘 올트먼이나 일론 머스크한테 말하면 전자책 독자를 위한 인증용 AI 이미지 생성기를 만들어줄 것 같기는 하지만.

종이책, 전자책 가리지 말고 읽자고 하다가 끝에서 급선회하려는 건 아니다! 종이책은 종이책만의 장점이 전자책은 전자책만의 장점이 있다고 훈훈하게 마무리하고 싶을 뿐이다 다시 한번, 역시 정답은 '둘 다'이다. 여행지로 떠나는 기차나 비행기 안에서 스마트폰이나 전자책 단말기로 책을 읽으면 낯선 이가

"오『심플 플랜』나도 좋아해요"라며 말을 걸어오는 일은 없을 것이다. 만약 제목을 말로 알려준다고 해도 표지를 딱 보여주는 것만큼 느낌이 확실하지는 않다. '종이책' 덕분에 제시와 셀린의 운명이 바뀌었다. 그리고 영화 역사에서 가장 로맨틱한 3부작이 시작되었다.

도서정가제 시대와
'할인의 추억'

『주석 달린 셜록 홈즈』, 아서 코난 도일, 현대문학, 2013(2004)

2014년 11월 21일 금요일 4시. 나는 새벽 거리에 홀로 서 있었다. 이 시간이 되도록 술을 퍼마신 걸까? 밤샘 근무를 마치고 집에 돌아가는 길이었을까? 반대다. 짧게 눈을 붙인 뒤 일어나 출근길에 오른 참이었다. 아직 대중교통이 운행하지 않는 시간이었다. 잠시 후 도착한 동료의 차를 타고 회사로 향했다. 개정 도서정가제의 첫날을 맞이하기 위해.

'도서정가제 2014년 체제 돌입'은 2000년 이후 출판계에 일어난 가장 큰 제도·정책 변화 중 하나다. 유통 현장에서 일하는 MD가 점검해야 할 점이 한둘이 아니었다. '10퍼센트 할인, 5퍼센트 적립 이상 할인율이 적용된 도서는 없나?', '그 전날 최후의 최후까지 진행했던 특가 이벤트 정보가 아직 노출되고 있는 곳은 없나?' 꼼꼼하게 체크리스트를 짰다. 선발대로 사무실에 도착한 나는 사이트를 샅샅이 뒤져가며 오류와 수정 사항을 찾왔다. 출근 시간이 되어 합류한 동료들도 숨은그림찾기에 돌입했다. 이렇게 새로운 출판 유통 시대의 아침이 밝았다.

그날 이후부터 지금까지 도서정가제, 책 안 읽는 문화, 출판 위기, 독서율 저하 등이 주제인 기사가 표출되면 꼭 달리는 댓글이 있다. "도서정가제 때문에 망했다", "도정제(혹은 책통법)가 폐지되는 날까지 책을 안 읽겠다" 같은 말이다. 한 가지 짚을 점이 있다. 도서정가제라는 이름의 제도가 처음 도입된 해는 2003년이다. 이후 여러 번 내용이 변경되어 2014년 개정 직전에는 우리가 기억하는 것과 같은 특가 판매가 허용되었다. 2014년 11월 21일 이전에는 '개정 전 도서정가제'가 시행되었고, 이후에는 '개정 후 도서정가제'가 시행 중이라고 크게 구분할 수 있다. 할인 애호가가 비판하는 건 '도서정가제 자체'라기보다는 할인폭을 제한한 '신(新)도서정가제'라고 말해야 정확하다.

많은 독자가 '할인의 추억'을 간직하고 있는 구(舊)도서정가제 시대에는 어떤 일이 있었나? 출간 후 1년 6개월이 지난 구간은 할인율 제한이 없었다. 과장하면 정가 100만 원짜리 책을 할인가 100원으로 판매할 수도 있었다. 구간이 아니어도 국제표준도서번호(ISBN)의 부가기호가 '1'로 시작하는 실용서라면 출간 즉시 할인해도 됐다. 나는 외국어 분야를 처음 맡았을 때, 영어 회화 책의 출간 이벤트로 반값 할인을 하겠다는 출판사 메일을 받은 적이 있다. 믿기지 않아 메일을 여러 번 다시 읽었다. 일반 단행본을 절묘하게 실용서로 분류해서 신간인데도 대폭 할인하여 판매를 늘린 사례도 인상 깊게 기억한다.

당시 온라인서점은 '특가 도서 모음 페이지'와 '오늘만 반값 페이지'를 상시 운영했다. '오늘만 반값'은 2000년대 초 성장 가도를 달린 온라인 커머스 업계에서 유행한 프로모션인 '원어데이'에서 영감을 얻은 서비스였다. 매일 돌아가며 도서 한 종을 0시부터 24시까지 반값으로 판매했다. 출판사 입장에서는 하루 집중 판매를 통해 단기 매출을 확보하고 베스트셀러 순위까지 높일 수 있었다. 서점 역시 매출 증대와 고객 유입을 위해 '하루 반값' 도서를 경쟁적으로 섭외했다. 이 행사의 묘미는 '아직 다른 서점에서 반값으로 판매한 적 없는 경쟁력 있는 상품'을 섭외하는 것이다. 내가 진행한 책 중 단기 임팩트가 가장 컸던 책은 『은하영웅전설 한정박스세트』(이타카)다. 열성 팬이 많은 작품임에도 아직 어디에서도 반값 판매한 적이 없었다! 바로 제안 메일을 보내 생각보다 수월하게 섭외를 마쳤다.

고대했던 2013년 6월 17일이 왔다. 정가 171,000원, 할인 판매가 85,500원인 세트가 날개 돋친 듯 팔려나갔다. 지금도 '은하영웅전설 교보문고 세일' 등의 키워드로 검색하면 그날의 뜨거운 반응을 확인할 수 있다. 결국 최초 협의한 최대 수량이 소진되어 판매를 조기 종료했다. 하루 반값인데 왜 일찍 끝났냐는 고객 항의가 들어와 사과 메일도 보내야 했다. 다음 날 팀장님이 그달 매출 달성에 기여한 공로를 치하하셨다. 언젠가 꼭 해보고 싶었던 말 "운이 좋았습니다"를 이때 처음 꺼낼 수 있었다. 지금도 신규 입사자가 들어오면 MD 역사 교육 시간에 즐겨 소개하는 일화다.

나에게 양 웬리와 라인하르트 폰 로엔그람(『은하영웅전설』의 주인공이다) 못지않은 위대한 '할인 영웅'은 셜록 홈즈다. 소설 분야를 맡고 얼마 안 되었을 때『셜록 홈즈 전집 세트』(황금가지)를 '오늘만 반값'으로 판매했다. 출근 후 하나둘 올라가는 판매량을 지켜보고 있는데 선배 MD에게 메시지가 왔다. "환희 님. 셜록 세트 나도 하나 샀어." 후배 매출을 올려주셔서 감사함을 느낀 동시에, 발송 나가기 전에 그 주문 바로 취소하라고(?) 이야기했다. 마침 자리에 보관하고 있던 샘플 도서가 한 질 있어서 선물로 드렸다.

『셜록 홈즈 전집 세트』처럼 비싸고 두꺼운 책도 할인하면 바로 움직인다는, 어찌 보면 당연한 사실을 이때 체감했다. 정확히는 반대로 비싸고 두껍고 화려한 책일수록 특가 마케팅 효과가 높다. 고객과 MD 모두 얻는 효용이 크다.

'셜록 홈즈 시리즈'는 100년 넘게 세계적으로 인기를 끈 이야기인 만큼 국내에서도 꽤 여러 출판사에서 출간했다. 팬마다 선호하는 판본도 조금씩 다르다. 나는 현대문학 '주석 달린 시리즈' 판본에 대한 큰 추억이 있다.『셜록 홈즈』,『허클베리 핀』,『버드나무에 부는 바람』등 현대문학 출판사의 '주석 달린 시리즈' 여섯 종을 특가로 팔고 또 팔았기 때문이다. 긴급 매출 추가가 필요할 때마다 너무 자주 호출했다. 정가와 크기 모두 웅장한 소장 가치 높은 고급 도서여서 할인하면 즉각 반응이 왔다. 그중에서도 대표 효자 상품이 정가 150,000원에 반값 할인해도 75,000원인 『셜록 홈즈 전집 세트』였다.

영업 부서가 그렇지 않은 때는 없지만, '정말 꼭 반드시 무조건' 월매출을 달성해야 했던 어느 달 중순이었다.

주문 추이를 볼 때 예상 달성율이 100퍼센트에 조금 못 미쳤다. 비상 대책으로 다시 한번 필승조 중 『주석 달린 셜록 홈즈 전집 세트』를 반값에 등판시켜 초기 화면에 팝업 배너를 노출했다. 특정 상품의 특가 판매 정보를 메인 팝업으로 띄운 것도, 배너에 '미친 할인'이라는 문구를 쓴 것도 그때가 처음이자 마지막이었다. 신입 MD 시절, 우리 서점에서 절대 사용하면 안 되는 고자극 무품위 카피가 '미친'이라고 배웠던 터라 정말 올려도 되는지 몇 차례나 확인했다. 내부 승인을 받고 이때 아니면 언제 해보냐며 신나게 질렀다. 간절함이 통했는지 그달 팀 목표는 달성했다.

모든 출판사가 특가 마케팅을 즐겨 한 것은 물론 아니다. 반값까지는 절대 내리지 않고 할인 상한선을 지키는 곳이 많았고, 기본 할인율을 엄격하게 고수하는 곳도 있었다. 특가 마케팅을 한다는 것은 책을 유통사에 낮은 공급률로 공급해야 한다는 의미이기 때문이다. MD 일을 시작한 지 '채 한 달도 지나지 않았던' 어느 날, 나는 다음 달 메인 이벤트 기획안을 공유받았다. '하루만 반값'을 살짝 변형한 '한 주만 반값'이 핵심 콘셉트였다. 과학 분야를 맡고 있던 내게는 두 종이 할당되었다. 특가 협상을 한

번도 안 해본 나는 선배 MD에게 섭외 방법을 물어봤다. "일단 분야 베스트셀러 순위를 훑어봐. 그리고 너가 할인하고 싶은 책을 찾아서 출판사에 전화해서 물어보면 돼." 생각보다 간단하다고 생각하며 수화기를 들었다. "저 ○○○의 ○○○라는 책을 일주일 동안 단독으로 반값 할인 판매하고 싶은데요."

"우린 그런 거 안 해요." 전화가 뚝 끊어졌다. 알고 보니 내가 전화를 건 곳은 온라인서점 이벤트에 일절 참여하지 않는 정통·기초·벽돌 과학책을 내기로 유명한 출판사였다. 내 반값 도서는 어떻게 하지. 퇴사해야 하나. 실의에 빠진 나를 살린 출판사 중 하나는 '지상사'였다. 겨우 섭외한 도서는 『들풀에서 줍는 과학』이었던 것 같다. 나머지 한 책은 기억나지 않는다.

처참한 통화 중단의 좌절감은 바로 잊었다. 곧 MD 일에 적응했다. 일상 업무로 특가 섭외에 집중했다. 숨 쉬듯 할인 이벤트를 벌였다. 외국어 한 분야에서만 책을 매일 바꿔가며 한 달 동안 반값 이벤트를 했을 정도였다. 어느 프랑스 영화의 제목을 슬쩍 가져와 '천사들이 꿈꾸는 가격'이라는 특가전을 올렸다가 제발 그런 카피 쓰지 말라는 동료의 비난을 받기도 했다. 이어서 소설 분야를 담당한 뒤에는 양 웬리, 라인하르트, 셜록 홈스, 유비, 관우, 장비 등과 함께 웅장한 할인의 역사를 써 내려갔다….

게다가 이 시절에는 '무한 할인'뿐만 아니라 '무한 혜택 제공'도 가능했다. 책을 구매하며 래핑한 경품을 같이 줬다. "도감 책을 구매하시면 부삽을 함께 드립니다." "영어 회화 책 구매 시

온라인 강의 한 달 무료 수강권 전원 증정!" 모두 내가 실제 진행한 이벤트다. 2013년 봄, 영화 〈위대한 개츠비〉가 개봉했을 때다. 원작 소설을 보유한 출판사들은 반값 할인은 기본이고, 책 구매자 전원에게 사은품과 영화 예매권을 제공하는 마케팅을 경쟁적으로 진행했다.

나쁘게 말하면 마케팅이 과열되었고 좋게 말하면 고객 만족이 극대화된 시기였다. '고객밖에 모르는 남자' 제프 베이조스가 보면 눈물을 흘리며 감격했을 풍경이 펼쳐졌다. 그런데 이런 통 큰 이벤트는 박리다매 전략으로 이익을 남길 수 있을 만큼(혹은 고객 확보 등 다른 목적을 위해 일부 이익을 포기할 수 있을 만큼) 규모의 경제를 실현한 대형 유통사와 출판사만 진행할 수 있었다. 공정한 경쟁 질서를 확립하기 위해 할인을 제한하는 방향으로 도서정가제가 개정되었다. 더불어 「건전한 출판·유통 발전을 위한 자율협약」이 시행되면서 도서 구매자에게 경품과 금권 등 혜택을 무상 제공하는 마케팅도 중단되었다.

MD로서 나는 이런 정책 변화가 옳다 그르다 판단하지 않았다. MD는 시장을 거스르지 않는다. 시장을 바꾸려 하지도 않는다. 세상이 하라는 대로 할 뿐이다. 먼저 '특가 판매할 수 있는 도서정가제' 시대가 막 내리기 전, 마지막 날까지 할인에 박차를 가했다. 2014년 11월이 오기 몇 달 전부터 '책 싸게 살 수 있는 마지막 기회', '최종', '진짜 최종', '진짜 정말 최종', '최대 90퍼센트 할인 열차에 올라타세요', '최종의 마지막', '지금 안 사면 언제 사냐', 'FINAL 카운트다운' 등 온갖 특가 카피를 다 끌어와 할인 행사를 벌였다. 업무 메일함을 뒤져보니 내가 쓴 '세계문학 vs 장르문학 최대 72퍼센트 할인'이라는 카피가 배너에 들어간 행사가 눈에 띈다.

    독자 역시 도서정가제 개정 시행일이 가까워질수록 바쁘게 특가 도서로 장바구니를 채우고 또 비웠다. 디데이 며칠 전부터는 방문자 초과로 사이트 장애가 발생했다. 서비스가 아예 중단되었다. 열렬히 책을 사랑하고 완전 도서정가제를 옹호했던 내가 아는 편집자도 몇 년 치 읽을 책을 그때 다 사놓았다고 고백했다(물론 농담임이 분명하며 그는 그 이후에도 책을 계속 샀을 것이다). 베스트셀러 목록 상위권은 당연히 초특가 도서가 점령했다. 한 출판사는 재고 정리를 위해 수십 종 책을 일괄 파격 할인했다. 정말 재고가 다 정리되어버리는 바람에 고객에게 보낼 책이 없어서 주문을 품절 처리하는 촌극이 빚어지기도 했다.

    그리고 '특가 판매할 수 없는 도서정가제' 시대가 막을 올렸다. 새벽부터 출근해 맞이한 2014년 11월 21일부터는 역시 세상이 가리키는 대로 '할인/특가/반값'은 머리에서 싹 지웠다. 특가 시대를 그리워할 이유도 필요도 없다. 주어진 환경에 맞춰 마케팅하고 책을 팔았다. 그 뒤 10년 넘는 세월이 흘렀다. 개정 도서정가제의 의의와 한계를 논평하는 건 내 일이 아닌 것 같으나 한 가지 사실은 말할 수 있다. 고객이 느끼는 '쇼핑의 재미'는 분명 줄어들었다.

온라인 쇼핑의 묘미란 무엇인가. 한정 특가 상품을 발견하면 일단 지르고 수령까지 성공하는 것이다(정말 내게 필요한지 아닌지는 나중에 생각한다). "지나가다 보니 반값에 팔길래 샀는데 이거 좋은 거냐?"라고 무심하게 커뮤니티나 소셜 미디어에 구매 인증하고, 좌표 좀 알려달라는 댓글들을 감상하면 완벽하다. 이런 재미를 지금 도서 구매 과정에서는 맛볼 수 없다. 대신 출판계는 '할인'을 대체해 독자에게 재미를 줄 수 있는 요소가 무엇인지 치밀하게 고민했다. 굿즈, 리커버와 에디션, 작가와의 만남, 북 페스티벌, 독서 모임, 소셜 미디어, 유튜브와 숏폼을 포함한 뉴 미디어 등 여러 실행을 통해 독자와 소통하고 의미 있는 결과물을 만들어냈다.

　이런 다양한 시도에서 눈여겨볼 점이 있다. 할인, 적립 같은 실리적 혜택이 있든 없든 '책의 본질'을 바라보는 기획이 성공을 거두었다. 고객이 '이 책을 읽고 싶다'는 생각이 드는 마케팅만 효과가 있었다. 책은 할인이 수요를 창출하는 다른 커머스에 비해 유독 내용과 의미가 강조되는 상품이기 때문이다. 이와 관련해 좋은 책을 잘 만들면 알아서 독자가 읽을 것이므로 마케팅은 무용하다고 이야기하는 사람도 있다. 그러나 출판 영업·마케팅은 그 좋은 책이 품은 다채로운 가치를 많은 독자에게 알리는 행위이므로 의의가 크다.

　다만 내용과 가치를 아무리 정밀 맞춤해 추천한다고 해도 고객의 마음을 움직이기 힘든 상품도 있다. 대표적인 책이 이 글의 주인공인 '셜록 홈즈 시리즈' 세트다.

　　미스터리 팬이라면 '셜록 홈즈 시리즈'와 관련해 두 가지 공통점을 공유한다. 우선 가장 좋아하는 미스터리를 꼽아달라는 질문을 받으면 '셜록 홈즈 시리즈'는 말하지 않는다. 너무 쉽게 예상되는 답이며 추리소설 장르의 정전을 굳이 나만의 선호 목록에 포함할 필요는 느끼지 않아서다. 그리고 (특히 1990년대 중반 이전에 태어난 사람이라면) 어린 시절에 '셜록 홈즈'를 정식 판본이 아닌 책으로 즐긴 사람이 많다. 초등학교 저학년일 때 내가 피아노 학원에서 읽은 책도 만듦새가 조악했다. 게다가 듬성듬성 일부 책이 빠져 있고 도저히 이해가 안 되는 번역도 있었다. '모든 작품'을 더 '깨끗한 버전'으로 읽고 싶다는 바람이 생겼다.

　　나 같은 독자가 쌓아놓은 갈증을 일시에 해소한 책이므로 최초 완역판인 황금가지『셜록 홈즈 전집 세트』의 출간은 의미가 크다. 곧이어 셜록 홈스를 깊이 있게 파고들고 싶은 사람이라면 꼭 읽어야 할 초호화 판본인 현대문학의『주석 달린 셜록 홈즈 전집 세트』가 추가되었다. 최고의 셜록 권위자인 레슬리 S. 클링거가 야심 차게 주도한 기획이다. 시리즈의 모든 작품을 끌어모은 뒤 방대한 주석, 해설, 삽화를 채워 넣었다. 황금가지판은 미스터리 출판 시장을 일으켜 세웠고, 현대문학판은 마니아의 욕구를 충족했다. 둘 다 비싼 책이지만 당시에 상시로 진행되었던 할인 판매가 심리적 장벽을 낮춘 것도 시리즈의 대중화에 도움 준 요인이었을 것이다.

그런데 도서정가제 개정 시행 이후에는 '셜록 홈즈'를 비롯한 소설 세트의 판매가 뚜렷하게 감소했다. 내 월급 빼고 다 오르는 고물가 시대에 고가 도서 구매에 지갑을 여는 건 부담이기 때문일 것이라고 조심스레 추측해본다. 이처럼 내용이 훌륭하나 그만큼 정가도 높은 책에 대해서는 가격 혜택 없이 '책의 본질'만 강조하여 파는 시도를 제대로 해보지 못했다. MD로서 욕심 가지고 도전할 과제로 남겨두었다.

책 할인 판매 찬성론자와 반대론자 사이 이견의 폭을 좁히기는 쉽지 않아 보인다. 서점에서 일하는 나는 두 의견 모두 경청한다. 모든 고객은 언제나 옳다. 도서정가제가 폐지되면 책을 더 읽겠다고 말하는 독자 역시 책을 좋아하는 사람이다. 책에 아예 관심이 없으면 도서정가제를 욕하지도 않는다. 도서정가제가 무엇인지조차 모른다.

제도에 실망해 냉담 중인 고객에게 MD가 특가 판매를 할 수는 없다(과징금을 내야 한다). 할인받지 못한 가격이 아깝다는 생각이 들지 않을 정도로 꼭 필요하고 큰 만족과 효용을 주는 도서를 '최대한 재미있게' 제안하기 위해 힘쓸 뿐이다. 시장의 전체 규칙을 준수하고 다른 참여자와 공정하게 경쟁하면서. '이제 '할인의 추억'은 잊어버려. 취향 완전 저격하는 MD 추천이 있잖아.' 개정 도서정가제 10년 차를 살아가는 온라인서점 MD가 품어볼 만한 포부다. MD뿐만 아니라 모든 출판 생태계 구성원에게 해당하는 말이리라.

책 파는 방식도
책의 내용을 닮기를 바라는
책방 직원의 고민

『가연물』, 요네자와 호노부, 리드비, 2024(2023)

한 작가가 세상을 떠났다. 어떤 죽음이 그렇지 않을까마는 쓸쓸한 마지막이었다. 언론은 그의 안타까운 결정을 보도했다. 이런 때 갑자기 저자의 책 판매가 늘기도 한다. 우리 서점에 보유하고 있던 재고가 얼마 없어 발주해야 했다. 출판사에 전화를 걸어 책을 보내줄 수 있는지 물었다. 재고는 다 있고 출고도 문제없다는 말을 듣고 통화를 마쳤다.

전화를 끊고 아침 업무를 이어 하는데 중요한 걸 빠뜨렸다는 느낌이 들었다. 그게 무엇인지 생각하다 수화기를 들고 5분 전에 걸었던 번호를 다시 눌렀다. 가슴 아픈 일을 맞아 위로의 말도 없이 업무 이야기만 해 죄송하다고 사과했다. 평소 고인과 각별한 관계였던 담당자는 고맙다고 말했다. 너무 혼란스럽다고 심경을 토로했다. 목소리에 울음이 섞여 있었다.

위 기억만큼 비극적인 일은 아니지만 업무 중 잠깐 일을 멈추고 자신을 비판적으로 돌아볼 때가 있다. 그중 한 예로 연말에는 유독 출판사 마케터의 담당 서점이 바뀌는 일이 잦다. 업무 변경과 퇴사 중 어떤 경우든 떠나는 사람은 MD에게 인사 메일을 보낸다. 나는 이런 메일에 답장을 보내본 일이 손에 꼽힌다. 항상 핑계는 똑같다. '바쁘니까 일단 미뤄뒀다 나중에 보내자'다. 어느덧 시간은 지나버린다. 맨날 바쁘다는 말을 입에 달고 살지만 일보다 귀중한 건 얼마나 많은가.

　사실 나는 다른 사람의 마음을 불편하게 만들지 않도록 주의하는 성격이다. 철칙 중 하나는 '선 넘지 않는다'이다. 흥분해서 감정이 흐트러지는 일도 가능한 한 피한다. 상냥하지는 못해도 적어도 자연스러움이 느껴지는 사람이 되면 좋겠고, 남이 나를 '예측 불가능한 사람'으로 여기지 않기를 바란다. 한 마디로 '볼매남'(볼수록 매너 있는 남자)을 지향한다. 최소 무해한 사람이 되고자 하는 성향은 사회생활을 시작한 뒤 강해졌다. 이유가 무엇일까?

　첫 번째 가정. MBTI의 자기 실현적 예언이 작용해서. MBTI 검사를 처음 했을 때 ISFJ의 캐릭터 설명이 마음에 안 들어서 부정했다. 약 6개월 후 다시 검사했는데 결과가 똑같았다. 그날 난 내가 결국 앞으로 반전 없는 ISFJ의 인간 설명서처럼 행동하게 되리라는 인과율의 실에 묶여버렸음을 느꼈다. ISFJ의 여러 특징 중 '갈등을 회피한다'와 '관계를 중시한다'는 내 성격에 잘 맞는다. 간단히 말해 적을 만드는 걸 싫어한다. 그러다 보니 친절을 베풀려고 노력할 때도 있다. 진심에서 우러나온 것인지, 남에게 도움이 되는 내 모습을 감상하며 만족하고 싶어서인지는 모르겠다.

두 번째 가정. 책을 팔고 추천하는 회사에서 일하니까. 다른 MD와 달리 '도서' MD는 책이라는 가치 상품을 판다. 책에는 세월이 흘러도 변하지 않는 거의 모든 교훈과 진리와 법칙이 골고루 스며 있다. 대부분 저자가 좋은 의도로 쓴 책을 각종 미사여구를 동원해 소개하는 MD가 실제 인성은 불량하다면 영 어색할 것 같다. 내가 책을 팔고 사람을 대하는 방식도 책이 담은 내용을 닮으면 좋겠다고 생각한다.

물론 두 가정은 모두 오답이다. 우리가 예의를 갖추고 친절을 베풀어야 하는 데 이유 같은 건 없다. 옛날에는 출판계의 조직 문화는 다른 업계보다 더 이상적이면 좋겠다고 생각했다. 2019년 시행된 '직장 내 괴롭힘의 금지' 기준을 위반하는 일부 사례를 아주 가끔 접했을 때는 책 속 내용과는 다른 책 밖 현실에 다소 실망하기도 했다.

언젠가부터 출판계라고 해서 다른 업계보다 더 엄격한 기준이 적용될 필요는 없다고 생각을 정리했다. 모든 업계, 모든 회사가 바람직하다고 여기고 추구해야 할 문화는 같아야 하기 때문이다. 행복한 회사는 모두 모습이 비슷하고, 불행한 회사는 모두 제각각의 불행을 안고 있다. 이를테면 모든 직장의 공통된 지향점은 '구성원 간의 존중을 바탕으로 한 조직의 성장'이나 '언제나 마음 편히 일할 수 있는 곳'일 것이다.

적어도 내가 업계의 평균 행복 지수를 낮춰온 것은 아니어야 할 텐데…. 회수하고 싶은 과오는 무엇이 있는지 돌아봤다.

하나. 연락이 안 된다. 요청과 문의에 긍정이든 부정이든 답은 빨리 해야 하는데 조금만 미뤄놓자 하다가 한없이 늦어진다. "죄송해요. 빨리 답 드릴게요"나 "검토 중입니다" 같은 말을 입에 달고 산다.

둘. 이미 들은 내용을 잊고 같은 걸 여러 번 물어본다. "죄송한데 그때 출간일이 언제라고 하셨죠?" 혹은 "정말 제가 그런 말을 했다고요?"라는 말이다. 이 상황이 반복되면 '약속 위반'으로까지 악화한다.

셋. 대화 중에 딴생각을 한다. 대면 미팅이든 통화든 이야기를 마쳤는데 내용이 기억 안 날 때가 왕왕 있다. 아마 잠깐 멈춰놓았던 일을 생각하느라 넋이 흔들리는 상태일 것이다.

그 외 더 이상의 자세한 설명은 생략한다. 어떤 경우든 일은 많고 여유는 없어서 소통이 삐걱댈 때가 있을 뿐 의도한 건 아니라고 말하고 싶다. 대신 당장 MD 구환회를 움직일 수 있는 특급 주문 하나를 공유한다. "사장님이 꼭 (혹은 당장) 하라고 해서요"라는 말을 들으면 내가 권한이 있는 일이라면 웬만하면 즉시 처리한다. 누군가의 하루 평화 온도를 높이는 데 조금이니마 노움이 되었을지도.

반면, 반대로 당연히 나도 업무 때문에 고통받을 때가 있다. 원인은 역시 '소통'으로 같다. 단 하나만 말하자면 '말이 바뀌는 경우'다. "김○○ 작가 친필 사인본 1,000부 주신다고 해서 판매 제한 걸고 다 팔았는데 지금 갑자기 100개로 줄이면 어떡하죠?" 같은 말을 하게 될 때다(이럴 때는 초과한 주문에 대해서는 처음 약속한 내용대로 발송할 수 없다고 고객에게 사과 문자를 보내야 한다).

자주 있는 일은 아니어서 번외로 분류할 일부 기억들. 단순히 수용할 수 없는 일이어서 요청을 거절했을 뿐인데 무슨 의도에서 자신을 탄압하는 것이냐고 호통친 사람이 있었다. 어떤 사람은 내 말은 전혀 듣지 않고 흥분해서 막무가내로 고함만 쳤다. 한 사람은 요청을 들어주지 않으면 물리적으로 손을 쓸지도 모른다는(?) 암시를 주기도 했다. 셋 다 다른 사람이다. 이럴 때면 효율 지상주의자답게 일단 내 감정은 죽이고 납작 엎드려 대충 수습하고 통화를 종료했다. 그리고 빨리 잊으려고 애썼다.

가끔은 책 판매와 마케팅 절차와 관련해 이미 여러 번 설명한 내용을 다시 확인해달라는 요청을 받을 때도 있다. '수십 번 이벤트를 진행했으면서 왜 아직도 이벤트 페이지와 배너 크기를 물어보는 거지…'라는 생각이 든다면 사실 이 역시 내 잘못이다. 서점에 게시된 '온라인 이벤트 진행 안내'를 읽었는데도 이해가 안 되어서 MD에게 물었다면, 누가 봐도 이해될 만큼 고객 관점에서 쉽고 직관적으로 문서를 업데이트하는 것도 내가 할 일이다. 더 시야를 넓힌다면 '배민아카데미'처럼 서점 활용법에 대해 출판계 차원에서 교육 자리를 마련해야 한다고도 생각한다.

매일 오후, 많은 출판사 영업자가 '출판 영업과 마케팅 문화의 성지'인 온라인서점과 대형 서점의 미팅룸을 찾는다. 낯선 방문객도 눈에 띈다. 설렘과 기대와 불안이 조금씩 표정에 섞여 있다면 신생 출판사에서 오신 분일 가능성이 크다. 만약 내가 그 입장에서 궁금한 것을 한가득 안은 채 MD 미팅을 시작했는데 MD는 티 나게 딴생각하고 있으면 허탈할 것 같다. 반대로 즉시 해결책을 내놓지는 못해도 함께 고민해보려고 하거나 적어도 따뜻한 말이라도 건네주는 MD라면 특별하게 기억할 것이다.

나는 출판업의 항구적 잠재력이 높다고 평가한다. 전통과 혁신을 겸비한 업계에 속해 있다는 자부심도 있다. 그러나 아쉽게도 만나는 사람마다 모두 어렵다고만 말한다. 힘든 때일수록 '신세 한번 질 수 있는' 존재의 소중함은 커진다. 누가 신세 한번 질 만한 능력과 성의를 내가 갖추기를 희망한다.

모든 직장인이 가장 많이 신세 지는 그룹은 거래처 직원 그리고 동료다. 두 그룹에서 어떤 사람을 만나느냐에 따라 업무 난이도가 달라진다.

일이 힘든 이유는 무엇일까(너무 당연한 일에 이유씩이나 찾아야 하냐고 되묻지 말아달라). 단순하다. '일'을 어떻게 하는지 방법을 모르거나 양이 너무 많아서다. 다음은 '사람'이 안 맞아서다. 성격 나쁜 사람, 일 안 하는 사람, 성격 나쁘고 일 안 하는 사람이 우리를 슬프게 한다.

따라서 웃으며 출근하는 직장인 라이프를 영위하기 위한

필수 조건은 좋은 동료를 만나는 것이다. 업무별 처리 방법을 체계적으로 알려주며 내 인격을 존중하는 선후배와 동기의 비중이 높다면 이론적으로는 힘들 이유가 없다. 본받고 싶은 식견과 성품을 갖춘 동료가 많다면 완벽하다.

    영화감독 구로사와 아키라는 동료와의 협업을 중시했다. 그래서 시나리오 작업 현장이 굉장히 독특했다고 한다. 그는 초고가 완성되면 작가 두 명을 초빙해 옆으로 돌리면서 함께 검토했다. 더 이상 바꿀 내용이 없을 때까지 계속 수정하여 최종본을 남겼다. 프로 중의 프로임에도 완성도를 자존심보다 위에 둔 모습이다. 나도 회사에서 마케팅 기획이든 업무 절차 수립이든 무언가 결정해야 할 때 한 명이라도 더 의견을 묻는다. 혼자 결정을 내릴 때보다 항상 더 좋은 결론이 나왔다. 그만큼 동료의 능력이 출중해서다.

    또한 각자의 특기가 다양하다. 예를 들면 A는 기획력이, B는 카피 작성 감각이, C는 해박한 독서 지식이 주 무기다. 티 안 나게 베끼고 싶은 강점이 많아 자극도 받고 부러움도 느낀다. 그러나 타인의 매력에 눈이 팔리면 중심도 잃고 목소리도 잃게 되기 마련이다. 〈돌아온 럭키짱〉의 불꽃 전학생 강건마는 지대호의 '드래곤 주먹'도, 마영웅의 '빽드릴킥'도, 풍호의 '호랑이 발톱'도 거들떠보지 않는다. 오직 자신의 필살기 '108계단'만 갈고닦아 전국 '싸움신' 타이틀을 유지한다. 우선 자기다움을 유지하고 내가 잘할 수 있는 걸 밀고 나가면서 협력을 통해 동료의 힘을 활용해야 함을 증명했다. 역시 전국구 대인배답다.

어느덧 나도 지대호처럼 리더가 되었다(지대호의 작중 직위는 '대통령'이다). 지금은 MD 실무도 하고 조직 관리도 하며 '플레잉 코치'처럼 일한다. 구로사와 아키라와 강건마가 준 배움을 혼자 간직하지 말고 나눠야 하는 위치다. 더 이상 남을 베낄 생각만 해서는 안 되고 남이 베껴 갈 만한 나의 장점은 무엇인가 생각해야 하는 연차가 되었다. '이상적인 상급자란 무엇인가', '상사가 해야 할 일은 무엇인가'를 고심한 끝에 '좋은 리더의 조건'을 네 가지로 정리했다.

① 일의 진전: 팀원이 시작한 일이 중단, 지연되지 않고 결과가 나올 때까지 원활하게 진행되도록 지원해야 한다.
② 개인의 발전: 모두 함께 공부하고 공유하는 문화를 만들어 나의 업무 지식과 역량이 늘고 성장한다는 느낌이 들게 해야 한다.
③ 문제 해결: 조직 구성원에게 생긴 문제를 최대한 빠르고 깔끔하게 해결해야 한다.
④ 심리적 안전: 불안, 초조, 걱정 없이 편하게 일하는 조직 문화를 만들어야 한다.

이 중에서도 가장 중요한 건 ④라고 생각한다. 강력한 정치 슬로건 '저녁이 있는 삶'을 살짝 변용한 '월요일이 즐거운 회사'라는 카피를 늘 마음에 품고 있다. 출판 기획안까지는 내가 쓸 테니 누가 『행복한 회사는 모두 모습이 비슷하고, 불행한 회사는 모두 제각각의 불행을 안고 있다』라는 책을 내주면 좋겠다.

"사실 진짜 압도적으로 중요한 '⑤ 복지와 급여'는 왜 없냐? 그거야말로 월요일을 편안하게 만든다"라고 말하는 소리가 들려오는 듯하다. 내게 권한이 없는 사항이라 뺐다. 대신 조직장이 ①~④를 확실하게 챙긴다면 구성원 역시 차별적 강점이 치솟아 이직이나 창업을 통해 '급여와 복지' 또한 잡을 수 있다고 생각한다.

지금까지 소설에서 본 리더 중 가장 이상적이라고 느낀 인물은 『가연물』(리드비)의 '가쓰라 경부'이다. 군마 현경 수사1팀을 이끄는 그는 마치 인간의 감정을 모두 걷어낸 '수사 기계' 같은 인상이다. 오직 사건만 생각하고 사건에 관해서만 말한다. '사담'이라는 단어 자체를 모르는 것 같다. 바쁘니까 혼자 자리에서 달콤한 빵과 카페오레로 배를 채운다. 조직 내 정치는 조금도 신경 쓰지 않는다.

부하 직원이 실책을 저질러도 사실 관계만 짚고 그냥 넘어가는 점이 특히 눈에 띄었다. '어차피 자기 잘못을 알았을 테니 다음에 반복하지 않을 것이고, 괜히 감정 소모해봐야 말하는 사람이나 듣는 사람이나 피곤하기만 하고, 질책하는 데 시간을 쓰느니 수사에 집중하는 게 낫다'라는 생각으로 보인다.

동료를 보듬지 않는다는 점에서 완벽한 리더는 아니다. 그러나 특이한 매력이 있는 리더임은 분명하다. 가쓰라 경부의 고유한 개성을 구성하는 퍼즐 조각의 70퍼센트는 신출귀몰한 추리 능력이다.

『가연물』은 학원 소설부터 판타지, 미스터리, 역사물까지 온갖 장르를 섭렵했던 요네자와 호노부가 처음으로 도전한 '경찰·본격' 미스터리다. 그런데 작가는 현대의 경찰 자리에 초창기 추리물에서 활약했던 천재 탐정 캐릭터를 앉혀놓았다. 가쓰라는 남다른 직관과 통찰로 사건의 본질을 꿰뚫어 보고 '누구의 도움도 받지 않고' 혼자 수수께끼를 해결해버린다. 고전적이다.

요네자와 호노부 자신부터가 '젊은 천재'로 작품 활동을 시작해 잠시도 날카로움을 잃지 않은 '영원한 천재 작가'이자 전작이 모두 뛰어난 만능 작가이다. 『가연물』은 그의 대표 장점인 '담백함'을 극한까지 밀어붙인 작품이다. 가쓰라 캐릭터가 무미건조하다는 반응도 있으나 나는 '공허'가 아닌 그 반대의 '충만'을 느꼈다.

'가쓰라 경부 시리즈'는 다섯 편의 단편을 실은 『가연물』 출간 이후에도 연재되고 있다. 계속 후속작이 쌓이면 '무색무취 경찰'이라는 성격 자체가 시리즈 전체의 색깔과 냄새로 작용해 '유색유취'함을 형성할 것이다. '참리더' 가쓰라 경부를 앞으로도 계속 만나기를 고대한다.

나는 '웨이터의 법칙'이라는 비즈니스 매너 이야기를 좋아한다. 당신에게는 잘 대해주지만 식당 직원에게 거만하게 행동하는 사람은 좋은 사람이 아니며 신뢰하기 어렵다는 뜻이다. 나도 웨이터든, 동료든, 협력사 직원이든 상대의 지위나 내가 받을 이득을 고려하지 않고 항상 같은 기준을 적용하여 응대하고 싶다. 쉽지 않다. 그러나 계속 노력해야 한다. 지금까지 내가 판 책 중 그러지 않아도 된다고 말하는 책은, 추정하건대 없다.

언젠가 거래처의 영업자 A에게 제안 메일을 보냈다. 그는 후배인 B에게 이 건을 검토하라고 전달했다. B가 내게 회신을 보내왔는데 처음부터 오고 간 메일 이력이 모두 쌓여 있었다. 그중에는 A가 B에게 적은 "야. 이거 너가 검토해서 답장해라"라는 말이 포함되어 있었다. 친근함이 느껴지는 반말은 아니었다.

이 일화가 시사하는 것. 제삼자와 주고받은 이전 내용은 철저하게 지우고 메일을 전달하자? 내용 자체는 맞는 말이지만 핵심은 아닌 듯하다. 언제든 '진심에서 비롯된' 친절과 배려로 상대를 대하라? 정답이긴 하지만 쉽지 않다. 사람의 내면을 어떻게 들여다보나. 적어도 겉으로 드러나는 모습이 예의에 어긋나지 않도록 신경 쓰자? 꽤 현실적이고 설득력이 있어 보인다. 가쓰라 경부가 언제나 기계적 중립을 적용해 만인을 똑같이 응대하는 것처럼.

한국인이 가장 사랑하는

한국의 3대(4대) 문학상

『거짓말이다』, 김탁환, 북스피어, 2016

고등학교 3학년으로 올라가기 전, 겨울방학 보충수업 기간이었다. 쉬는 시간에 다른 반 친구가 나를 찾아왔다는 이야기를 들었다. 'A가 생일 선물 주러 왔나 보다' 생각했다. 복도에는 B가 서 있었다.

"미안해. 생일 축하 늦었네."

"괜찮아. 난 생일 앞 6개월부터 생일 뒤 6개월까지는 다 선물 받아."

"그런데 너 혹시 한국 소설 읽니?"

순간 말문이 막혔다. 한국 소설을 읽어서도 아니고 안 읽어서도 아니다. '한국 소설'이란 게 무엇을 의미하는지조차 몰랐기 때문이다. 고등학교 시절 한국 사람이 쓴 소설이라고는 『삼대』, 『무진기행』, 『젊은 느티나무』처럼 교과서에 나오는 현대 문학만 알았다. 그 이후에 나온 동시대 한국 작가와 한국 소설에 대해서는 아예 개념이 없었다.

　당시 내 눈에 소설을 읽는 친구는 나보다 몇 단계 성숙한 인간이었다. 책을 읽는 행위는 큰 각오 하고 임해야 할 고상하며 부담되는 지적 활동이었다. 얼떨결에 받아 든 책은 그 전까지 책에 대해 가지고 있던 이런 선입견을 날려줄 만큼 재미있었다. B는 내게 은희경의 『새의 선물』(문학동네)을 선물했다.

　이랬던 내가 훗날 서점에 취업하고 소설 분야를 담당하게 되었다. 업무 시간에 우리나라의 주요 문학상을 정리하는데 이 날의 기억이 떠올랐다. 『새의 선물』은 1995년 제정된 '문학동네 소설상'의 제1회 수상작이었기 때문이다. B도 수상 소식을 듣고 『새의 선물』을 알게 된 것일지도 모른다. 덕분에 독서와 담쌓고 살던 나까지 그 소설을 읽었으니, 역시 상 받은 책은 주목받기 쉽다. 그만큼 많이 팔릴 가능성이 높은 '상 받은 책' 목록을 문학상별로 정리해야겠다고 생각했다.

　불가능한 작업이었다. 국내 문학상으로 한정해도 수가 너무 많았다. 우리나라에서 운영되고 있는 문학상은 200개가 넘는다고 한다. 연관 매출이 큰 중요한 상만 챙겨야겠다고 생각했는데, 처음에는 어떤 상이 중요한지도 알지 못했다. 그러다 1월이 되었다. 소설 분야 전임자가 "이상문학상 이벤트 준비하고 있지?"라고 말을 건넸다. 『이상문학상 작품집』(당시 문학사상)이 매년 1월 말에 출간되던 때였다.

　일단 준비 중이라고 답하고, 이상문학상은 꼭 챙겨야 하는 주요 문학상이라는 사실을 접수하고, 특별전 준비를 시작했다. 처음 올린 이상문학상 특별전 페이지에는 야심 차게 역대 수상 작가 사진과 수상 작품 제목을 모두 넣었다. 목록을 확인하다 보니 내가 읽은 대상 수상작은 딱 한 편 있었다.「서울의 달빛 0장」이었다. 고등학교 시절「무진기행」에 이어서 볼 김승옥의 단편을 찾다가 접한 작품이다. 그전에 읽은 작품에 비해 적나라했던 파멸과 방탕의 묘사에 큰 충격을 받았다.

 잘 알려진 것처럼 이상문학상은 이어령 당시 《문학사상》 주간이 주도하여 만든 상이다. 그는 영화 일에 집중하고 소설을 더 쓰지 않는 김승옥이 안타까웠다. 호텔 방 '두 개'를 잡아 한 방에서는 작가가 글을 쓰게 하고, 옆방에서는 편집자가 진도를 점검하게 했다. 그 결과 나온 미완성 장편「서울의 달빛」에 이어령은 '0장'을 붙여 단편으로서의 완결성을 부여했다. 그리고 초대 이상문학상 대상이라는 이름의 격려를 후배에게 보냈다. 소설 같은 사연이다.

 '1960년대 천재 작가' 김승옥을 시작으로 이청준, 박완서, 이문열, 양귀자, 김훈, 한강, 김영하, 김애란, 김숨 등 실로 시대를 대표하는 작가들이 이상문학상을 받았다. 『이상문학상 작품집』을 읽은 다음 이상문학상을 더욱 확장해서 즐기는 방법이 있다. 대상 수상작이 수록된 소설집까지 읽는 것이다. 나는 이상문학상 특별전을 열 때면 항상 '역대 대상 수상 단편을 수록한 책'을 모아 보여준다.

예를 들면 오늘의 젊은 독자는 양귀자를 한국 출판 사상 전무후무한 흥행 역주행을 달린 『모순』(쓰다)의 작가로 주로 인식한다. 양귀자는 『모순』이 출간되기 6년 전인 1992년에 「숨은 꽃」으로 이상문학상 대상을 받았다. 「숨은 꽃」을 비롯한 작가의 단편을 모은 『슬픔도 힘이 된다』(쓰다) 역시 꼭 눈여겨봐야 할 걸작이다. 같은 방식으로 이청준의 「잔인한 도시」를 수록한 『눈길』(문학과지성사)로, 박완서의 「엄마의 말뚝」이 있는 『엄마의 말뚝』(세계사)으로, 김숨의 「뿌리 이야기」가 포함된 『나는 나무를 만질 수 있을까』(문학동네)로 가지를 뻗쳐나가면, 어느덧 한국 문학의 훌륭한 계보를 파악하게 된다.

2005년은 의미가 더욱 특별하다. 그해의 대상작인 한강의 「몽고반점」은 2년 후 연작 소설집 『채식주의자』(창비)에 두 번째 작품으로 실린다. 2016년에 『채식주의자』는 부커상 인터내셔널 부문에서 상을 받는다. 나아가 2024년에 한강은 노벨문학상의 주인공이 된다. 시기만 놓고 보면 이상문학상은 부커상보다 10년, 노벨문학상보다 20년 앞서 한강과 『채식주의자』를 알아본 셈이다.

어찌 보면 「몽고반점」은 「서울의 달빛 0장」보다도 훨씬 파격적인 이야기이다. 그럼에도 심사위원회는 만장일치로 대상을 주었고 한강은 응원을 느꼈을 것이다. 실제 한강은 당시 "아름다움을 추구하는 사람의 극단을 그려보고 싶었어요. 오랫동안 (글을) 쓰지 못해 마음이 추울 때, 수상소식을 들어 기쁩니다"라는 소감을 남기기도 했다. 문학상의 운영 취지에 어울리는 일화이다. 기사를 찾아보니 이 한강의 수상 소감은 2005년 1월 6일에 언론에 실렸다. 20일 후 1월 26일에 『이상문학상 작품집』이 출간되었다. 이처럼 이상문학상은 새로운 해를 여는 1월의 문학상이다. 또한 '겨울' 문학상이기도 하다.

다음 계절인 '봄'의 문학상은 역사는 짧지만 인기 면에서 오늘날 이상문학상과 어깨를 나란히 하는 '젊은작가상'이다. 미래 거장을 빨리 알아보고 싶은 문학 팬이 챙겨 읽는다. 출판사 문학동네가 제정한 상으로 등단 후 10년이 지나지 않은 작가의 작품만 심사한다는 콘셉트가 신선하다. 여기에 더해 수상작품집을 출간 후 1년 동안만 초판 표지를 유지하고 특별 보급가로 판매한다는 영리한 전략을 구사했다. 덕분에 매년 출간되자마자 베스트셀러에 직행하는 '연금 셀러'이자 '제철 도서'로 자리 잡았다.

『젊은작가상 수상작품집』은 젊은 문학의 싱그러움이 어울리는 4월에 출간된다. 출판력으로 새해가 『트렌드 코리아』(미래의창)와 함께 시작되는 것처럼 '젊작' 출간 소식을 들으며 사람들은 벚꽃의 계절이 왔음을 느낀다. 그리고 소설 MD는 1월에 올린 '이상문학상 특별전'이 마무리될 즈음인 4월 초에 '젊은작가상 특별전'을 연다.

계절을 하나 건너뛰어 '가을' 차례다. 10월에는 한국인이 아니라 세계인이 가장 열광하는 문학상의 수상자가 발표된다. 문학상의 에베레스트 '노벨문학상'이다. 국내 문학상 이야기를 하다 갑자기 체급이 다른 국제 문학상을 들고 오면 반칙일까? 아니다. 노벨문학상은 스웨덴 사람들이 운영하긴 하지만 사실 한국의 문학상이다. 적어도 수상 작가를 보유한 모든 나라의 상이다. 2024년에는 한국에서 태어나 한국어로 작품 활동을 해온 작가 한강이 상을 받았으니 더 이상 상의 국적을 따지는 건 시간 낭비 같다.

이상문학상, 젊은작가상, 노벨문학상. 현장에서 MD가 체감한 '한국인이 사랑하는 3대 국내(?) 문학상'이다. 많은 독자가 상의 존재를 알고, 어떤 작가가 수상했는지 궁금해한다는 공통점이 있다. 그리고 수상자가 발표되거나 수상 작품집이 출간되면 판매가 치솟는다.

하나 아쉽다. '여름'만 바로 떠오르는 문학상이 없다. 한 해를 열고 닫는 연말연시도 아니고 독서의 계절인 가을도 아니며 무엇보다 휴가 시즌이기 때문인 듯하다. 그런데 여름밤, 여름휴가에는 역시 장르소설이 최고다. 이런 계절에는 '교보문고 스토리대상' 장편 부문 수상작 읽기를 추천한다. '신인·기성 작가의 참신하고 매력적인 스토리 발굴'을 내세우는 상이다. 4회 공모에서 조예은의 『시프트』(북다)가 대상을 받았다. 대상 수상작은 이듬해 주로 6월과 8월 사이 '여름'에 출간된다는 점이 눈에 띈다. 이야기의 힘과 매력에 중점을 두고 평가하며 다른 순문학 공모전과 균형을 맞추는 '교보문고 스토리대상'이 '한국인이 사랑하는 4대 문학상'의 여름 자리를 꿰차기를 기대한다.

이 3대(4대) 문학상이 내가 특별전을 여는 상이다. 여기에 시, 소설, 희곡, 평론, 번역 부문을 두루 심사하는 국내 최대 규모의 종합문학상이자 수상작의 번역 출판을 지원하여 우수한 국내 문학 작품을 해외에 널리 소개하고 있는 믿고 보는 문학상 '대산문학상'을 더하면, 1년에 약 5회에서 7회 정도 문학상 기획전을 준비한다. '책 판매량의 인간 지표'인 MD가 공들여 알리는 문학상이 예닐곱 개라는 말은 대중 독자가 관심을 보이는 상이 그리 많지는 않다는 뜻이다.

문학상의 위상이 예전 같지 않다는 말이 나온 지도 오래다. 많은 상이 존폐 위기에 처하고 통폐합되었다. 결과 공고문에서 수상자 이름을 '수상자 없음'이 대신하는 해도 늘어났다. 이상문학상은 2025년부터 주관사가 문학사상에서 다산콘텐츠그룹으로 변경되어 새롭게 출발했다. 사실 비독자에게 아는 국내 문학상이 있는지 물으면 바로 답하지 못하는 사람도 많다.

문학상의 의의는 무엇일까? 수요자인 독자가 아닌 공급자의 입장만 내세워 그들만의 문학상을 200개 넘게 늘려온 것은 아닐까? 모든 계절에 끝없이 이어지는 대중음악 시상식이 지겹고 식상하지만 아티스트 무대만 즐기면 된다고 생각하는 사람(나)처럼 다양한 작가의 이름을 중단 없이 부르고 대중에게 노출한다는 것만으로도 충분할까?

이에 앞서 예술 작품인 문학의 뛰어남을 평가하는 것이 가능한지부터 생각해볼 필요가 있다. 문학상은 올림픽이 아니다.

측정 장비나 정해진 규칙이 아닌 사람이 1위를 결정한다(문학상과 가장 비슷한 종목은 심판진이 구성점을 채점하는 피겨 스케이팅 같다). 그리고 아무리 좋은 작품이 후보에 올라도 '더 괴물 같은 작품'이 나오면 상을 받지 못한다. 예술이 절대평가가 아닌 상대평가로 심사되어도 괜찮으냐고 말이 나올 만하다. 그렇다고 당장 폐지하자거나 1위를 뽑지 말자고 말하기에는 시상식은 너무 재미있는 쇼이고 의미 또한 크다.

구로사와 아키라는 〈라쇼몽〉으로 베네치아 국제 영화제에서 황금사자상을 받았던 일에 대해 이렇게 회상한 적이 있다. "젊은 나에게는 그 상이 필요했습니다. 그건 내가 틀리지 않았다는 격려 같은 것이었습니다. 그러니까 상은 영화가 아니라 그것을 만드는 인간에게 필요한 것입니다. 우리는 영화를 만들면서 같은 동네에 살면서 서로 격려하는 것입니다"(《키노》, 1998년 10월).

예술가에게 가장 필요한 두 가지 중 하나가 "틀리지 않았다는 격려"다. 남의 영화를 평가할 생각도 자신의 영화를 평가받을 생각도 없다고 말하는 사람도 있긴 하다. 하지만 이런 천상계 인물과 달리 지상의 예술가에게는 세상의 공감이 소중하다. 특히 신인 작가에게 그렇다. 등단 10년을 넘겼으며 이미 대작가 평가를 받았던 1970년대 말의 김승옥에게도 이어령은 상을 주는 방식으로 힘을 보탰다.

예술가에게 가장 필요한 두 가지 중 또 다른 하나는 '돈'이다. 문화체육관광부와 한국문화관광연구원이 2025년 3월 6일 발표한 '예술인 실태 조사'를 보면 2023년 기준 국내 예술인의 연간 평균 소득은 1,055만 원이라고 한다. 문학 분야로 한정하면 454만 원에 그친다. 마음의 격려만큼 물질의 격려도 귀중하다. 작가에게 상금을 주는 모든 문학상은 좋은 상이다. 이상문학상 수상작이라는 이유로 30년이나 늦게 내가 양귀자의 「숨은 꽃」을 읽은 것처럼, 수상 이력은 두고두고 책이 새 독자를 만날 수 있게 도와주며 인세 수입도 늘려준다.

문학상이 가장 활발하게 작동하는 나라는 출판 강국이자 독서 강국인 이웃 나라 일본이다. 순수문학부터 장르문학까지 온갖 분야에서 최고의 책을 시상, 선정, 집계하여 추천 책을 뽑는다. 서점 직원으로서 흥미로웠던 상은 '서점대상'이다. 전국 서점 직원들이 가장 팔고 싶은 책을 뽑는다는 콘셉트가 매력적이었다. 선정된 책은 모두 판매가 크게 뛴다는 이야기도 재미있었다. 소설 분야를 맡은 이후 우리나라에도 비슷한 행사가 있으면 좋겠다고 생각했다. 그냥 내가 만들자고 생각하고 실행에 옮기기도 했다.

2016년 연말, 전국 여러 지역 서점에 메일을 보냈다. 행사 취지를 설명한 뒤 독자에게 가장 권하고 싶은 올해의 한국 소설을 추천해달라고 요청했다. '서점의 선택'이라는 타이틀을 붙였던 이 연말 특집에서 김탁환의 『거짓말이다』(북스피어)가 가장 많은 표를 받았다. 2014년 4월 16일 가라앉은 세월호 그리고 그 깊고 어두운 선실 안으로 자원해 내려간 잠수사들의 이야기를 그린 사회파 미스터리 소설이다. 이 책이 1위를 차지해 기사화되고 판매도 늘어 기뻤다. 2016년에 나온 소설 중 가장 알리고 싶은 소설이었다. 2010년대 한 시대를 대표하는 소설로 꼽기에 부족함이 없다.

첫 페이지만 읽어도 너무 큰 아픔과 슬픔이 밀려오는 책이다. 괴로워도 피하면 안 된다는 의무감 또한 차오른다. 한 장 한 장 끝까지 무겁게 넘길 수밖에 없다. 너의 고통은 곧 나의 고통이고 그 반대도 마찬가지며 치유 방법을 우리 모두 생각해야 한다는 비극의 공동체성을 절실히 가슴에 새기게 한다. 예술이 수행해야 할 사회적 책무에 있어 우리 문학이 어떤 일을 했는지 궁금하다면 대답이 될 책이다. 도저히 일어나서는 안 될 참사를 마주하며 무력감을 느끼고 탄식한 사람 중에는 서점인도 있었다. 직접 예술 작품을 만들지 않는 그들은 시대정신을 담은 예술 작품을 독자에게 소개함으로써 동의와 동참의 메시지를 사회에 전한다. 당시로서 드문 사회파, 그것도 미스터리 형식을 취한 사회파 소설이 43퍼센트의 '선택'을 받으며 1위에 오른 이유다.

『거짓말이다』가 '서점 직원이 뽑은 올해의 소설' 1위를 차지한 소식을 여러 언론에서 다뤘다. 그중 한 기사를 페이스북에 공유하며 김탁환은 다음과 같이 언급했다. 내게 최고의 찬사인 데다 서점대상이 언급되어 흡족했다.

"일본의 서점대상 같은 건가요? 책을 직접 다루는 서점 직원 여러분에 의해 올해의 한국 소설 1위로 뽑혔다니, 기쁘고 영광스럽습니다. 오늘 저녁 416전국제패 제주 강연에 참석하는 세월호 유가족들과 민간 잠수사들 그리고 독자들과 이 소식 함께 나누겠습니다. 최선을 다해, 쓰고 말하겠습니다."

'서점의 선택' 행사는 한 차례 더 진행 후 2017년을 끝으로 마무리했다. '한국서점조합연합회'가 11월 11일을 서점의 날로 제정·선포했고, 2017년 제1회 기념 행사를 열었기 때문이다. 주요 프로그램 중 '서점인이 뽑은 올해의 책·작가'가 포함되어서 콘셉트가 겹치는 행사는 그만두는 것이 맞다고 정리했다.

독자로서 동료로서 '서점인이 뽑은 올해의 책·작가' 행사를 신뢰하고 응원한다. 네 가지 이유에서다. 첫째, 소설, 시·에세이, 유아동·청소년, 인문·교양, 과학, 실용·예술·그래픽노블, 자기계발·경영·경제 등 부문을 골고루 잘 나누었다. 둘째. 선정의 일관성이 유지된다. 재미, 의의, 사회적 화제성 사이에서 균형을 잘 맞췄다고 느꼈다. 셋째, 올해의 책뿐만 아니라 올해의 '작가'도 뽑는다. 넷째, 2017년 시작한 이래 매년 진행되고 있다.

이상문학상도, 노벨문학상도, '서점인이 뽑은 올해의 책·작가 행사'도 작가에게 '격려'와 '상금'을 준다. 독자에게는 읽을 책을 고르는 '기준'을 제시한다. 물론 독자는 수상 결과에 동의할 권리와 비판할 권리가 모두 있다. 부정적인 경험이 두세 번 반복된다면 그 상의 수상작 읽기는 중단하면 된다. 과연 상을 받을 만한 책인가, 어떤 빼어남이 있을까 고민하며 읽는 과정에서 입체적인 독서 시선이 길러진다.

시작은 우선 읽어보는 것이다. 도장 깨기 하고 싶은 문학상이 있거나 도전할 문학상을 찾고 있다면 교보문고 검색 창에서 문학상 이름으로 검색해보라. 목록 만들기 마니아로서 차곡차곡 하나씩 정리하고 있다. 가장 먼저 『새의 선물』의 '문학동네소설상'과 '한국인이 가장 좋아하는 3대(4대) 문학상'으로 시작하여 하나씩 추가하는 중이다.

소설 MD가 가을마다
도박 사이트에 들어가는 이유

『파이 이야기』, 얀 마텔, 작가정신, 2022(2001)

"다음 중 노벨문학상을 수상한 적이 없는 작가는?"
　① 어니스트 헤밍웨이　　② 알베르 카뮈
　③ 레프 톨스토이　　　　④ 윈스턴 처칠

우리 회사 승진 시험에서 마주한 문제다. 정답은 '톨스토이'다. 함정에 해당하는 '처칠'은 1953년에 노벨문학상을 받았다. 내가 승진 심사위원회 위원이라면 문제를 더 꼬아서 냈을 것 같다.

"헤르만 헤세는 어떤 작품으로 노벨문학상을 받았는가?"
　① 데미안　　　　　　② 싯다르타
　③ 수레바퀴 아래서　　④ 정답 없음

정답은 각자 찾아보길 바란다(힌트 『데미안』 절대 아님). 같은 시험에서 "올해 노벨문학상 수상 작가를 쓰시오"라는 주관식 문제도 출제되었다. 두 문제 모두 고민 없이 바로 풀었다. 교보문고에서 일하고 승진하려면 이 정도 교양은 있어야 한다. 만약 내가 소설 분야를 맡지 않았다면 그해 진급에서 큰 어려움이 닥쳤을지도 모른다.

과거를 외우는 건 쉽지만 미래를 예측하기는 어렵다. 매년 노벨문학상 시즌이 다가오면 누가 받을 것 같냐고 내게 물어보는 사람이 많다. 항상 모른다고 답한다. 맞힌 적이 한 번도 없기 때문이다. 특히 노벨문학상은 후보 작가를 알려주지 않는다. 1차 후보, 2차 후보, 최종 수상자를 한 달 간격으로 발표하는 '장사 잘하는 문학상' 부커상과 다르다. 사전 예측에 참고할 자료가 전혀 없다. 그만큼 공개 후의 충격도 얼얼하다.

매번 틀리지만 노벨문학상 시기가 되면 후보 작가군을 스무 명 정도 추린다. 발표일 전 약 열흘에서 2주일 동안 '노벨문학상 수상 작가 맞히기' 투표 이벤트를 연다. 그런데 상 줄 스웨덴 한림원은 귀띔도 안 하는데 무슨 수로 후보 목록을 만드는 것일까? 9월 중순부터 소설 MD는 '이 사이트'에 매일 들어간다.

외국의 도박 사이트다. 불법 사이트는 아니다. 흔히 생각하는 스포츠 경기부터 미국 대선과 유로비전 송 콘테스트 결과까지 별의별 이벤트를 다 예측하는 전문 도박사들이 점친 '유력 수상 작가' 배당률을 참고한다. 배당률 1위 작가는 아니고 '그다음으로' 상위권에 이름을 올린 작가 중 수상자가 나오는 경우가 많다.

그리고 10월 초 노벨상 주간의 네 번째 날인 목요일 저녁 8시(한국 시간), 수상 작가의 이름이 속보로 전해진다. 몇 년 동안 지켜본 결과 독서가들은 주로 두 가지 반응을 보인다. 하나. "받을 사람이 받았네"라고 맞장구친다. 둘. "노벨상도 한물갔네. 차라리 누구누구를 줬어야지"라며 결과를 부정하고 화를 낸다. 두 부류 모두 그 작가의 작품을 읽은 적이 있는가, 그 작가를 알고 있었는가 여부는 중요하지 않다. 이렇게 말하면 '책잘알'로 보인다는 사실이 중요하다.

세 번째 부류에 해당하는 나는 속으로 생각한다. '빨리 이 작가의 대표작을 찾아 읽은 뒤 마치 옛날부터 알고 있었던 척해야지….' 이 역시 '책잘알'로 보이기 위한 열망의 발로 중 하나이다. 한 지인의 지인은 노벨문학상 후보에 단골로 이름을 올리는 작가의 책을 일부러 남 눈에 잘 띄게 들고 다녔다고 한다. 그런데 대표작이 아니라 네다섯 번째로 유명한 책을 선택했다는 점이 재미있다. 혹은 헤밍웨이, 카뮈, 헤세 같은 '노벨 TOP 100' 작가가 아니라 비교적 낯선 작가를 찾아 읽고 과시하는 사람도 봤다. 독서 생태계 다양성 지킴이 님 감사합니다.

다만 소설 MD는 낯선 작가가 아닌 슈퍼스타 작가가 노벨문학상을 받기를 기원한다. 소설 MD가 되기 한참 전 신입 MD 시절이었다. 노벨문학상 수상자가 발표되자 한 선배는 "왜 미리오 바르가스 요사한테 상을 주냐, 하루키 줘라"라고 농담 섞인

울분을 토했다. 대학 시절 요사의 『세상 종말 전쟁』(새물결)을 좋게 읽었던 터라 순간 무슨 말일까 의아했다. 그 동료의 반응은 몇 년 후의 내 반응과 정확히 일치했다.

　매년 가을 소설 분야에 추가되는 선물 매출은 '노벨문학상 수상 작가의 인기' 더하기 '국내 출간된 작품 종수'의 제곱에 비례하기 때문이다. 나는 늘 부디 '어떤 작가'가 받기를 바라며 특별전을 준비했다(2024년 이후로는 이런 염원을 품지 않은 것 같다). '하루키가 받으면 서점 사이트와 각종 독서 커뮤니티 게시판 다 터지겠지' 생각했다(2024년 이후로는 이런 생각을 하지 않은 것 같다).

　가장 흐뭇했던 해는 2017년이다. 가즈오 이시구로가 상을 받았다. 우선 매드 클라운과 함께 나와 생김새가 비슷한 대표적 문화·예술인이라 반가웠다. 그리고 한강이 상을 받은 2024년 전까지 책이 가장 많이 팔린 수상자였다. '주말-개천절-추석-대체휴일-한글날'이 열흘 동안 이어진 역대급 황금연휴 한복판에 회사(파주)에 나와 일한 보람이 있었다.

　반대 결과가 나온 해도 있다. 슬프게도 많다. 2010년대 들어 미국 메이저 리그 베이스볼에서는 샌프란시스코 자이언츠가 돌풍을 일으켰다. 2010년을 시작으로 2012년, 2014년까지 세 차례나 우승을 차지하며 '짝수 해의 기적'을 연출했다. 2년 주기 마법이 끝난 2016년, 짝수 해의 경이를 노벨문학상이 안 좋은 쪽으로 이어받았다. 10월 13일, '뮤지션' 밥 딜런의 이름이 속보에 뜬 순간 나는 사무실에서 육성으로 경악했다. 내 분야인 소설에서

밥 딜런이 쓴 책은 물론 없었다. 『밥 딜런 자서전: 바람만이 아는 대답』(문학세계사) 단 한 권만 출간된 상황이었다.

2년 후 2018년에는 아예 수상자 발표와 시상 자체가 취소되었다…. 스웨덴 한림원 내부에서 불거진 성추문 사건의 여파였다(대신 2019년에 두 명을 동시에 발표했다).

다시 2년이 지났다. 2020년에는 루이즈 글릭이 상을 받았다. '시인'이었다. 국내 출간된 단독 저작이 하나도 없었다. 그의 시가 수록된 시선집을 겨우 몇 권 찾아 이벤트 페이지에 올렸다. 내 분야 연관 매출은 0원. 그래도 "이제 '짝수 해의 저주'는 끝났고 내년은 무조건 흥행하는 해"라고 스스로 위로했다. 1년이 흘러 2021년 10월 8일이 되었다.

압둘라자크 구르나. 이 이름을 두고 "받을 만한 사람이 받았네"라고 하거나 "왜 줬냐" 화내는 사람은 없었다. 나도 원래부터 알고 있었던 척하려고 대표작을 찾아 읽으려 해도 그럴 수 없었다. 국내에 출간된 책이 단 한 권도 없었다. 주변의 내로라하는 책 도사들도 난생처음 듣는 작가라는 소감을 공유했다. 노벨문학상 특별전 페이지에 '국내에 정식 출간된 압둘라자크 구르나의 작품은 아직 없습니다'라는 문구를 적고 퇴근했다. 사상 초유의 사태였다.

허탈해진 나는 이내 민족 정론지적 관점으로 생각을 고쳐먹었다. 덕분에 미지의 거장이 새롭게 알려졌으니 좋은 일이리고. 이후 압둘라자크 구르나의 소설은 국내에 네 권이 번역 출간되었다. 어쩌면 상이라는 이벤트의 순기능을 가장 극적으로 보여준 사례다. 그런데도 일확천금에 눈이 멀어 하루키가 받아라, 조앤 K. 롤링 줘라 웅변한 소설 MD에게 괘씸죄를 적용해야 마땅하다.

저녁 8시에 발표되는 노벨문학상과 달리 MD가 새벽부터 깨어 시상식을 지켜봐야 하는 상도 있다. 부커상 인터내셔널 부문이다. 2016년 한강의 『채식주의자』(창비)가 받은 상이다. 그해 3월 한강이 1차 후보(롱리스트)에 올랐다는 뉴스를 봤을 때만 해도 맨부커상이 무엇인지 잘 몰랐다(아직 이름이 바뀌기 전이었다). 다음 달 2차 후보(숏리스트)에 지명된 데 이어 5월 17일 새벽 최종 수상에까지 이르자 아침부터 업무 문자가 빗발쳤다. 나도 출근하자마자 출판사에 전화를 걸어 재고를 확보해야 했다.

인터내셔널 부커상, 국제 부커상이라고도 부르는 부커상 인터내셔널 부문은 세계적으로 권위 있는 문학상인 부커상의 번역 부문이다. '처음에는 비영어로 발표되었으나 이후 영어로 번역되어 영국이나 아일랜드에서 출간된 책'을 심사한다.

내가 메인 상인 부커상이 아니라 인터내셔널 부문의 결과를 챙기는 이유는, 국내 작가가 상을 받을 수 있는 부문이기 때문이다(한국 작가도 처음부터 영어로 소설을 쓰면 부커상을 받을 수 있긴 하다). 『채식주의자』 이후에도 한강의 『흰』(당시 난다), 정보라의 『저주토끼』(당시 아작), 천명관의 『고래』(문학동네), 황석영의 『철도원 삼대』(창비)가 최종 후보에 올랐다. 자연히 국내에서 친숙한 해외

문학상이 되었다. 이런 흐름에 더해 부커상 재단이 먼저 손을 들어준 한강이 노벨문학상을 받았으므로 앞으로도 부커상 인터내셔널 부문에 얼굴을 비칠 한국 작가는 늘어날 것으로 보인다.

이 노벨문학상과 부커상을 공쿠르상과 함께 묶어 '세계 3대 문학상'이라고 부르는 기사를 흔히 볼 수 있다. 이 말의 유래가 정말 궁금하다. 노벨문학상이야 말할 필요가 없고, 부커상도 영향력 1위 언어인 영어 문학과 함께 인터내셔널 부문을 통해 비영어 문학도 평가하므로 대표성을 인정받을 만하다. 그러나 공쿠르상은 권위는 높지만 프랑스에 한정한 문학상이므로 아카데미 시상식을 두고 봉준호가 칭했듯 '로컬하다'는 느낌이다. 3대장으로 묶어두는 것이 판매에는 도움이 되므로 더 파헤치지는 않겠으나 아무래도 '세계 3대 문학상'이라는 수식은 우연히 만들어진 뒤 굳어진 말인 듯하다.

이 말을 처음 만든 주체는 순위 매기기 좋아하는 나라인 일본이 아닐까 하는 합리적 의심이 든다. 실제 일본어로 '세계 3대 문학상'을 검색하면 위 세 문학상을 설명하는 결과가 보인다. 한 술 더 떠 일본에서는 '세계 8대 문학상'을 추리기도 했다. 『문학상 수상을 축하합니다』(현암사)에서 대담에 참여한 작가, 편집자, 평론가, 서평가는 3대 문학상 그리고 아쿠타가와상, 나오키상, 퓰리처상, 카프카상, 예루살렘상에 대한 다채로운 이야기를 풀어낸다. 한국의 문학상을 포함하지 않았다는 사실이 신뢰도를 떨어뜨리긴 하지만 주요 문학상의 속설과 정보를 만날 수 있는 흥미로운 자료다.

이 책의 또 다른 장점은 독서욕을 북돋는다는 점이다. 서점에서 일하며 들은 가장 이해하기 힘든 말 중 하나가 "요즘 읽을 책이 없어"다. 세계 8대 문학상 수상작과 수상 작가의 대표작만 찾아 읽어도 수십 년이 걸릴 것 같다. 여기서 끝이 아니다. 아직 절반도 못 왔다. 미스터리, 공포, SF, 판타지 등 이른바 순수문학과 구분되는 장르문학상도 챙겨야 한다.

2025년에 나는 한강 노벨문학상 수상의 후속 기획전을 몇 차례 진행했다. 첫 번째는 한강이 받은 노벨문학상과 부커상 같은 세계의 대표 문학상을 조명하는 특집이었다. 노벨문학상은 제외하고 다섯 개의 순수문학상과 다섯 개의 장르문학상을 소개한 뒤 대표 추천작을 한 권씩 제안했다. 짧게 옮겨본다.

[장르문학상]

① 에드거상(1946~): 미국 추리작가협회가 주도하는 미국의 가장 대표적인 미스터리 문학상. 필독작은 역시 레이먼드 챈들러의 『기나긴 이별』(열린책들)이다.

② 대거상(1955년~): 영국 추리작가협회가 수여하는 상이다. 가장 대중적인 부문은 장편 미스터리를 심사하는 '골드 대거상'이며 첩보물의 전설 『추운 나라에서 돌아온 스파이』(열린책들)가 수상한 적 있다.

③ 휴고상(1953년~): 우수한 과학소설과 환상문학 작품을

뽑는 상이다. 국내에서 특히 인기 있는 작품은 테드 창의 중단편을 모은 『당신 인생의 이야기』와 『숨』(이상 엘리)이다.

④ 유리열쇠상(1992년~): 스칸디나비아 추리작가협회가 북유럽 작가들이 쓴 최고의 범죄소설을 뽑는다는 흥미로운 콘셉트와 북유럽 대륙의 춥고 어두운 이미지가 어우러진 상. 『여자를 증오한 남자들』(문학동네)이 유명하다.

⑤ 일본추리작가협회상(1948년~): 일본의 셀 수 없이 많은 미스터리 문학상 중 하나를 꼽는 건 불가능하나, 역사와 영향력을 볼 때 가장 큰 대표성을 띠는 상이다. 기리노 나쓰오의 『아웃』(황금가지)이 수상했다는 것이 증거다.

[순수문학상]

⑥ 부커상(1969년~): 영국에서 출간된 최고의 영어 소설을 뽑는다. 캐나다 작가 얀 마텔이 쓴 『파이 이야기』(작가정신)로 시작하면 좋다.

⑦ 공쿠르상(1903년~): 프랑스를 대표하는 문학상. 우리나라에서 가장 큰 인기를 얻은 작품은 로맹 가리가 에밀 아자르라는 필명으로 제출해 상을 받은 『자기 앞의 생』(문학동네)이다.

⑧ 퓰리처상(1917년~): 미국의 언론과 예술 부문에서 가장 높은 성취를 거둔 사람에게 수여한다. 국내에는 소설 부

문 시상이 있다는 걸 모르는 사람도 많으나 하퍼 리의 『앵무새 죽이기』(열린책들)를 비롯해 『노인과 바다』, 『분노의 포도』, 『로드』 등 굵직한 작품이 거쳐 갔다.

⑨ 아쿠타가와상(1935년~): 일본에서 최고 권위를 인정받는 신인상이다. 내가 가장 좋아하는 작품은 『어느 「고쿠라 일기」 전』(모비딕)이나 아쉽게도 절판되었다. 지금 판매 중인 책 중에는 '신형철 인생 소설' 『그래도 우리의 나날』(문학동네)을 추천한다.

⑩ 나오키상(1935년~): 수상작 중에 히가시노 게이고의 『용의자 X의 헌신』(재인)이 있다는 사실이 이 상의 성격을 잘 보여준다. 신인과 기성작가를 가리지 않고 우수한 대중문학 작품을 선정하는 상이다.

언급한 대표 추천작 모두 쟁쟁한 작품이다. 그중에서도 문학상 독파를 시작할 때 고르면 좋을 단 한 편의 입문작을 꼽는다면 2002년 부커상 수상작인 『파이 이야기』를 추천한다. 2018년에 맨부커상 운영위원회는 상 제정 50주년을 기념하여 '골든 맨부커상'을 선정한다는 계획을 발표했다. 당시 우리 서점에서 운영하던 문학 팟캐스트인 '낭만서점'에서 관련 특집을 기획했다. 나도 출연하여 맨부커상 50년을 대표할 최고 작품은 무엇이 될지 예측하고 이야기를 나눴다.

나는 수상이 가장 유력한 작품은 『한밤의 아이들』(문학동네)이고, 수상하길 바라는 작품은 『파이 이야기』라고 말했다. 『한밤의 아이들』은 일반 부커상, 25주년을 기념하는 '더 부커 오브 부커스', 40주년을 맞아 독자가 투표로 선정한 '더 베스트 오브 더 부커'까지 부커상을 세 번이나 받은 소설이다. 그런데도 수상에 실패하면 그동안의 역사를 부정하는 셈이니 왕중왕전에서도 1위를 차지하리라 전망했다.

노벨문학상 결과를 한 번도 못 맞혔듯이 '골든 맨부커상' 예상도 빗나갔다. 뜻밖에도 『잉글리시 페이션트』(그책)가 선정되었다. 무려 50년을 결산하는 대형 행사에서 독자 투표는 옳은 방식이 아니었다는 비판이 일기도 했다. 심지어 『잉글리시 페이션트』를 쓴 마이클 온다치조차 결과에 의문을 표했다.

만약 『파이 이야기』가 1위에 올랐다면 어땠을까? 여론은 우호적이었을 것 같다. 내가 이 책을 지지했던 이유는 무엇보다 재미있어서다. 부커상은 지금 세계의 고급 문학을 선도하는 작품을 뽑기 때문에 수상작이 실험적이고 난해할 때가 많다. 반면 긴박감 넘치는 모험 소설이자 성장 소설인 『파이 이야기』는 친절하고 대중적이다. 독자와 시장과 평단이 모두 좋아할 만한 탁월한 균형감을 갖췄다.

결정적으로 『파이 이야기』는 문학이라는 예술의 전능함을 몸소 보여준다. 소년과 호랑이가 배 한 척에 의지하여 태평양을 건넌다는 상황은 말 그대로 '말도 안 된다'. 작가 얀 마텔은 말한다. 소설 속 이야기 중 뭐든 말이 되겠느냐고.

소설가는 원숙한 거짓말쟁이다. 그냥 거짓말쟁이와 다른 점은 소설가는 그럴듯한 이야기의 세계를 창조해 사람을 속인다. 자전 소설이거나 사실을 그대로 옮긴 소설이라고 해도 '픽션'의 분류를 입는 순간 거짓이 된다. 독자는 소설이 '허구'임을 알면서도 기꺼이 감정을 이입하고, 자신을 투사하며, 책의 내용을 자신의 '실제' 삶의 방향을 설정하는 데 사용하기까지 한다.

『파이 이야기』 결말에서 주인공 파이는 두 가지 버전의 놀라운 이야기를 들려준다. 이렇게 '그냥 말로 해도' 메시지를 전할 수 있는데 작가는 부러 거대한 폭풍우를 일으키고 배를 뒤집고 어린 소년이 227일 동안 고난 길을 걷게 한다. 무엇이든 할 수 있는 신이자 마술사인 작가가 특권을 사용하지 않을 이유가 없기 때문이리라.

『파이 이야기』는 가장 문학적인 방식으로 문학의 본질을 정의하는 문학이다. 문학상을 탐구하는 사람에게 남다른 깨달음을 준다. "얀 마텔은 언젠가 노벨문학상을 받을 것이다"라고 매일 틀리는 내가 '예측'을 하면 저주가 될 수 있으므로 고쳐 말하자면 얀 마텔이 언젠가 노벨문학상을 받기를 '희망'한다.

노벨문학상 작가의 책을 원서로 읽는 기분

『작별하지 않는다』, 한강, 문학동네, 2021

모든 직장인은 구내식당 메뉴만큼이나 휴일 일정을 중요하게 체크한다. 2024년 가을은 특히 휴일이 많았다. 9월 추석 연휴, 9월 말부터 10월 9일 한글날까지 지속된 징검다리 연휴. 꿈결 같은 '빨간 날' 행진이 마무리될 무렵, 위로가 필요한 사람들은 아직 한참 남은 1년 후 '2025년 10월'을 주목했다. 하루만 연차 내면 열흘 동안 쉴 수 있는 역대급 황금연휴가 화제였다. 소식을 접한 나도 바로 달력을 확인하고, 생각했다.

'이제 분야 바꾸고 소설 MD 그만할까.'

연휴가 후반부로 돌입하는 2025년 10월 9일에 나 혼자 휴일·저녁에 출근해야 할 확률이 매우 높았기 때문이다. 노벨문학상 수상자가 발표되는 10월 첫째 주 혹은 둘째 주 목요일은 소설 MD의 공식 야근 날이다. 발표 즉시 특별전 페이지를 열어야 한다. 그런데 '10월 9일'이라는 날짜가 눈에 확 들어왔다. 한글날이다. 왠지 좋은 예감이 들었다. 한글날의 기운을 받아 내년에는 한국 작가가 노벨문학상을 받는 것 아냐? '문학과 예술의 진주' 노벨문학상을 한국인 문학가가 받기에 이보다 더 근사한 날은 없을 것이다.

그렇지만 '글월 문(文)의 신'은 10월 9일을 한글 창제의 축복 하나만 기억하는 날로 남겨놓았다. 대신 연이어 이틀을 기념하라는 듯 다음 날인 10월 10일을 경축일로 지정해주었다(국가 공휴일 지정이 시급하다). 1년 더 기다릴 필요 없이 2024년 10월 10일 저녁 8시, 한강 작가가 한국인 최초 노벨문학상 수상자로 호명되었다.

그 후 몇 시간 동안 출판업계, 넓게는 사회 전체가 격렬하게 진동했다. 한강의 책을 보유한 출판사는 유례없는 흥분에 휩싸였다. 신문사 편집국에도 비상이 걸렸다고 한다. 깊은 밤임에도 대형 서점에 고객이 몰렸고, 취재와 촬영이 이어졌다. 나 역시 이벤트 페이지 오픈을 숨 가쁘게 완료했다.

온라인서점 초기 화면에 큼지막하게 노출된 배너를 두고 인터넷 커뮤니티와 소셜 미디어에는 '빨리도 대응한다', '물 들어올 때 제대로 노 젓네' 같은 반응이 올라왔다. 사실 항상 하던 일이다. 이벤트가 바로 올라오는 이유. 후보자별 여러 버전의 페이지를 미리 준비해놓아서는 아니다. '수상 작가' 영역만 제외하고 기획전 페이지를 모두 만들어놓은 뒤 발표 직후 채워 넣는다.

매년 수상자가 발표되는 밤 8시 정각 약 5분 전부터 나는 약간은 상기되고 불안한 눈빛으로 모니터를 뚫어져라 쳐다보며 대기한다. 노벨문학상 행사를 챙기기 시작한 초기에는 포털 사이트에서 검색 옵션을 '뉴스'로 놓고 검색 결과 새로고침을 무한 반복했다. 지금은 유튜브 생중계로 본다. 시간이 되면 발표자가 문을 열고 나와 아무 감정도 담지 않은 고저 없는 어조로 작가 이름을 읊는다. 유머 농도는 0퍼센트. 나라면 "2024년 노벨문학상 수상자는…. 60초 후 공개합니다"라고 농담도 할 것 같다. 자막도 안 띄워줘서 대체 누가 받았다는 건지 어리둥절할 때도 있다.

겨우 수상 작가 이름을 확인하고 나면 번개처럼 이벤트 기획안을 완성해 디자이너에게 전달하고, 작가의 책 목록을 정리하고, 출판사 영업자에게 전화를 걸어 재고를 확인한다. 이 사이 이벤트 페이지가 준비되면 최종 검수 후 오픈한다. 초기 화면 등 눈에 띄는 영역마다 배너를 노출한다. X, 페이스북, 인스타그램 등 소셜 미디어 게시도 챙긴다. 1년 중 소설 MD의 시간이 가장 밀도 있고 빠르게 흐르는 밤이다. 일을 마치면 언제나 미미한 두통을 안고 집으로 향하고는 했다.

위 과정에서 받는 경탄, 열기, 충격이 2024년에는 최소 50배 이상 더 강력하게 전해졌다. 물론 긍정적 의미에서다. "2024년 노벨문학상은 한국 작가 한강에게 수여한다." 마츠 말름 스웨덴 한림원 사무총장이 선언했을 때 '내 귀를 의심한다'라는 말이 무슨 뜻인지 실감했다. 머릿속이 정전되었다. 숨 쉴 틈 없이 바쁜 와중에 동료, 가족, 친구의 연락을 100통은 받은 것 같다. "너 노벨평화상 덕분에 좋겠다"라는 말도 들었다. 원래 말실수를 지적하지 않는 성격이라 "너무 좋지"라고 (하루 뒤) 답을 보냈다. 소설 MD와 한국 출판계의 평화에 노벨평화상보다 더 크게 이바지한 일이므로 틀린 말도 아니다.

웃기면서 슬프게도, 정작 중요한 책 판매 현황은 이벤트 오픈을 마친 후에야 확인했다. 그만큼 정신이 없었다. 첫 책으로 『작별하지 않는다』(문학동네)의 판매량을 조회한 순간 '내 눈을 의심한다'라는 말이 무슨 뜻인지 실감했다. 화면에는 서점에서 일하면서 처음 보는, 단위가 다른 숫자가 찍혀 있었다.

비슷한 판매 급상승은 전에도 경험한 적 있다. 2016년 5월 16일, 역시 한강이 『채식주의자』(창비)로 부커상 인터내셔널 부문에서 수상했을 때다. 당시 판매가 크게 오른 책은 수상작인 『채식주의자』 한 편이었다. 2024년에는 한강이 저자로 등록된 20여 편의 책이 동시에 움직였다. 노벨문학상과 부커상의 차이에서 기인한 일이다.

'부커상 인터내셔널 부문'은 영국에서 출판된 최고의 영어 소설을 뽑는 '부커상'의 번역 부문이다. 2016년에 현재 방식으로 개편된 이 상은 특정 '작품' 하나를 선정한다. 반면 노벨문학상은 작품이 아닌 '작가'에게 수여하는 상이다. 예술가가 걸어온 문학 세계 전반을 살핀다. 활동 기간이 길고 작품 수가 많으면서 전체 작품이 고르게 높은 평가를 받은 작가여야 최종 후보에 들 확률이 높다. '작가의 전작'이 수상작인 셈이다. 독서가가 챙겨 읽어야 할 책이 많고 파급력이 크다. 게다가 2024년은 국내 번역을 기다릴 필요 없이 모든 책이 유통되고 있는 최초의 해. 일주일 내 100만 부 판매 돌파는 예정된 일이었다.

우리는 2024년 노벨문학상 수상 작가의 책을 그전부터 '원서'로 읽고 있었다. 뜻깊은 일이다. 반면 해외에는 아직 소개되지 않은 작품도 많았다. 소설 분야 기준, 열한 편의 책 중 2024년 10월에 영문 번역본이 판매되고 있는 책은 다섯 편 정도였다. 나는 더 많은 책이 외국에 번역 소개된 다음에야 노벨문학상을 받지 않을까 막연하게 생각해왔다. 또한 1970년생인 한강은 익숙하게 봐온 역대 수상자들보다 젊었다. 그래서 몇 년 전 한 출판사 영업자와 이야기를 나눌 때 나는 한강이 20년 안에 노벨문학상을 받을 것 같다고 말했다. 그분은 10년을 예상했다. 5년 만에 현실이 되었다.

상상력이 부족한 탓에 시간을 너무 길게 잡았지만, 나 역시 가장 먼저 노벨문학상을 받을 한국 작가로 한강을 꼽아왔다. 첫 번째 이유는 물론 웅숭깊은 시선, 시적 문장과 표현, 공감을 끌어내는 주제 의식을 두루 갖춘 작품의 탁월함이다. 상처의 치유와 인류애적 연대 등 스웨덴 한림원이 주목할 만한 진중한 목소리를 작가 인생에 걸쳐 계속 세상에 내보낸 것도 주효했다.

멈추지 않고 성장한 점도 결정적이다. 작품 발표 순서대로 보면 한강은 2014년에 『소년이 온다』(창비)로 정점에 올랐다. 7년 앞선 작품인 2007년작 『채식주의자』가 2016년에 부커상 인터내셔널 부문을 수상하며 국제적 주목까지 획득했다. 국내와 국외에서 모두 거장으로 인정받은 첫 한국 작가가 된 것이다. 이런 때, 신작을 향한 관심이 최고조에 이르기 마련이다. 부담도 크지 않았을까 짐작한다. 그런데 작가는 『작별하지 않는다』를 내놓았다. 데이비드 린치가 떠올랐다. 앞으로 더 보여줄 것이 있을까 궁금하게 만든 역작 〈멀홀랜드 드라이브〉 다음 영화로 더 새롭고 낯선 〈인랜드 엠파이어〉를 투척했기 때문이다.

『작별하지 않는다』는 작가의 전작 중 주요하게 붙드는 주제는 『소년이 온다』를, 지배적인 시각적 이미지는 『흰』(문학동네)을 계승한다. 『소년이 온다』에서 '5월 광주'의 기억을 되살린 한강은 『작별하지 않는다』를 통해 '제주 4·3'의 비극적 현장을 현재를 살아가는 독자의 눈앞에 재현한다. 두 소설은 모두 평범한 '오늘의 일상·삶'과 긴밀히 연결되는 참혹한 '과거의 역사·죽음'을 끊임없이 되돌아보는 한강의 작가적 소명감을 드러낸다.

다만 두 현대사 소설의 표현 방식은 다소 다르다. 『소년이 온다』는 공기가 무겁게 내리깔린 엄숙한 소설이지만 서사는 또렷하고 전달력도 높다. 반면 『작별하지 않는다』는 형식을 자유롭게 풀어 헤친 실험성이 눈에 띈다. 『소년이 온다』를 처음 읽을 때 '일부러 흑백으로 만든 현대의 무성 영화' 같다는 느낌을 받았다. 『작별하지 않는다』를 읽고 나서는 시, 소설, 사진, 공연, 영상 등 다양한 예술 작품을 조합해 완성한 비디오 아트가 떠올랐다.

삶과 죽음, 현실과 상상, 과거와 현재를 넘나드는 전이는

'하얀색'이라는 장치를 통해 이루어진다. 경하가 눈발을 헤치며 친구의 집을 찾아갈 때 펼쳐지는 눈 세계의 광경은 감각을 압도한다. 정화를 뜻하고, 빛과 어둠 사이를 부유하며, 위령제의 저 고리를 연상하게 하는 색. 하얀색은 한강 문학 특유의 초월성을 다시 한번 한껏 끌어올렸다. 한강은 수상자 발표 후 노벨상 위원회와 행한 전화 인터뷰에서 독자가 가장 먼저 읽으면 좋은 자신의 책으로 최근작인 『작별하지 않는다』를 꼽았다. 작가의 의견을 존중하지만 반대로 첫 책 『여수의 사랑』(문학과지성사)부터 순서대로 읽는 것도 괜찮겠다고 생각한다. 모든 작품을 읽은 다음 마지막 차례로 한강 문학의 결정체 『작별하지 않는다』를 읽으면 울림이 몇 배는 클 것 같다.

　세 편의 대표작 『작별하지 않는다』, 『소년이 온다』, 『채식주의자』를 통해 한강은 세계와 서구 문학권에서 활발하게 이야기되는 작가로 자리매김했다. 부커상 인터내셔널 부문을 시작으로 말라파르테 문학상, 산클레멘테 문학상, 메디치 외국문학상, 에밀 기메 아시아문학상 등 해외 문학상을 연이어 받았다. 2019년 가을에는 노벨문학상의 나라 스웨덴에서 개최된 예테보리 도서전에 초대되어 현지 독자와 소통하기도 했다. 같은 해 올가 토카르추크가 노벨문학상을 거머쥐었다. 그가 한강보다 2년 '늦게' 부커상 인터내셔널 부문에서 수상했던 사실을 상기하며 언젠가 한강의 차례가 올 것임을 예감했다. 결국 소설보다 더 소설 같은 발표문에 전율하는 날을 맞았다.

MD 인생에서 가장 짧은 시간 동안 가장 많은 일을 처리한 2024년 10월 10일 밤. 회사를 나선 시간은 이미 날을 넘긴 12시 20분이었다. 운전면허에 더해 전투기 면허까지 보유한 듯한 택시 기사님의 폭풍 질주에 몸을 맡겨 집으로 순간이동했다. 감격이 과잉 투여되어서인지 세 시간 만에 눈이 떠졌다. 다음 날인 토요일에는 집 근처 가정의학과에 가서 수액을 맞았다. 아파서가 아니다. 이제부터 과로할 예정이기 때문에 일단 연료부터 채워 넣었다.

이럴 때 무리하지 언제 무리하냐며 스스로 세뇌했다. 이후 하루도 빠짐없이 연장 근무와 휴일 근무를 이어갔다. 이미 10월에 접어들었는데도 너무 바쁘고 일 말고 아무것도 신경 쓸 겨를이 없어 반소매 티셔츠를 입고 다녔다. 처음이자 마지막인 특별한 노벨문학상이어서다. 한국 작가가 또 노벨문학상을 받을 수는 있지만 '최초 수상'은 단 한 번밖에 없지 않나. 역사적 사건에 동참한다는 의미를 되새기며 업무 의욕을 불태웠다. 경력 포트폴리오에 '2024년 노벨문학상 특별전 진행(한강 수상)' 한 줄을 넣을 수 있다니 도서 MD가 누릴 수 있는 최고의 영광이다.

교보문고를 비롯한 여러 서점과 건물에 축하 공간이 마련되었다. 한강의 책은 물론이고 한강이 추천한 책과 부친인 한승원 소설가의 책까지 다시 독자의 관심을 받았다. 국내외 언론은 연일 한강과 노벨문학상 기사를 발행했다. 방송사는 작가가 과거에 출연했던 영상을 발굴하여 섬네일을 바꿔 유튜브에 게재했고, 여러 인기 크리에이터가 한강을 특집으로 다뤘다. 나는 수상을 축하하는 일간지 전면 광고를 내고 싶었는데 수액 맞느라 돈을 많이 써서 다음을 기약했다.

들뜬 두 달이 지나고 12월이 되었다. 교보문고 광화문점 노벨상 수상자 초상화 전시 영역에 한강의 그림이 추가되었다. '노벨상 주간'에 돌입한 것이다. 나도 10월 노벨문학상 특별전에 이어 조금 더 자세하게 한강의 세계를 파고든 두 번째 기획전을 진행했다. '2024 노벨문학상 수상 특집: 한강의 책, 세계, 이야기'라는 제목을 단 특집에서 한강이 2024년 10월 10일(!) 오전에 회신을 보낸 《매일경제》 인터뷰 기사 전문을 김유태 기자의 허락을 구해 공개했다. 수상 직후의 반응과 인터뷰, 노벨문학상 주간에 한 강연과 수상 소감을 그러모은 심층 기획전이었다.

스웨덴 스톡홀름에서 거행된 영광스러운 수상 현장을 담은 책이 이듬해 봄에 출간된 『빛과 실』(문학과지성사)이다. 기쁨을 회고하는 이 책과 달리 근심 어린 시선을 담은 기사가 비슷한 시기에 표출되었다. 한강 효과는 반년 만에 사라졌고 문학 읽기가 유행하기는커녕 출판계 전체 매출이 줄었다는 것이다. 역대 최저 43.1퍼센트로 떨어진 2023년 성인 독서율이 2024년 노벨문학상 수상에도 불구하고 제자리를 지킬까 순간 겁도 났다.

조급해할 필요 없다. 2024년 개천절 일주일 후 도착한 노벨 메달은 (그동안 출판계에서 하도 '단군 이래 최대 불황'이라는 말을 많이 했더니) 단군 할아버지가 '옛다' 하고 던져놓고 간 선물은 아닐지 상상했다. 이제 단군왕검 그만 찾고 대신 벼락같은 선물을 활용할 방안을 찾아야 할 때다. 일시로 늘어난 독자가 책과 독서의 매력을 계속 느끼게 하는 것은 겨우 반년 만에 이루기는 힘든 과업이다. 최적의 정책과 마케팅 계획을 느리더라도 담대하게 마련해야 한다.

한편, 이번 수상의 의의를 산업과 판매의 논리를 배제하고 생각해볼 필요도 있다. 한강의 노벨문학상 수상은 책의 존재 이유와 우리가 문화 예술을 향유하는 이유를 알려주었다. 모든 작가는 세상에 전하기를 원하는 각자 다른 메시지를 지니고 있다. 스웨덴 한림원의 선정 이유를 빌리면 한강은 "역사적 트라우마에 맞서고 인간 삶의 연약함을 폭로하는 강렬한 시적 산문"을 썼고, 전년 수상자인 욘 포세는 "말할 수 없는 것들에 목소리를 부여"했으며, 한해 앞서 상을 받은 아니 에르노는 "사적 기억의 근원과 소외, 집단적 구속의 덮개를 벗긴 용기와 해부학적 예리함"을 문학에 담았다.

이 모든 주제가 조금이라도 더 깊게 독자의 마음에 스며들 수 있도록 소설가는 치열하게 이야기를 구성한다. 문학상은 이 결과물을 평가하고 전파한다. 지금 한국 사회에서 모든 선택의 제1 준거는 '그거 돈 돼?'가 되어가고 있다. 이러한 현실을 사는 사람들이 스웨덴에서 들려온 기쁜 소식을 통해 평소 무용하다 여겼던 문학 읽기의 소중함을 생각할 기회를 얻었다. 돈으로 잴 수 없는 큰 수확이다.

2019년, 노르웨이 공공 예술 단체인 '미래도서관'은 한강을 올해의 작가로 선정했다. 작가는 약 100년 동안 봉인되었다가 2114년에 공개될 소설 원고를 프로젝트 측에 전달했다. 제목은 「사랑하는 아들에게」이다. 지금 한강의 노벨문학상 수상 소식을 접한 어린아이들은 노인이 되어 이 작품을 읽을 수 있을지도 모른다.
　　바람이기도 하고 궁금증이기도 한 질문이 남는다. 먼 훗날 2114년 한국 사회는 2024년 한국 사회보다 나아져 있을까? 폭력에 맞서는 저항, 인간 존엄성에 대한 응시 그리고 '한강다움'을 이루는 모든 호소. 이런 한강 문학의 정신은 책이 100만 부 넘게 읽히는 동안 시나브로 우리 일상에 자리 잡았을까? 세상과 독자와 문학은 공명할까? 그렇게 되길 바란다면 나는 무슨 일을 해야 할지 각자 생각해보면 좋겠다. 특히 한강의 성취를 기뻐한 사람이라면 더욱 큰 용기와 힘을 내서.
　　『작별하지 않는다』는 쉽지 않은 책이며 읽는 괴로움 또한 크다. 익숙하지 않은 독자가 많음을 알면서도 작가는 낯선 제주 방언을 길게 이어간다. 희생자의 이야기는 그들의 목소리를 통해 들어야 하기 때문일 것이다. 또한 인선의 손가락은 3분마다 바늘로 찔러서 피를 내야 한다. 초반부부터 전해지는 참혹한 통증이 작품 내내 가슴을 할퀸다. 이 정도 아픔을 나눠 느낄 각오도 없이 수만 명의 죽음을 그린 책을 읽을 생각이냐고 작가는 말하는 듯하다. 상처와 치유를 말하는 소설 『작별하지 않는다』는 타인의 고통은 '이해'가 아닌 '감응'의 대상임을 알려준다.

10년 후에도 사용될
굿즈를 제작하는 마음

『주말, 출근, 산책: 어두움과 비』, 김엄지, 민음사, 2015

"출근길에 E는 출근하지 않기로 결심했다. 결심하고 나자 곧 뿌듯해졌다."

이런 문장을 담은 책이라면 일단 읽어야 한다. 2010년대 중반 한국 문학계에 '젊은 작가 열풍'이 불었다. 젊은 작가와 젊은 문학을 설명할 때 빠지지 않는 수식어가 '새로움'이다. 그중에서도 김엄지는 자신만의 고유함과 새로움으로 눈길을 끈 작가다. 첫 장편 『주말, 출근, 산책: 어두움과 비』(민음사)를 나는 카페의 앉은자리에서 끝까지 읽었다. 그 후 누군가 젊은 작가의 소설을 추천해달라고 하면 가장 먼저 이 긴 제목을 말한다.

소설은 치과에서 시작된다. 회사원 E는 이가 아파 괴롭다. 연애하고 싶지만 모든 만남에 실패한다. 비가 계속 내려 암울하다. 상사는 야만스러운 사람이다. 동료는 a, b, c, d 네 명이고 주인공 E만 대문자로 표기된다. 어차피 모두 익명이라는 점은 같다. 다섯 사람은 기계처럼 어색한 말투로 단답형 대화를 주고받는다.

무의미한 짧은 대사와 무의미한 짧은 서술이 반복된다. 모든 게 똑같이 반복되어 날짜 감각까지 없어지는 현대 도시인의 우울한 일기장을 읽는 듯하다. 직장인의 비애를 다룬 많은 소설과 달리 abcdE는 폭발하지도 분노하지도 않으며 당연히 자기 치유는 생각도 안 한다. 무단 잠적과 무단결근으로 도피성 반항을 할 뿐이다. 체념하듯 산다. E가 가장 버거워하는 단어는 '미래'다.

덤덤해서 슬프다. 낯설어서 현실적이다. 「서울, 1964년 겨울」의 부조리함에 유머가 더해져서 좋았다(김엄지는 이 작품을 즐겁게 썼을 것 같다. 순전히 내 추정이다). 밀고 당기고 붙는 단어·문장에서 느껴지는 자력과 운율감이 좋았다. 막 던지는 듯한 말의 조각들이 여기저기서 분해, 재조합되어 전체를 이루는 자유분방함이 좋았다. 요약하면, 이 책과 비슷한 소설은 한 편도 못 봤다.

너무 늦게 읽어 아쉬웠다. 출간 초기에 더 알려야 했다는 생각이 들었다. 책을 마케팅하기 가장 좋은 시기는 출간 직후다. 독자는 새 책에 더 주목하는데 신간은 계속 쏟아져 나온다. 출간 후 시간이 지난 책을 뒤늦게 홍보해서 독자의 관심권 안에 들여놓는 건 쉬운 일이 아니다. 이럴 때 MD가 하는 선택은 둘 중 하나다.

하나. 사용하는 블로그나 소셜 미디어에 이 책을 사랑하며 너네도 읽기 바란다는 감상을 남기고 종결한다. 둘. 늦었지만 이슈 메이킹을 시도한다. 나는 두 번째 안을 고려했다. 작가전, 북토크, 리뷰 이벤트 등 여러 마케팅 중 우선 굿즈(사은품) 이벤트를 알아봤다. 가장 일반적인 프로모션이기도 하고 약간의 사심도 작용했다. 책 표지의 그림이 너무 멋져서 꼭 굿즈로 만들어보고 싶었다. 작품 제목은 안중경 작가의 〈인간연구〉였다.

발수건부터 수저받침까지 온라인서점 MD는 온갖 굿즈를 만든다. MD마다 선호하는 아이템도 다르다. 나는 일러스트를 프린트해 만든 아이템을 좋아한다. 디자인을 잡기 편하다. 유명 아티스트와 간접적으로나마 협업하는 것이므로 특별함을 느낀다. 예를 들면 청량하고 도회적인 특유의 낭만적 무드로 유명한 일본의 그래픽 디자이너이자 일러스트레이터인 나가이 히로시의 그림을 표지에 넣은 『대도시의 사랑법』(창비)이 출간되었을 때 사정상 굿즈를 진행하지 못해 두고두고 안타까웠다.

내가 기획한 굿즈 중 가장 특별한 것 하나를 꼽는다면 역시 일러스트를 사용한 제품이다. 나의 21세기 영화 TOP 10 중 하나인 〈립반윙클의 신부〉의 원작 소설이 출간되었을 때 만든 플래너다. 신모래 일러스트레이터가 영화 홍보를 위해 작업한 감성 좋은 그림을 인쇄했다. 업무 노트로 매일 끼고 다녔기 때문에 나와 미팅을 한 번이라도 했다면 모두 봤을 애착 굿즈다.

『주말, 출근, 산책: 어두움과 비』의 〈인간연구〉 굿즈는 '타협과 절충을 거쳐' 만들었다. 리마케팅할 계기를 내세우기 어려워 별도 굿즈 이벤트로 진행하지는 못했다. 대신 연말 메인 이벤트 굿즈인 '2017 오늘의 한국작가' 탁상 달력에 포함했다. 최근 1년간 나온 한국소설 중 추천작 열두 편을 꼽고, 작가 친필 사인과 메시지, 도서 연출 숏으로 구성한 달력이었다. 김엄지 작가는 "오후 여섯 시 빛. 투명 아크릴 의자에서 반사. 미래 미래 미래"라는 메시지를 보내왔다. 그의 소설처럼 엉뚱하고 감각적이며 시각적인 심상이어서 감탄했다.

이 달력은 월별 배치까지 세세하게 신경 썼다. 예를 들면 『거짓말이다』(김탁환, 북스피어)와 『L의 운동화』(김숨, 민음사)는 꼭 4월과 6월에 들어가야 했다. 장강명 정치 소설 『댓글부대』(은행나무)는 (추후 일정이 변경되긴 했지만) 대통령 선거가 예정된 12월에 넣었다. 『주말, 출근, 산책: 어두움과 비』는 건조한 계절에 어울리는 회색 소설이고 주인공 이름이 'E'여서 '2'월로 배치했다….

바로 다음 달의 책은 역시 '오늘의 젊은 작가' 시리즈인 『보건교사 안은영』(민음사)이었다. 소설의 무대가 학교이므로 새 학년, 새 학기가 시작하는 3월이 잘 어울렸다. 정세랑은 당시에도 인기가 많았으나 아직은 고정 팬 위주로 독자층이 형성된 신인 작가였다. 공연마다 따라다니는 열성 팬이 있는 촉망받는 인디 밴드 느낌이었다. 정세랑의 대중 인지도는 몇 년 후 폭발적으로 상승한다. 인기 변화를 실감하게 하는 책이 두 판본의 『보건교사 안은영』이다. 처음 만든 2017 달력 굿즈에는 '일반판'의 표지를 '열두 달 중 하나로' 넣었으나, 2020년에는 새로 나온 '특별판' 표지로 '별도' 굿즈를 제작해야 할 만큼 중요한 책이 되었다.

넷플릭스 오리지널 시리즈 〈보건교사 안은영〉이 공개되었기 때문이다. 이미 두 편의 신작 소설 『목소리를 드릴게요』(당시 아작)와 『시선으로부터,』(문학동네)로 2020년을 자신의 해로 만들고 있던 정세랑이었다. 기세를 이어 영상화까지 된다기에 기대감이 컸다. 이럴 때 MD는 특별전을 꼭 진행해야 한다. 굿즈를 만들어야 한다는 뜻이기도 하다. 내가 선택한 아이템은 람한 작가의 특별판 표지 일러스트로 디자인한 장바구니였다(또 일러스트 굿즈다).

보통 MD는 굿즈를 촉박하게 준비한다. 굿즈는 대부분 신간 마케팅을 위해 제작하는데, 굿즈 제작의 기본 자료인 책 표지는 역시 매번 늦게 확정된다. 표지 확보 시점부터 출간일까지 남은 일자를 역산하여 일정을 맞출 수 있는 아이템을 골라야 한다. 반면 『보건교사 안은영(특별판)』은 표지가 매우 이르게 정해졌다. 디데이인 넷플릭스 공개일보다 한 달이나 앞서 장바구니 기획을 시작했다. 항상 벼락치기로 시험 준비하다 처음으로 여유 부리는 수험생이 된 기분이었다. 반전이 기다리고 있었다.

내가 장바구니 제작을 발주한 국내 업체는 중국 공장에 실제 공정을 다시 의뢰했다. 현지 사정으로 제작이 몇 차례나 늦어졌다. 최초 견적 시 안내받은 납기일보다 몇 주나 늦게 입고가 완료되었다. 그나마 넷플릭스 시리즈 공개 전에 이벤트를 오픈한 건 다행이었다.

돌발 상황은 여기서 끝나지 않았다. 드라마의 인기에 힘입어 원작 소설 판매가 치솟았다. 단독 굿즈인 장바구니에 대한 관심도 뜨거웠다. 너무 뜨거웠다. 몇 주에 걸쳐 준비한 500개가 며칠 만에 소진되었다. 내 MD 경력에서 굿즈가 이렇게 빠른 속도로 마감된 건 처음이었다. 오픈하자마자 이벤트를 종료해야 할 판이었다. 아직 책은 신나게 팔리고 있는데…. 그렇다고 다시 중국을 거쳐 장바구니를 추가 제작할 시간은 없었다. 빨리 입고되는 아이템을 물색했다. 핀버튼을 새로 제작해 이벤트 내용을 수정했다. 이런 걸 '2차 사은품'이라고 부른다.

애초에 장바구니를 500개보다 더 많이 만들면 어땠을까? 그럴 순 없다. 굿즈가 남는 건 정말 싫다. 이벤트를 위해 만들었으나 선택(판매)되지 않아 남은 굿즈를 영원히 물류 창고에 보관할 수는 없다. 일단 이벤트 기간을 연장해 더 소진해보고 끝까지 남은 일부 수량은 결국 폐기해야 한다. 이 무슨 아까운 물자 낭비이자 안타까운 환경 파괴란 말인가. 그래서 난 항상 보수적으로 제작 수량을 정한다. 너무 빨리 팔려버린 '보건교사 안은영 장바구니'는 자주 나오지 않는 예외 사례였다.

굿즈가 남는 이유. 사은품은 고객에게 '증정'하는 것이 아니라 '판매'하는 것이기 때문이다. 공짜도 아닌데 혜택이라 해도 되느냐는 항의를 종종 접한다. 배경이 있다. 지금은 도서 정가의 15퍼센트를 초과하는 혜택 제공이 제도적으로 금지되어 있다. 이미 할인과 적립을 '10퍼센트+5퍼센트'로 꽉 채운 책이라면, 책을 100만 원어치 구매하더라도 원가 100원짜리 엽서 하나 그냥 줄 수 없다. 반대로 100원짜리 도서를 구매할 때 100만 원짜리 굿즈를 선택하는 이벤트는 이론상으로는 진행 가능하다.

이처럼 계산이 복잡해진 건 2014년 11월 개정된 도서정가제의 영향이다. 책값을 '깎아주는' 할인 마케팅은 중단되었다. 대신 무언가를 '더 주는' 굿즈 마케팅이 일반화되었다. 도서 마케팅의 대세이자 최우선 고려 사항으로 자리 잡았다.

개정 도서정가제가 시행되고 얼마 지나지 않은 날이었다. 여느 때처럼 출근하자마자 서점별 베스트셀러 순위를 점검하며 판매 급상승 도서와 이슈를 파악했다. 온라인서점 알라딘의 어제 자 베스트셀러를 모니터링하는데 의아함이 들었다. 판매량이 높지 않았던 구간 미스터리 소설이 여러 종 상위권에 신규 진입했기 때문이다. 조사해보니 이벤트 굿즈인 '셜록 홈즈' 금속 키홀더 덕분이었다. 온라인서점발 대란 굿즈가 속속 화제에 오르기 시작했다.

우리 서점의 유료 굿즈 서비스 프로젝트에는 내가 MD 대표로 참여했다. 프로젝트 완료 후 대망의 첫 굿즈 메인 이벤트를 열었다. '우리가 사랑한 작가들' 마그넷 세트였다. 지금은 참 소박해 보이는 아이템이지만 교보굿즈실록에서 창업 군주 자리에 앉아 있는 상징적 사은품이다.

'대굿즈 시대'가 본격 개막했다. 신작 출간 이벤트와 기획전에서 굿즈 제공이 기본(이자 많은 경우 유일한) 혜택이 되었다. 서점과 출판사에서 일하는 모든 MD, 마케터가 매력 있고 차별화된 굿즈 기획에 공들이기 시작했다. '마케팅 회의'는 '굿즈 회의'의 동의어가 되었다. MD의 '내 굿즈 부심'도 갈수록 커졌다. 동료 MD에게 업무 요청을 해야 하는데 대화한 지 오래되어 어색하다면 "얼마 전에 만든 굿즈 괜찮아서 나도 만들고 싶은데 어디서 제작했냐?"라고 운을 띄우며 말을 걸면 효과가 좋다.

서점 밖에서 보는 것과 달리 굿즈 한 종을 만들기 위해서는 많은 단계를 거쳐야 한다. 책과 어울리는 아이템 선정, 내부 보고, 제작업체에 시안 의뢰, 출판사 제안과 컨펌, 제작 발주, 입고, 책과 사은품의 연결, 마케팅 진행, 검수 확인, 제작비 지불 그리고 재고와 판매 관리. 압축해도 이 정도이며 단계별 부가 업무도 여럿이다. 게다가 이처럼 손이 많이 가는 굿즈는 어쩌다 하나 만드는 것이 아니다. 분야 특성상 한 달에 열 개 이상 기획하는 MD도 있다.

그런데 모든 마케팅에 굿즈가 필요한 건 아니다. 없어도 잘 팔리는 책이 있고, 책 내용을 봤을 때 만들면 안 되는 책도 있다. 한강 작가의 노벨문학상 수상을 기념하는 특별전을 준비할 때다. 마케팅은 판매 촉진을 위해 하는 것인데 '노벨문학상 수상'이라는 전무후무 역대급 구매 이유가 있는 상황에서 굳이 굿즈를 만들 필요가 있을까 고민했다. 다른 서점이 다 만든다고 하니 나도 초집중해 만들기는 했다. 그리고 굿즈의 주요 속성은 '팬시함'이다. 나는 불행한 사건·사고나 그로 인해 피해 받은 인물을 이야기하는 책이라면 굿즈 마케팅은 하지 않는다. 혹시 만들더라도 예쁜 아이템은 피한다.

제작 비용 대비 효과 등을 고려했을 때도 굿즈 마케팅이 적합하지 않다면 굿즈는 안 만들어도 된다. 대신 다른 방법으로 홍보하겠다고 출판사 영업자에게 알리면 이 책을 중요하지 않게 보는 것이냐는 반응이 돌아올 때도 있다. 출판사에서 준비한 굿즈를 소량만 받겠다고 할 때도 책이 안 팔릴 것 같냐고 아쉬워하기도 한다. 오해다. 제작 여부만큼 제작 수량도 최대한 정확하게 결정해야 한다. 내가 굿즈 재고 남는 걸 싫어해서가 아니라 우리 지구의 "미래 미래 미래"를 위해서다.

누군가가 문득 생각했다. '굿즈 이벤트가 반으로 준다면 얼마나 많은 쓰레기가 줄어들까⋯.' 한 인기 웹소설이 종이책으로 출간되었다. 화려한 특전을 가득 넣은 초호화 세트였다. 팬들이 만장일치로 좋아할 것이라는 예상은 빗나갔다. 굿즈는 환경에 안 좋은데 왜 굿즈 없이 책만 구성한 세트는 없느냐는 독자 리뷰가 올라왔다. 인상 깊었다. 굿즈 마케팅을 바라보는 고객의 인식이 바뀌었다는 것을 느꼈다.

반대로 굿즈를 꼭 준비해야 하는 경우도 당연히 있다. 우선 최상위 스타 저자의 책이 나올 때다. 그리고 인기 만화, 드라마 대본집, 연예인 에세이처럼 강력한 팬덤이 있는 책은 굿즈가 미치는 영향력이 절대적이다. 판매에 직결된다. A 서점만 이용하는 단골도 굿즈가 좋다면 기꺼이 B 서점으로 넘어간다. 이런 책이 출간되는데 나만 굿즈를 준비하지 않은 상황은 상상만 해도 스릴(?)이 넘친다.

　매일 업무 때문에 사은품을 보아서 나는 굿즈 욕심이 없다고 생각했다. 그러던 어느 날 한 멀티플렉스에 영화를 보러 갔다. 개봉 기념 스페셜 선물을 아직 받을 수 있는지 초조해져 흔들리는 눈빛으로 직원을 쳐다보고 있는 나를 발견했다. 선물은 평소 내가 굿즈 최약체로 분류했던 '엽서' 세트였다. 이때 고객의 마음을 이해했다. 우리는 합리성만으로 살지 않는다. 감성도 중요하다. 전혀 필요하지 않은 '예쁜 쓰레기'라고 할지라도 지친 일상 속 작은 만족감을 준다면 고마워할 일이다. CD 플레이어도 없으면서 단지 소장하고 싶어서 구매한 CD가 나도 있다.

　작가가 출판사에 굿즈 제작을 요청할 때도 많다고 한다. MD에게는 수많은 판촉 사은품 중 하나이지만 저자에게는 어쩌면 단 한 권이 될지도 모르는 소중한 저서의 홍보물이다. 고객의 마음에 이어 저자의 마음을 이해했다. 그리고 나의 굿즈 철학을 정리했다. '만들어야 할 때는 고민 없이 적정 수량을 제작한다. 다만 굿즈 제작이 MD 마케팅의 전부가 되지는 않도록 경계한다.'

　여기에 정말 중요한 조건을 추가했다. '10년이 지나도 계속 사용되는' 쓸모 있는 굿즈 만들기다. 그리고 최대한 자원 재활용이 가능하고 혹시 버려져도 잘 분해되는 아이템을 제작하려고 한다. 『보건교사 안은영』 이후 정세랑의 다른 신작 마케팅을 준비할 무렵의 일이다. 출판사 영업자는 나에게 친환경 소재를 사용한 굿즈를 만들어달라고 요청했다. 평소 '하드코어 환경주의자'를 자처하는 작가의 철학을 고려한 것이리라 짐작했다. 이런 문화는 모든 굿즈로 확산해야 한다. 조기 품절되었던 '보건교사 안은영 장바구니' 득템에 성공한 500명의 독자는 그 장바구니가 너덜너덜해질 때까지 50년 넘게 써주면 좋겠다.

다시 띄워보려 시도한 『주말, 출근, 산책: 어두움과 비』는 아쉽게도 판매가 크게 늘지는 않았다. 그러나 달력 굿즈는 매진되었다. 제작 수량으로 계산할 때 3,000명 가까운 독자가 실물 책의 사진과 작가 메시지를 봤다는 사실만으로도 만족했다. 그리고 지금 이 책을 통해 또 추천하고 있으니(이건 리리마케팅인가?) 꼭 읽어주시길 바란다.

"K는 지구에 해로운 굿즈는 만들지 않기로 결심했다. 결심하고 나자 곧 뿌듯해졌다."

독서율이 떨어질수록
더 가까이해야 하는 스마트폰

『관촌수필』, 이문구, 문학과지성사, 2018(1977)

정세랑의 『목소리를 드릴게요』(당시 아작)는 새로운 2020년 대의 출발선을 갓 넘긴 2020년 1월에 출간되었다. '작가의 말'에서 정세랑은 "2020년은 SF 단편집을 내기에 완벽한 해가 아닌가 싶다"라고 말했다. 전혀 상상하지 못한 방향으로 SF적이었던 해였다. 2021년 초, 팬데믹 원년인 2020년을 돌아보는 의미심장한 기사 두 개가 눈에 들어왔다.

하나. 코로나의 영향으로 아이들이 집에 오래 머물렀다. 원격 수업 전환, 외출 제한 등의 이유로 어린이의 '스마트폰 보유율'과 '하루 중 사용 시간'이 모두 늘어났다.

둘. 2020년은 처음으로 '인구 데드크로스'가 일어난 해다. 사망자 수가 출생아 수를 앞지르며 실질적인 인구 감소가 시작되었다. 특히 2020년의 합계 출산율은 0.84명으로 0.92명이었던 전년 대비 급격히 꺾인 추세를 보였다. '신생아 수'의 감소도 '전체 인구의 감소'도 현재 진행형이다.

두 뉴스를 종합하면 '아이는 줄고, 스마트폰 사용 시간은 늘고 있다'. 여기서 '아이'를 '인구'로 대체해도 상황은 같다. 간접 계산하면 '우리 국민의 책 읽는 전체 시간'도 감소한다는 말이 된다. 최대한 희망적으로 생각해 인구는 줄어도 1인당 독서량이 는다면 '총독서 수요'는 현상을 유지할 수도 있다. 현실은 낙관보다는 비관에 가깝다. 또 하나의 '데드크로스' 지표가 2022년 초에 추가되었다.

'2021년 국민 독서실태 조사'에서 공개된 성인 종합 독서율은 47.5퍼센트다. 1년에 책을 한 권도 읽지 않는 어른이 처음으로 절반을 넘어섰다. 읽는 사람보다 안 읽는 사람이 많아진 데드크로스다. 반면 초·중·고교생을 합쳐 집계한 '학생 독서율'은 91.4퍼센트였다. 독서하던 아이도 성인 시기에 진입하면 절반 가까이 책을 놓는다는 뜻이다. 인구도 줄고 독자도 주는 추세가 계속되면 출판 시장의 축소 역시 피할 수 없다. 사회 전체의 문제인 인구 감소 앞에서 앞날을 걱정하지 않아도 되는 산업은 없겠지만.

2021년 기준 91.4퍼센트, 2년 후 조사에서는 95.8퍼센트로 높게 나타난 학생 독서율 역시 한 번 더 짚어볼 점이 있다. 학생은 학교에서 독서 지도를 받는다. 학과 공부를 위해 의무적으로 책을 읽어야 한다. 이는 자발적 독서와 구분해야 한다. 초등학생으로 한정하면 아동이 스스로 찾아 읽는 책 중에 '학습만화'가 매우 높은 비중을 차지한다. 어린이 분야 베스트셀러 순위만 봐도 쉽게 확인된다.

요약하면 어린이는 '학습만화'를 읽고, 청소년은 '학습에 도움이 되는 책'을 읽고, 어른은 안 읽는다. 아이에게 책 좀 읽으라고 말하는 부모는 책을 더 안 읽는다. 2021년에 47.5퍼센트였던 성인 종합 독서율은 2023년에는 역대 최저인 43.0퍼센트까지 떨어졌다. 수치가 극적으로 감소하기 시작한 건 2013년이다. '데이터 무제한', 'LTE', '유튜브' 등의 단어가 주요 생활 키워드로 떠오른 해다. '항상' 스마트폰을 들고 다니며 '어디서든' 유튜브를 보게 되면서 우리는 책을 안 읽기 시작했다. 이 모든 걸 아우르는 말은 '스마트폰 대중화'다.

오히려 부모에게 스마트폰을 압수당한 아이는 정 할 게 없으니 책이라도 본다. 2026년부터는 초중고에서 수업 시간 중 스마트폰 사용이 아예 법으로 금지된다. 그런데 어른에게는 스마트폰 적게 쓰라고 잔소리하는 사람도, 스마트폰 사용을 통제하는 제도도 없다. 스스로 관리해야 한다. 이게 얼마나 어려운 일인지 아이 눈에 비친 우리의 모습이 증명한다. 지금 아이들은 부모가 스마트폰을 들여다보지 않는 식사 시간을 상상하지 못한다.

어른도 답답하다. 스마트폰에 뺏긴 삶의 주도권을 되찾고 싶은데 쉽지 않다. 스마트폰의 보급이 확대된 후 10여 년이 지났다. 그동안 편하고 재미있는 새로운 이기에 두들겨 맞기만 하던 사람들이 하나둘 저항하는 목소리를 내고 있다. 『불안 세대』(웅

진지식하우스)와 『경험의 멸종』(어크로스)같이 온라인 경험을 줄이고 직접 몸을 움직이라고 권유하는 책이 인기를 끈 이유다.

나도 작은 반항을 시도한 적이 있다. 내 삶이 너무 전화기에 끌려간다는 짜증이 일어 충동적으로 스마트폰을 끄고 회사 서랍에 넣은 뒤 퇴근했다. 집에 오는 시간도 집에 있는 시간도 평소와 너무 다르게 흘렀다. 그 손바닥만 한 작은 화면을 들여다보지 않은 열두 시간 동안 큰일이 일어나지는 않았을까 초조했다. 잔뜩 쌓인 메시지, 나를 찾는 급한 통화, 3차 세계대전 발발과 같은 일들이. 다음 날 출근하자마자 전원을 켜고 확인해보니 광고 문자만 몇 개 와 있었다.

그러나 이런 개인의 일탈은 큰 사회적 변화로 연결되지는 않는 미미한 반작용에 불과하다. 내가 전화기를 회사에 두고 온 날은 겨우 이틀밖에 없다. 그리고 자기 통제와 디지털 거리두기를 말하는 책과 콘텐츠를 '디지털 다이어터'는 어떻게 접하는가? 디지털 기기를 통해 접한다. 우리는 스마트폰 멀리하기를 말하는 책 광고, '좋아요'를 많이 받는 게시물, 정곡을 찌르는 글을 '스마트폰을 통해' 보면서 '이젠 정말 스마트폰 사용 줄여야겠다'라고 생각한다. '스마트폰 사용을 줄여야 한다는 좋은 메시지를 많이 접하고 싶다면 스마트폰을 사용하자.' 디지털은 이미 떼려야 뗄 수 없는 삶의 일부이자 동반자임을 보여주는 역설이다.

특히 지금 2020년대를 사는 10대는 태어난 날부터 스마트폰으로 사진이 찍힌 최초의 세대다. 그들은 스마트폰이 없는 세상이라는 게 무엇인지 모른다. 교육 전문가들은 가능한 한 아이에게 스마트폰을 늦게 사줘야 한다고 강조한다. 누구든 늦어도 6학년부터는 사용을 시작한다. 개통과 동시에 부모는 스마트폰 제어 프로그램을 강제 설치하나 아이들은 (지금의 성인 세대가 어렸을 때 그랬듯이) 언제나 파훼법을 찾아낸다. 이런 상황에서 아이든 어른이든 스마트폰을 멀리하자고 말하는 건 현실성이 없다. 한 손에 쥔 스마트폰은 그대로 두고, 다른 한 손에라도 책을 들도록 묘책을 찾아보자. 액정 화면을 안 볼 때라도 책을 친근하게 느낄 수 있도록.

실제로 스마트폰은 독서의 방해꾼인 동시에 든든한 우군이기도 하다. 영국에서 들른 한 서점은 '틱톡에서 소개되어 베스트셀러가 된 책' 서가를 운영하고 있었다. MD도 책을 팔며 '숏폼' 덕을 톡톡히 본다. 많은 다독가는 독서만큼 온라인 활동도 열심히 한다. 책 읽으면 꼭 리뷰와 인증을 남기고 감상을 활발하게 독서 동지와 공유한다. "친구를 가까이하라. 적은 더 가까이하라." 영화 〈대부〉의 대사다. 모바일이라는 적을 가까이해 독자를 늘리자.

마침 사회에서도 독서에 우호적인 환경이 조성되고 있다. 독서, 필사, 책 꾸미기, 독서 모임 참여 등 글 가지고 노는 것을 멋진 행위로 인식하는 '텍스트 힙' 바람이 불었다. 내가 책 읽는 모습을 남이 어떻게 보는지 신경 쓰는 것에 '과시적 독서'라는 이름을 붙인 사람 대체 누구인가? 정말 잘 지었다.

모두 극찬하지만 주변에서 나만 별로라고 말하는 화제의 책이 있었다. 나는 북클럽에 참여해본 적이 없는데도 내 의견에 동의할 법한 사람을 일부러 물색해 어땠냐고 물은 다음 역시 내가 맞았다고 뿌듯해한 적이 있다. 누가 맞장구쳐줄 때의 쾌감은 대단하다. 독서든 운동이든 자기 관리 행위를 지속하게 하는 양분은 '공감'이다. 오프라인 북클럽에서 감상을 나누거나 소셜 미디어에서 독서를 인증하고 동의를 품앗이하면서 독서가는 성장한다. "임모탄 님(독서 모임 닉네임)이 나를 보셨어!" 이것만큼 확실한 독서 유인은 없다. '지적 허세'라느니 '독서의 액세서리화' 같은 말을 나는 경계한다. 인정 욕구가 없는 사람은 소수다. 남 신경 쓰지 말라고 하는 사람도 '이 말을 남이 좋게 평가하겠지'라고 의식하는 것 아닐까. 그리고 이유야 무엇이든 좋은 책을 완독했으니 최고로 행복한 결말이다.

직접 체험을 선호하는 현상이 강화된 것도 출판계에는 호재다. 코로나 팬데믹이 끝난 후 영화관은 관객이 줄고 전시회는 관람객이 늘었다고 한다. 한때 '국민 여가'였던 영화 관람이 시들해진 이유는 무엇일까? 이미 여러 전문가가 내놓은 분석이 아닌 개인 의견 몇 가지를 더한다. 화사한 인스타그램 피드와 달리 극장 안은 컴컴하다. 전화기를 꺼놓고 100분 이상 버틸 수 있는 인내심과 집중력이 있는 사람이 감소했다. 영화 관람은 포스터나 티켓이나 굿즈를 찍어 올리는 정도가 아니라면 '인증'이 어렵다.

반면 미술관, 전시장, 콘서트장, 팝업 스토어는 일단 탁 트여 있다. 시원한 개방감이 좋다. 상영 시간이 고정된 영화와 달리 걷고, 머물고, 떠나는 시간을 자유롭게 정할 수 있다. 스마트폰을 꺼놓지 않아도 된다. 반대로 스마트폰의 도움을 받아 실시간으로 인증한다. 역대급 흥행을 거둔 2025 서울국제도서전을 비롯해 책 축제 등 출판 관련 행사도 활기를 띠었다(그리고 이런 책 행사의 정보 또한 우리는 인스타그램을 통해 얻는다. 스마트폰을 이길 수 없다면 우리 편으로 만들어야 할 이유가 추가됐다).

책은 유리한 점이 하나 더 있다. 영화도 미술도 음악도 내가 지난 주말 무엇을 즐겼는지 보여주려면 글과 사진을 소셜 미디어에 올리거나 키링이나 핀 버튼 같은 굿즈를 가방에 다는 수밖에 없다. 반면 책은 들고 다닐 수 있다. 또한 (이제 음악 CD나 영화 DVD를 선물하는 사람은 없는 것과 달리) 온전한 실물 그대로 남에게 선물할 수도 있다. 엄청난 이점이다. 이른바 '공항 책'으로 이미지 연출을 하는 유명 인사도 있다. 코디에 필요한 '있어 보이는 책' 목록을 찾는 기획사는 내게 연락 주기 바란다.

참으로 상쾌한 흐름에 편승해 나는 독서 열풍 시대의 인기 아이템인 '북커버' 굿즈를 만들 계획을 세웠다. 평범한 북커버가 아니다. 투명 북커버다. 제목이 보일 듯 말 듯하게 상단만 살짝 비치도록 디자인하는 것이 포인트다. 이걸 들고 지하철을 탄 A는 생각할 것이다. '출근길에 책 읽는 나를 지성인으로 바라보는 사람들의 시선이 느껴진다….' 이를 본 B 역시 '잠도 안 깬 새벽부터 『독서를 영업합니다』를 읽다니 대단해! 친하게 지내고 싶어'라고 호감을 느낄 것이 분명하다. 이 얼마나 정겨운 아침 풍경인가.

이 북커버를 잔뜩 만들어서 팔고 싶은 그룹이 있다. 2023년에 뉴욕에서 시작된 독서 커뮤니티인 '리딩 리듬스(Reading Rhythms)'다. 약속한 장소에서 만나 각자 가져온 책을 길게 읽고, 대화를 짧게 나누고, 헤어지는 모임이다. 회원들은 공원, 카페, 지하철 등 행인의 시선이 몰리는 다양한 공간에서 만난다. 정해진 시간에 어딘가에 가야 한다는 약간의 강제성에 의지해 성취감을 얻는 '부담 없는 결속'이 인상적이다. 특히 대화를 적게 한다는 점이 바람직해 보인다. 나라면 친목 가능성을 완전히 제거하고 책만 읽고 해산하도록 하겠다.

모르는 사람이 함께 책을 읽는다는 콘셉트의 모임은 이미 우리나라에서도 한참 옛날에 진행되었다. 내가 기억하는 가장 오래된 시도는 '책 읽는 지하철'이다. 회원들은 지하철 안에서 아무 말 없이 책만 보는 '플래시몹' 활동을 전개했다. 교보문고, 펭귄클래식과 협업해 '책 읽는 지하철-작은 책이 맵다'라는 이름의 원데이 이벤트를 진행하기도 했다.

2013년에 시작된 이 캠페인에 관한 설명을 서울특별시 누리집에서 찾아봤다. '스마트폰에 중독된 일상에서 벗어나 차분히 책을 펴고 마음의 양식을 쌓는 자발적 시민운동'이라 소개되어 있다. 당시의 스마트폰 과몰입은 지금에 비해 귀여운 수준이었는데도 위기감이 컸나 보다. 간접 근거인 2013년의 성인 종합 독서율은 무려 72.2퍼센트(!)였는데도 말이다.

아마 '리딩 리듬스'의 회원들도 스마트폰을 통해서 모임 일정을 확인할 것이다. '리딩 리듬스'라는 그룹의 이름도 스마트폰을 통해 널리 알려졌다. 다시 말하지만 이제는 스마트폰을 '독서의 원수' 취급하는 건 현실적이지도 않고 효과도 없다. 스마트폰을 활용해 온·오프라인 양면에서 재미있고 활기찬 독서 기회를 만드는 데 집중하는 것이 낫다.

책과 독서를 떠올리면 그냥 왠지 '좋고', '반갑고', '하고 싶은' 기분이 들도록 인식을 형성하는 것이 중요하다. 독서의 고귀한 가치와 의무를 내세우는 건 옛날 방식이다. 바람직한 행동을 하도록 은근슬쩍 유도하는 '넛지'를 떠올리자. '이 책은 정말 훌륭한 책이다', '이 책은 꼭 읽어야 한다'라고 직접 말로 설명하지 말고 '이 책이 지닌 매력'을 있는 그대로 보여줘야 독자는 반응한다.

독서의 매력을 전시하는 가장 좋은 방법은 '함께 읽기'의 확산이다. 도로에서 세 명이 하늘을 쳐다보면 다른 사람도 걸음을 멈추고 하늘을 올려본다. 세 명만 같은 행동을 하면 파급력이 발생한다는 '3의 법칙'이다. 겨우 세 명이라니 독서 애호가를 늘리는 출발은 생각보다 간단하다. '리딩 리듬스'와 '책 읽는 지하철'을 합쳐서 '리딩 리듬스 메트로' 같은 콘셉트의 대중교통 독서 운동을 만들어도 좋겠다.

천재적인 독서 중흥 정책이 떠올랐다. '지하철에서 과시적 독서하고 인증 남기면 추첨을 통해 천문학적 금액의 선물(예시: 교보문고 통합 포인트 1,000원)을 주는 대회'를 열면 어떨까? 독서가

들이 어떤 '있어 보이는 책'으로 참여할지 궁금하다. 나라면 이 문구의 『관촌수필』을 가져가서 표지가 잘 보이게 치켜들고 읽겠다. 고등학교 시절에 입시 준비를 위해 읽은 「일락서산」을 빼면 작가의 소설을 본 적이 없었다. 소설 MD가 된 후 뒤늦게 『관촌수필』을 완독했다.

『관촌수필』은 작가 이문구의 자전적 연작 소설이다. 일제 강점기 말엽부터 1970년대에 이르는 30여 년의 시간이 배경이다. 남로당, 한국 전쟁, 영화 〈대부〉의 개봉 등 현대사의 격동부터 소소한 일상까지 다채로운 사람과 사건 이야기가 이어진다. 여덟 편의 소설 중심에는 작가의 고향인 '관촌'(지금의 보령)이 있다.

상경했던 화자가 13년 만에 고향 마을에 들어오며 소설은 시작한다. 그는 "(관촌이) 이제 완전히 타락한 동네구나"라고 중얼거린다. 이후에도 작품 안에서 도시화·산업화의 그늘을 향한 비판과 아련한 유년의 추억담이 계속 교차한다. 책은 마치 너무 잘 맞아서 편안한 옷처럼 자연스럽게 스며든다. 다른 지역에 비해 자주 접하지 못했던 진득한 충청 방언이 빚어낸 구성진 이야기의 힘과 운율에 웃고 공감했다. 그런데 웃음과 공감이 커질수록 쓸쓸함 또한 짙어졌다. 변화하는 시대와 그 속에서 속절없이 스러져갔던 개인을 회고하며 작가가 내비친 애수와 무력감 때문이다.

책에는 마흔 쪽에 달하는 어휘 풀이가 미주로 정리되어 있다. 그만큼 고유어와 방언 등 풍부한 언어 사용이 포만감을 주는 작품이다. '현대에 읽는 전래 문학'이라 할 만큼 걸출한 입담이 더해져 이문구만의 작품을 이룬다. 이 책을 감명 깊게 읽은 사람이 지인이나 챗GPT에게 "『관촌수필』과 비슷한 책 추천해줘" 혹은 "이문구 같은 작가 더 알려줘"라고 물어봐야 답을 얻지는 못할 것이다.

세련되고 멋스러운 한국 현대소설 총서 '문지클래식'의 1번 작품으로 배치되기에 충분한 걸작. 지금까지 탁월함에 감탄하거나 감동을 받은 소설은 많았으나 고맙다고 느낀 소설은 『관촌수필』밖에 없다. 그런데도 '과시적 독서'니 '있어 보이는 책'이니 운운하는 언급에 이 책을 끌어들여서 송구하다. 자식뻘도 안 되는 출판 동네 먼 후손의 재롱으로 봐주시면 좋겠다. 책을 보면 선생도 어린 시절 꽤 개구쟁이셨던 것 같고….

어쩌면 『관촌수필』은 스마트폰이 대표하는 정신없는 현대인의 생활과 정반대 위치에 있는 문학이다. 해독제를 찾는 지친 현대인이자, 시골집과 대가족 문화를 기억하는 세대의 일원이며, 지금 신중년에 접어든 나이기에 더욱 편안함과 친숙함을 느꼈다. 수록작 중에서 「공산토월」을 가장 좋아한다. '아, 이야기가 슬프게 흘러가겠구나' 예감하면서도 애써 덤덤하게 읽어나가다가 마지막 문장에 나는 울었다. 휴대전화나 디지털 기기를 통해 이런 경험을 한 일은 아직 없다.

MD 되는 법도

MD 잘하는 법도 정석은 '이것'

『젊은 느티나무』, 강신재, 문학과지성사, 2007(1960)

"인간은 일곱 살에서 열여섯 살 사이에 형성된다. 나중에 우리는 그 시절에 획득한 삶의 모든 것을 다시 체험한다"(프랑수아 트뤼포).

나는 어렸을 때 서울 성북구 정릉3동에서 자랐다. 초등학교 1학년 때까지 산 집은 언덕 위에 지은 하얀 단독주택이었다. 아담한 집에는 온실도 있고, 다락방도 있고, 개나리와 은행나무도 있었다. 버스를 타려면 작은 개울을 돌다리로 건너야 했다. 나는 이 동네를 좋아했다. 정릉에서 쌓인 어린 시절의 기억과 경험이 평생 이어질 내면의 정서를 형성했다.

자연스레 자주 들른 곳은 서울 성북구와 종로구였다. 특히 북촌 정독도서관의 오랜 단골이다. 대학생 시절에는 공부하러 다녔다. 졸업 후에는 매일 출석해 취업 준비를 했다. 디지털자료실에서 취업 공고를 찾고 입사지원서를 쓰며 시간을 보냈다. 서류 전형을 통과하면 기업 정보를 찾아 모으며 면접을 준비했다.

디지털자료실을 나와 3층 복도 창가에 서면 넓게 펼쳐진 도심 전경이 보인다. 수도 서울 중심지에 있는 내로라하는 기업, 기관, 시설이 한눈에 들어온다. 문득 이런 생각을 했다. '이렇게 회사가 많은데 이 중 하나는 가지 않을까?' 그 일이 실제로 일어났다. 그 창가에서 아주 잘 보이는 건물에 본점이 있는 회사에 들어갔다.

"교보문고 어떻게 들어갔어요?", "온라인서점 MD 되려면 어떻게 해야 하나요?" 강연 자리에서 'MD 되는 법' 질문을 반복해 듣다 보니 정말 나는 왜 채용되었을까 복기하게 됐다. 잘 떠오르지 않았다. 내 개인의 사연 대신 정석적 모범 답안을 제시했다. 서점 MD를 지망한다면 무엇을 준비하면 좋을지 항상 '단 하나만' 간략하게 답했다. 쉬운 이해를 위해 먼저 MD가 주로 하는 일부터 하나씩 따라가보는 것이 좋겠다.

첫 출근 날 아침에는 인사를 다니고 간단한 교육을 받은 뒤 점심을 먹었다. 오후 시간에 사수님이 MS 오피스는 좀 다룰 줄 아냐고 물어보셨다. 모른다고 답하자 표 몇 개가 들어간 파워포인트 파일 하나를 메신저로 보내며 이야기하셨다. "이걸 (복사해서 붙여 넣지 말고) 똑같이 만들어보세요." 내 사회생활 첫 번째 임무였다. 이마저도 버겁다고 느꼈다…. 얼마 후 내 앞에 펼쳐질 여정은 상상주차 하지 못하고.

몇 달 후 본격 MD 업무를 시작했다. 불과 몇 달 전 도서관에 들락거릴 때는 물론이고 입사 후 파워포인트를 만지고 적응 교육을 받던 것과는 비교가 안 될 만큼 실전 맛은 매웠다. 바쁘기도 하고 정신이 하나도 없었다. 온라인서점 MD의 아침은 분주함으로 시작된다. 일을 가득 실은 무한 열차가 하루 종일 쉴 틈 없이 질주한다.

0. **출근길:** 왜 시작이 1이 아니고 0인가…. 출근 전부터 일하는 사람도 있다. 만약 업무를 위해 책을 본다면 일이다. 문화 상품을 파는 MD는 여러 콘텐츠를 두루 알아야 하므로 인기 웹툰, 웹소설을 초반부라도 일별한다. 드라마 하이라이트도 본다. 출판·컬처·마케팅·비즈니스·라이프 관련 채널만 팔로해놓은 소셜 미디어 부계정으로 이슈와 트렌드를 모니터링한다. 급하게 써야 할 글이 있으면 대중교통 안에서 노트북을 펼치기도 한다.
1. **할 일 목록 적기:** 사무실에 도착하면 PC를 켜고 그날의 할 일 목록을 작성한다.
2. **실적 확인:** 각종 영업 지표를 확인한다. 어제 주문액, 이번 달 누적 매출액, 전년 대비 신장률, 이번 달 목표 달성률, 방문자 수, 이익률과 이익액 등 확인해야 하는 지표는 약 99개. 그저 확인만 하면 안 되고 '의미' 도출이 필요하다. 실적이 좋든 안 좋든 이유를 찾고 대응책을 마련해야 하기 때문이다. 상황이 나쁘면 좋게 만들고, 상황이 좋으면 더 좋게 만들어야 한다.

(틈틈이 통화를 하고 메일을 확인하고 메신저를 쓴다.)

3. **시장 모니터링:** 어제 자 우리 서점과 다른 서점의 베스트셀러, 새로 오픈한 이벤트, 그 외 특이 사항을 비교·점검한다. 새로 떠오른 인기 책이 있으면 유튜브, 소셜 미디어, 온라인 기사에서 검색하며 이유를 찾는다. 서점 외에 즐겨찾기 해놓은 여러 사이트에서 동향을 살피고 정보를 수집한다.

4. **이슈 대응:** 판매 금액과 베스트셀러 순위 등 현황 파악을 마치면 다음은 대응 차례다. 이벤트 오픈이 필요하면 바로 페이지를 만든다. 최대한 노출을 확대해야 할 중요 책을 서점 내 주요 영역에 전시하고 소셜 미디어에도 올린다. 홍보 문자, 메일, 앱 푸시 메시지를 보낸다. 만약 소설책을 좋아한다면 내 문자를 받아본 사람이 많을 것이다.

(틈틈이 메일을 확인하고 메신저를 쓰고 통화를 한다.)

5. **재고 관리:** 전자책 MD나 비실물 상품 MD와 달리 종이책 MD는 실물 재고를 움직인다. '당일 배송'이 상징하는 배송 속도와 직결되는 일이므로 재고 구비 업무의 중요도는 매우 높다. 출근하자마자 재고부터 챙기는 MD도 있다. 급상승 도서나 베스트셀러의 재고를 확인하고 지금 물류 센터에서 보유한 수량이 부족하면 출판사에 연락해 출고를 요청한다.

6. **각종 요일별 정기 업무:** 매주 한두 차례 꼭 해야 하는 정기 업무는 대개 오전에 처리한다. 회의도 그렇다. 긴 회의를 싫어한다. 그래서 내가 시작 시간을 정해도 되는 회의는 점심시간

40분이나 50분 전에 시작한다. 그러면 회의 시간이 강제 조절된다. 밥 먹을 시간이 됐는데 회의를 끝내지 않으면 무서운 일이 벌어진다.

(틈틈이 메신저를 쓰고 통화를 하고 메일을 확인한다.)

7. **업체 미팅:** 출판사 영업자 미팅은 주로 오후에 진행한다(자세한 내용은 22쪽 「인생 책을 만날 수도 있는 업체 미팅 시간」을 참고).

8. **기획과 실행과 측정:** 특정 시간대에만 하는 건 아니고 수시로 하는 일이다. 이벤트·프로모션, 추천 콘텐츠, 굿즈, 리커버, 고객관리 등 영업·마케팅 방안을 기획한다. 데이터를 바탕으로 가설을 세우고 기대 효과를 산정한 뒤 기획을 완료하고 실행한다. 간략하게 한 줄로 적었지만 기획의 결과물이 나오기까지 10분이 걸리기도 하고, 석 달 이상의 시간이 걸리기도 한다. 하나의 캠페인이 끝나면 결과 측정과 회고를 통해 시사점을 정리한다.

9. **프로젝트 업무:** 모든 MD는 단기 TF부터 대형 프로젝트까지 분야 업무가 아닌 공동 과제에 하나 이상은 발을 걸치고 있다.

(틈틈이 취합 업무를 마감하고, 공부하고, 모니터링하고, 갑자기 튀어나온 일을 처리한다.)

10. **기타:** 많은 회사가 그렇듯 취합, 정산, 마감 등 관리 업무는 매일 이어진다. 같은 팀 내 소통, 타 부서 소통, 업체 소통, 짧은 회의 참석, 긴 회의 참석, 회의를 줄이기 위한 회의 참석 등 회의도 많다. 일은 끝없이 자가 증식한다.

11. **상품 관리:** MD 업무의 본령인 '상품 관리 전반'이다. 신작 출간 정보를 최대한 빨리 파악하기. 출판사와 논의하며 출간 마케팅 기획하기. 예약 판매 시작 시간에 맞춰 'DB 등록-검색 관리-이벤트 오픈-홍보·노출'을 연이어 마치기. 배본 수량을 논의하고 여러 조건을 협상하기. 출간일에 맞춰 입고와 발송 챙기기. 고객 문의와 클레임 응대하기. 신간이 아닌 책도 별도 절차에 따라 관리하기. 일련의 과정에서 단계별 담당자와 소통하는 사람은 MD다. 이 모든 일의 중심에는 '한 편의 책'이 있다.

적고 나니 MD는 꽤 바쁜 것 같다. 다만 나는 바쁘다는 말을 안 하려고 의식적으로 노력한다. 직장인은 대부분 바쁘며, 나는 겸상도 못 할 만큼 초인적으로 바쁜 일 괴물이 세상에 많기 때문이다. 그러니 너무 바빠 보이니까 MD는 하지 말아야겠다고 생각하지는 말라. 그리고 진심인가 싶겠지만 나는 살짝 바쁜 걸 좋아한다. 의미 없는 단순 업무만 처리하는 바쁨이 아니라 진전과 성취를 이루는 바쁨이라면.

- 도서 및 지식·문화 상품의 유통과 판매 전반 관리
- 타깃 독자 대상 전문화된 도서 추천과 마케팅 실행
- 출판사 등 다양한 연관 거래처와의 협업 진행
- 고객 경험 혁신을 위한 몰·서비스 기획과 개선

이러한 MD 일을 '잘하는 법'은 무엇일까? 신입 MD 교육 시간에 신규 입사자에게 내가 하는 조언은, 없다…. 입사 초기에는 여기저기서 도움말을 너무 많이 들어서 어차피 기억도 안 나니까 나까지 덧붙이지는 않는다. 결혼식 주례사와 비슷한 것 같다. 대신 거꾸로, 내가 신입 MD일 때 들었던 충고 중 계속 기억한 것을 떠올려봤다. 모두 세 가지다. 긴 시간이 흘렀는데도 아직 머리에 남아 있다면 그만큼 MD 업무 수행과 밀접하게 관련 있었다는 뜻이리라.

첫 번째는 "사람을 선용(善用)하라"다. 서점에서 가장 많이 일하는 직군이 무엇인지는 몰라도, 내외부 사람과 가장 많이 '함께' 일하는 건 분명 MD다. 따라서 MD는 '나의 바람과 상대의 바람을 모두 고려하며 적절한 합의점을 정한 뒤 약속을 지키면서 원활하게 소통하고 협업하여 일을 마무리 짓는 능력'을 필수로 갖춰야 한다. 적절한 비즈니스 매너도 함께.

두 번째는 "'자연인인 나'와 '사회인인 나'를 구분하라"다. 이미 여러 인·적성 검사장에서 수많은 인격을 만들어본 나였으므로 쉽게 이해했다. 조금 살을 붙여 다음과 같이 구체화해서 머리에 입력했다. '돈 내고 학교 다니던 학생 시절과 달리 돈 받고 일하는 직장인으로서 맡은 일을 킬러처럼 처리하는 프로 의식을 갖춰라.' 수십만 명, 수백만 명에게 내 업무 결과물을 보여주는 직무이므로 당연한 자세다.

마지막은 "책을 많이 읽어라"다. 그때나 지금이나 1순위 핵심 충고다. 도서 MD는 책을 장악하지 않으면 일할 수 없다. '너 일 못하잖아'라는 말은 괜찮지만 '너 책 모르잖아'라는 말에는 살짝 정색하게 된다. 'MD 일 잘하는 법'의 시작과 끝은 책 많이 읽기다. 'MD 되는 법' 역시 같다. 드디어 'MD 되는 법' 소개로 넘어왔다. MD 취업에 관한 질문을 받으면 나는 항상 "책 관련 '경력'이 있으면 좋다"라고 간단하게 답한다.

정독도서관에 개근하던 나와 같은 취업 준비생이라면 '취업을 해야 경력을 쌓지'라고 말할 것이다. 그러면 곧바로 '경력이 있어야 취업할 수 있다'라는 답이 다시 돌아온다. '취업, 경력, 취업, 경력'이 뫼비우스의 띠처럼 순환할 텐데, 사실 경력이 그리 거창한 것은 아니다. 책을 향한 남다른 관심과 애정을 보여주는 것이 전부다. 가장 손쉬운 방법은 '많은 책을 읽고 인증하기'다.

예를 들어 내가 지금 서점 MD 되기를 꿈꾸는 재학생이라면 당장 분야별 '명예의 전당' 책부터 독파하겠다. 인문의 『사피엔스』(김영사), 과학의 『이기적 유전자』(을유문화사), 소설의 『스토너』(알에이치코리아) 같은 책이다. 후보 도서는 교보문고 스테디셀러 코너에 널려 있다. 여기에 더해 '상을 받은 책', '영화화된 소설', '한국 소설 레전드', '진짜 좋은데 많이 알려지지는 않은 책', '추리소설 전집' 등 선호하는 주제를 잡아 '명예의 전당' 책과 돌아가며 읽어나가면 이슈 신간과 베스트셀러는 다 정독할 필요는 없다. 수위 확인, 내용 요약, 판매 원인 정리를 꾸준히 하며 '이런 책이 있다'라는 사실을 알아두는 정도면 충분하다.

여러 독서 테마를 돌리며 매주 한 권씩 읽으면 1년이면 50편이다. 내세우기 손색없는 숫자다. 이왕이면 독서 기록까지 남기자. X, 유튜브, 블로그, 브런치, 페이스북, 인스타그램 등 무엇이든 좋다. 한 편, 한 편 너무 자세히 적으면 지치니까 간략한 내용이라도 일관성 있게 꾸준히 남기는 편이 낫다. 팔로어 수와 '좋아요' 수 등 고객의 호평까지 얻는다면 든든한 자산이 된다. 이보다 더 강력한 '경력'이 있을까?

교보문고 입사 지원할 때도 엄청난 혜택을 받는다. 바로 합격 목걸이가 쥐어지는 건 아니지만, 글을 유통하는 회사의 문을 두드리며 처음 보내는 글인 자기소개서가 술술 써진다. 평소에 내용을 정리해가며 읽은 책이 많다면 인용할 내용과 적을 내용이 풍부할 것이다. 결정적으로 꽤 중요한 항목인 '감명 깊게 읽은 책을 소개하시오' 작성에서 막히지 않는다. 독서 내공을 뽐낼 절호의 기회를 살리지 못하고 『어린 왕자』처럼 '내용이 훌륭하긴 하지만 너무 일반적이고 개인의 특색을 드러내지 못하는 책'을 적는다면 정말 아쉽다.

그러는 나는 자기소개서에 어떤 책을 썼을까? 나는 무슨 책을 고를지 잠시도 고민하지 않았다. 내가 지원했을 때는 자기소개서에 책을 묻는 문항이 없었다. 대신 1차 면접장에 좋아하는 책 열 편 목록을 준비해 갔다. 그중 한 편이 『젊은 느티나무』(문학과지성사)다. '얼마나 책을 안 읽었으면 교과서에서 본 책을 뽑았냐', '몰개성의 극치!' 같은 말은 하지 않으면 좋겠다. 순수하게 좋아해서 고른 책이다.

"그에게서는 항상 비누 냄새가 난다." 「젊은 느티나무」는 깜짝 놀랄 만큼 신선하고 감각적인 첫 문장의 위력이 작품 전반을 지배하는 세련된 단편이다. 낭만적인 감상성이 가장 큰 매력이다. 1960년 작품이라고 믿기 힘든 '시대 초월 문학'이기도 하다. 이복 남매의 사랑이라는 설정은 언뜻 파격으로 보이나, '이루어질 수 없는 사랑'은 연애소설의 가장 오래된 테마이므로 보편성을 확보하기 충분하다. 어느 시대에서든 공감을 얻기 좋고 자유롭게 재창작하기도 적당한 스토리여서 오랜 세월이 지나도 한결같이 사랑받고 있다.

내가 읽은 문학과지성사 한국문학전집판 『젊은 느티나무』에는 열 편의 단편이 실려 있다. 「젊은 느티나무」처럼 섬세한 사랑 이야기만 계속 이어지려는지 기대하며 책을 읽었다. 풋풋하고 투명한 감성을 담은 수록작은 「젊은 느티나무」 하나밖에 없었지만 의외로 다른 작품도 좋았다. 나른한 일상의 묘사가 돋보이는 「황량한 날의 동화」, 전후 한국 사회의 비극 아래 고통받는 여인을 그린 「해방촌 가는 길」, 치정의 모티브를 끌어안고 사랑이라는 감정의 차가움을 묘사한 「점액질」에서 묻어나는 쓸쓸함은 그저 외면하고만 싶은 어둠은 아니었다.

대학 시절 교내 도서관에서 시간제 근로를 할 때 일이다. 사서 선생님이 졸업하면 어떤 회사에 가고 싶냐고 물어보셨다. '커다란 창 너머 큰 나무가 있고, 나뭇잎과 가지가 바람에 흔들리는 모습이 보이는' 사무실에서 일하고 싶다고 했다. 웬 잠꼬대 같은 말이냐 싶지만 왜 저리 답했는지 이해도 된다. 오랫동안 정릉에서 살면서 만들어진 정서의 영향 아닐까?「젊은 느티나무」또한 특유의 서정성이 정릉 주택가의 분위기를 닮았기 때문에 더 좋아한 것일지도 모른다. 소설에서 남매가 살았던 저택을 연상하게 하는 양옥이 정릉에는 아직도 많다.

세상 물정 모른 채 마냥 놀고 걷고 몽상하고 사서 선생님에게 동문서답했던 나는 '자연인'이었다. 회사에 들어온 후 업무 계획을 넘치도록 꽉꽉 채워 처리하는 '사회인'이 되었다. 누구나 이 '두 가지 나'의 충돌을 겪는다. 그러나 이 중 '진짜 나' 같은 건 없다. 둘 다 내 모습이다. 전자는 전자대로 좋고, 후자는 후자대로 좋다.

사회인인 MD로서 일하면서 좋았던 점. 과거에는 그런 게 있는지조차 몰랐던 넓고 깊은 지식을 습득했다. 또한 서점에는 방대한 데이터가 흐르고, MD에게는 저자·작품·행사·정책 등 다양한 특급 정보가 빠르게 들어온다. 일을 열심히 하면 할수록 읽고 싶은 책이 계속 추가된다. MD는 책을 좋아하는 사람이 읽기와 일하기의 균형을 맞추기 좋은 직업이다.

독서를 영업합니다

2025년 11월 6일 1판 1쇄 인쇄
2025년 11월 18일 1판 1쇄 발행

지은이	구환회
펴낸이	한기호
책임편집	도은숙
교정교열	유태선
편집	정안나, 김현구, 김혜경
디자인	늦봄
마케팅	윤수연
경영지원	국순근
펴낸곳	북바이북

출판등록 2009년 5월 12일 제313-2009-100호
주소 04029 서울시 마포구 동교로12안길 14, 2층(서교동, 삼성빌딩 A)
전화 02-336-5675 팩스 02-337-5347
이메일 kpm@kpm21.co.kr
홈페이지 www.kpm21.co.kr

ISBN 979-11-90812-66-5 (03800)

- 책값은 뒤표지에 있습니다.
- 잘못된 책은 구입처에서 교환해드립니다.